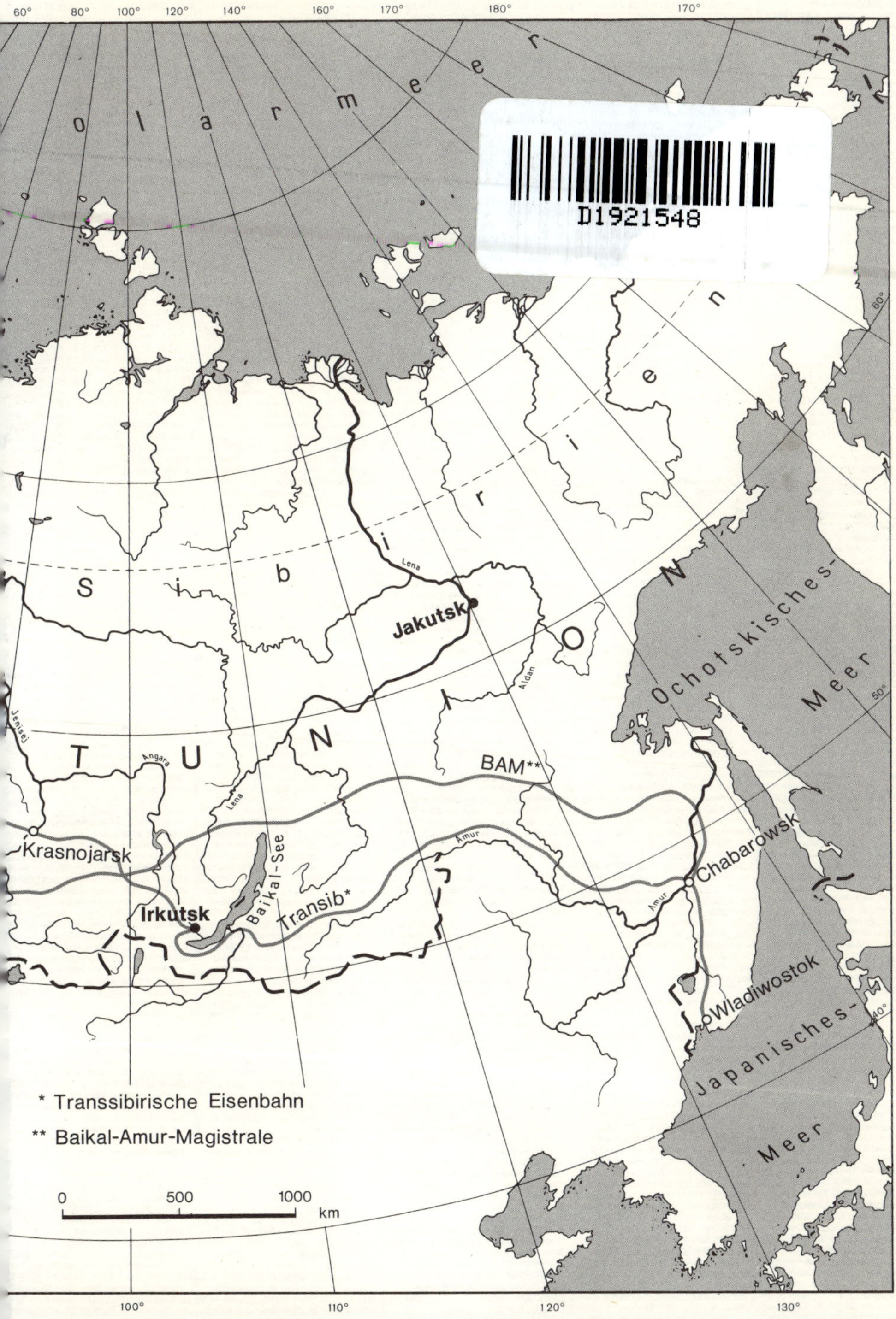
60° 80° 100° 120° 140° 160° 170° 180° 170°
o l a r m e e r
S i b i r i e n
T U N I O N
Lena
Jakutsk
Aldan
Ochotskisches-Meer
Jenisej
Angara
BAM**
Krasnojarsk
Baikal-See
Irkutsk
Transib*
Amur
Chabarowsk
Wladiwostok
Japanisches-Meer
60°
50°
40°
* Transsibirische Eisenbahn
** Baikal-Amur-Magistrale
0 500 1000 km
100° 110° 120° 130°

Lois Fisher-Ruge

Nadeschda heißt Hoffnung

Lois Fisher-Ruge

Nadeschda heißt Hoffnung

Innenansichten aus der Sowjetunion

ECON Verlag
Düsseldorf · Wien · New York

Aus dem Amerikanischen von
Dr. Monika Siedentopf und Dr. Nina Börnsen

CIP-Kurztitelaufnahme der Deutschen Bibliothek

Fisher-Ruge, Lois:
Nadeschda heißt Hoffnung: Innenansichten aus d.
Sowjetunion/Lois Fisher-Ruge [A. d. amerikan.
von Monika Siedentopf u. Nina Börnsen]. –
6. Aufl. – Düsseldorf; Wien; New York: ECON Verlag 1988
Aus d. Ms. übers.
ISBN 3-430-12786-6

6. Auflage 1988

Gesetzt aus der Times der Fa. Linotype
Satz: ICS Communikations-Service GmbH, Bergisch Gladbach
Papier: Papierfabrik Schleipen GmbH, Bad Dürkheim
Druck und Bindearbeiten: Ebner Ulm
Printed in Germany
ISBN 3 430 12786 6

Für meinen Schutzengel Dorothea Judtka

INHALT

EINLEITUNG

Dreizehn Städte und sieben Sowjetrepubliken in 26 Tagen, Gespräche mit mehr als 200 Menschen, Klimaunterschiede von minus 17 bis plus 20 Grad Celsius, mehr als 30 000 Kilometer im Flugzeug, mit dem Auto oder mit der Eisenbahn – wie aufregend und wie anstrengend war diese Reise durch die Sowjetunion im April 1986! Aber ich war keine Fremde in diesem Land. Seit 1978 habe ich Freunde in Moskau, die ich während meines mehr als dreijährigen Aufenthaltes als Frau eines deutschen Journalisten kennengelernt hatte; und ich habe den Kontakt zu ihnen während vieler späterer Besuche aufrechterhalten. Meine Freunde hatten mir Mut gemacht, ein Buch über mein Leben in Moskau zu schreiben, das ich denen widmete, die mir ihre Türen und Herzen geöffnet hatten.

Der Zweck meiner Reise war jetzt, mit Sowjetbürgern aller Schichten über ihre Vorstellungen von Amerika und den Amerikanern zu sprechen. Was wußten sie über die Probleme meines Landes, über das politische System, über unsere Geschichte und unsere Literatur, darüber, wie wir leben und unsere Freizeit verbringen, über unser Familienleben und die Interessen unserer Jugendlichen? Doch unsere Gespräche blieben nicht auf diese Themen beschränkt. Ich hatte keinen festumrissenen Themen- und Fragenkatalog mitgebracht und ließ mich von den Lebensumständen meiner Gesprächspartner fesseln, so daß oft ganz andere Themen zur Sprache kamen. Immer wieder tauchten neue Aspekte auf und wurden manchmal wichtiger als mein eigentliches Thema.

Ich hatte mir ein unerreichbares Ziel gesetzt. Ich hatte gehofft, in ein oder zwei Stunden jeden meiner Gesprächspartner näher kennenzulernen, mit ihm einen persönlichen Kontakt herstellen, seine Meinung erfahren und auch noch selbst Rede und Antwort stehen zu können. Da ich selbst lange in der Sowjetunion gelebt habe, weiß ich, daß ein offenes Gespräch gegenseitiges Vertrauen voraussetzt. Wie sollte ich – eine Ausländerin, die sie nie zuvor gesehen hatten – es anstellen, meinen Gesprächspartnern Vertrauen einzuflößen? Ich ging so vor, daß ich zunächst über mich selbst sprach und erst dann Fragen stellte – nach der Familie meines Gegenübers, nach seiner Arbeit, seinem Leben usw. Von Gespräch zu Gespräch versuchte ich, meine Fragen zu variieren, der Situation anzupassen, um das Überraschungselement und die Spontanität zu erhalten.

Anfangs antworteten die meisten auf meine Fragen recht vorsichtig, aber auch ich war zunächst zurückhaltend. Wir wollten unseren Heimatländern gegenüber loyal bleiben, und manche befürchteten sicherlich unangenehme Folgen, wenn sie sich zu offen äußerten. Themen wie Menschenrechte, Demokratie, Freiheit oder Afghanistan – im April 1986 noch sehr »kritische« Themen, die inzwischen, im Zeitalter von *glasnost* (Offenheit), aber freimütig diskutiert werden können – sparten viele ganz aus.

Die Idee zu diesem Buch entstand nach einer beiläufigen Bemerkung eines Moskauer Taxifahrers: »Wir wissen so viel mehr über euch, als ihr Amerikaner über uns wißt.« Das war kurz nach dem Gipfeltreffen im November 1985, als die beiden mächtigsten Staatsmänner der Welt in Genf zusammengekommen waren, um die gegenseitigen Beziehungen zu verbessern und die Kriegsgefahr zu verringern. Warum sollte ich diesen Gesprächsfaden nicht aufnehmen und in persönlichen Kontakten weiterführen, wie ich es schon mit meinen Moskauer Freunden getan hatte – die allerdings nicht typisch für die sowjetische Gesellschaft waren. Sie gehörten zur Intelligenzija, sie waren Lehrer, Wissenschaftler, Journalisten, Ingenieure, und sie lebten in Moskau, wo die Möglichkeiten und Lebensbedingungen deutlich besser sind als in den anderen Teilen des Landes. Außerdem hatten sie im Laufe unserer mehr als siebenjährigen Freundschaft viel über mein Heimatland erfahren und waren natürlich von mir beeinflußt. Ob jeder in der UdSSR die Amerikaner so wie sie respektierte und sogar mochte?

Um ein umfassendes Bild zu bekommen, durfte ich mich nicht nur auf meine Moskauer Freunde verlassen, sondern mußte durch das ganze Land reisen. Aber wegen der bestehenden Reisebeschränkungen und des verbreiteten Mißtrauens gegen Ausländer konnte ich diese Reise nicht auf eigene Faust unternehmen. Ich wandte mich an Nowosti (APN), die sowjetische Nachrichtenagentur, die auch für die Darstellung der UdSSR im Ausland verantwortlich ist, und bat, mich mit geeigneten Gesprächspartnern zusammenzuführen. Am 6. Januar 1986 schrieb ich an Nowosti diesen Brief:

»Sehr geehrte Herren!

Ich möchte Sie um Ihre Unterstützung für ein Buch bitten, das ich schreiben will. Das Thema lautet: ›Was wissen die Sowjetbürger über Amerika und die Amerikaner, und was halten sie von ihnen?‹ Wenn möglich, würde ich gerne im März und April eine Befragung durchführen, denn ich glaube, daß gerade jetzt die Zeit für ein solches Buch reif ist – jetzt, da die Gespräche zwischen den USA und der UdSSR in Gang gekommen sind und das politische Klima in den USA für eine solche Veröffentlichung günstig ist . . .

Um ausreichend Informationen zu erhalten, würde ich gerne möglichst viel in der Sowjetunion herumreisen, u. a. nach Moskau, Leningrad, Tallinn, Kiew, Odessa, Tbilisi, Baku, Eriwan, Jakutsk, Buchara, Taschkent, Sotschi, Charkow, Nowosibirsk, Irkutsk usw., aber auch in kleinere Orte, Dörfer und Kolchosen. Meine Gesprächspartner sollten unterschiedlicher Herkunft sein und verschiedene Tätigkeiten ausüben, z. B. Universitätsprofessoren, Lehrer, Ärzte, Krankenschwestern, Straßenkehrer, Sanitäter, Bauern, Studenten, Grundschüler, Fabrikarbeiter, Natur- und Wirtschaftswissenschaftler, Komsomol-Mitglieder, Parteisekretäre, Regierungsmitglieder, Amerika-Experten vom Institut für USA- und Kanada-Studien usw.

Zu meiner Unterstützung brauche ich einen englischsprechenden Dolmetscher, am liebsten wäre mir eine Frau, zu der ich einen persönlicheren Kontakt finden und mit der ich gemeinsam an meinem Projekt arbeiten könnte . . . Ich wäre Ihnen sehr dankbar, wenn APN alles Notwendige für mich arrangieren könnte, und werde selbstverständlich alle Kosten übernehmen.«

Mein Reiseantrag wurde bewilligt, und alles lief wie geplant. Im letzten Moment stellte sich allerdings heraus, daß die Dolmetscherin, die mich begleiten sollte, nicht mitreisen konnte, weil ihr Sohn ins Krankenhaus mußte. Für sie kam Gennady Semin, und schon nach kurzer Zeit war ich sehr froh über diesen Austausch. Nicht nur, weil mir auf diese Weise ein attraktiver Mann zur Verfügung stand, der mir helfen konnte, mein Gepäck zu tragen und meine Reiseschreibmaschine zu suchen, wenn ich sie verlegt hatte, sondern auch, weil ich ihn schon bald als intelligenten, ausgeglichenen, begeisterungsfähigen und unermüdlichen Begleiter schätzenlernte – er verfügte über alle Qualitäten, die mein Projekt und ich brauchten. Außerdem war Gennady schon im Ausland gewesen und hatte sogar dort gearbeitet, was ihm half, meine Gedankengänge und Fragen zu verstehen.

Immer wenn mir die Feinheiten einer Antwort entgangen waren, gab mir Gennady Hintergrundinformationen. Wenn meine Gesprächspartner schüchtern oder ängstlich waren, ermunterte Gennady sie, offen zu sein, und wies darauf hin, daß ich schon viel Zeit in ihrem Land verbracht hatte. Dank seiner Hilfe wurden die Menschen locker und gingen etwas aus sich heraus. Die Gespräche wurden angeregter, und Barrieren schwanden.

Gennady sah aus wie ein Engländer und wurde auch oft für einen gehalten. Das machte nicht nur seine kultivierte Aussprache, sondern auch seine Art, sich zu kleiden. Er trug einen grauen Nadelstreifen-Anzug oder einen blauen Blazer mit Hemden in dezenten Farben und gestreiften Krawatten, die immer farblich abgestimmt waren. Er war Anfang Fünfzig und litt ein wenig unter dem Älterwerden und der Tatsache, daß sein Haar sich lichtete, obwohl man nichts davon sehen konnte. Er war recht schmal und ungefähr so groß wie ich – 1,78 Meter, wenn ich flache Schuhe trug. Seine Frau war temperamentvoll und extrovertiert, sein Sohn aber still und einfühlsam – genau wie der Vater.

Vor meiner Abreise in die Sowjetunion wollte ich herausfinden, was meine Landsleute über die Sowjetbürger dachten, man würde mich ja sicher danach fragen. Da ich siebzehn Jahre im Ausland gelebt hatte, in der Volksrepublik China, der Sowjetunion und der Bundesrepublik Deutschland, hatte ich etwas den Anschluß an die Politik in den USA verloren und mußte eine Menge aufarbeiten. Meine Erinnerungen stammten noch aus den sechziger Jahren, als die jungen Leute in meinem Alter gegen den Vietnamkrieg protestierten und ich für einen Assistenten Präsident Johnsons im Weißen Haus arbeitete – hin- und hergerissen zwischen meiner liberalen Einstellung und der Loyalität zu meinem Chef.

Während meiner Nachforschungen stieß ich auf einen Artikel im *New York Times*-Magazin vom 10. November 1985, der in Auszügen auch in der sowjetischen Presse veröffentlicht worden war und der mir sehr weiterhalf. Sein Autor war David Shipler, Washingtoner Korrespondent der *New York Times,* der für dasselbe Blatt eine Zeitlang aus Moskau berichtet hatte. Er war kreuz und quer durch die USA gereist und hatte Amerikaner nach ihren Ansichten über die Sowjetunion und die Russen befragt. Genau das, was ich auch tun wollte – nur umgekehrt und unter weitaus schwierigeren Arbeitsbedingungen in einem Land, wo die Menschen nicht wie die Amerikaner die Art von Freiheit haben, kritisch und offen ihre Meinung zu allen Themen zu äußern.

Wenn ich nicht selbst vier Jahre lang gegen Ende der Kulturrevolution in Peking und danach in Moskau gelebt hätte, hätte ich wahrscheinlich die Ansichten meiner Landsleute geteilt, die keinen Unterschied zwischen dem politischen System und der Bevölkerung machen. Wer erinnert sich nicht an die McCarthy-Ära zu Beginn der fünfziger Jahre, als Amerikaner öffentlich angeprangert wurden und ihre Jobs verloren, weil man ihnen kommunistische Sympathien unterstellte? Ich wuchs in einer Zeit auf, als die Leute noch dachten: Wenn du ein Russe bist, dann bist du auch ein Kommunist, der Kommunismus ist aber eine Gefahr für die Demokratie, und deshalb sind alle Russen schlecht.

Ich erinnere mich noch gut an die Reaktionen vieler konservativer Amerikaner, die ich nach meinem Aufenthalt in Moskau zufällig kennenlernte, in Flugzeugen oder anderswo. Wenn ich ihnen sagte, ich fände Russen sympathisch und sei mit einigen sogar eng befreundet, dann stieß ich immer wieder auf Mißbilligung und Entsetzen: »Meinen Sie Kommunisten?« Zweifellos brachten mir diese Enthüllungen bei vielen Engstirnigen einen höchst zweifelhaften Ruf ein. Ein Beweis für mich, daß mangelndes Wissen über andere das größte Hindernis für gegenseitiges Verständnis ist.

In Amerika gilt jeder Russe als Feind. Das ist eine weitverbreitete Auffassung, die auch in Filmen, Büchern und der Werbung gefestigt und kommerziell ausgenutzt wird. David Shipler berichtete von amerikanischen Teenagern, die T-Shirts mit dem Spruch trugen: »Kill a Commie for Mommie« (Töte für Mama einen Kommunisten). Amerikanischen Oberschülern fielen zu »Rußland« oder »Sowjetunion« vor allem diese Begriffe ein: »Rote, Kommunisten, Wodka, nicht echt, stur, Sibirien, Gulag, eingesperrt, Eiserner Vorhang und KGB«.

Eine Umfrage der *New York Times* vom September 1985 unter Erwachsenen zeigte eine ähnlich negative Einstellung. Die Befragten assoziierten mit »Rußland« vor allem »Kommunismus, Feinde, Atomkrieg, Aggression, Invasion, Weltherrschaft«. Nur sechs Prozent von ihnen dachten an Positives, zum Beispiel »Menschen wie wir, Verbündete im Zweiten Weltkrieg, Zobel und Kaviar«. Jüngstes Beispiel für diese antisowjetische Einstellung ist die umstrittene Fernsehserie »Amerika«, von der Fernsehgesellschaft *ABC* für 44 Millionen Dollar produziert, in der sowjetische Truppen die USA besetzen. Der Grund für das Mißtrauen, den Argwohn und die Feindseligkeit gegenüber der sowjetischen Bevölkerung liegt in der politischen Unterdrückung in der Sowjetunion und in der Rolle, die sie in Staaten wie Ungarn, der Tschechoslowakei, Polen und Afghanistan gespielt hat.

Die *New York Times* deckte auch das Unwissen vieler Amerikaner auf. Aufgrund mangelnder Informationen und irriger Vorstellungen waren 53 Prozent der Befragten der Auffassung, Russen seien »ganz anders« als Amerikaner, dagegen hielten nur 38 Prozent die Japaner für »ganz anders«. Drei Fünftel nahmen an, Russen arbeiteten mehr als sie, und viele glaubten, daß das politische System bei der Sowjetbevölkerung nur wenig Zustimmung fände.

Im Februar und Juni 1987 reiste ich noch einmal in die Sowjetunion, um mein Buch abzuschließen. Inzwischen hatten sich die sowjetischen Massenmedien einen ganz neuen Ruf erworben. *Prawda,* das Parteiorgan, dessen Name auf deutsch »Wahrheit« bedeutet, schrieb inzwischen tatsächlich die Wahrheit, ebenso wie die anderen Zeitungen, wie mir ein sonst skeptischer Freund berichtete. Noch vor acht Monaten hatten sich meine Gesprächspartner über die auffälligen Diskrepanzen zwischen dem wirklichen Leben und den Zeitungsberichten beschwert. Nun aber befolgten Zeitungen, Fernsehen und Filme die landesweit verkündete Politik von *glasnost.* Auf einmal durfte öffentlich Kritik geübt werden, durfte laut geäußert werden, was früher auf die eigenen vier Wände beschränkt bleiben mußte, und immer weniger Themen waren tabu.

Ganz unerwartet stand ich vor dem Dilemma, ob ich mein Buch ganz neu oder wenigstens umschreiben sollte, und das zu einer Zeit, in der die Presse ihre Leser täglich mit Berichten über Veränderungen überraschte und noch immer überrascht. Ich kam jedoch zu dem Schluß, daß auch heute viele meiner Gespräche, die ich vor einem Jahr geführt hatte, kaum anders verlaufen würden. Deshalb habe ich nur, wo es mir nötig erschien, einige

Daten auf den neuesten Stand gebracht. Außerdem habe ich einen Abschnitt über die Atmosphäre in Moskau im März 1987 hinzugefügt.

Trotz aller Ergänzungen und obwohl sich manchmal auch der Schwerpunkt verlagerte, habe ich mein Hauptthema nie aus den Augen verloren, selbst wenn es stellenweise in den Hintergrund tritt. Wo nur möglich, berichte ich von den Ansichten der Sowjetbürger über mein Heimatland und meine Landsleute. Dabei habe ich auch die Meinung anderer Ausländer über Amerika nicht verdrängt. Am 15. Juli 1985 hatte *US News and World Report* einige Stimmen zusammengetragen, die sehr interessant waren. Da sagte zum Beispiel ein französischer Diplomat: »Ihr Land ist ein Land voller Chancen, dort ist alles möglich . . . Ich bewundere die USA mit ihrer jungen Gesellschaft, in der die Menschen noch beweglich und bereit sind, etwas in Bewegung zu setzen.« Ein indischer Regierungsbeamter dagegen stellte fest: »Wir bewundern vieles an den USA, aber warum bestehen Sie immer darauf, daß wir uns bei unseren Bemühungen um die Entwicklung unseres Landes nur nach westlichen Vorbildern richten?« Ein Engländer gab zu: »Es ist zwar angenehm, Freunde zu haben, die reich, mächtig und großzügig sind – und ihr Amerikaner seid all das. Aber wenn die Freunde eines Tages zu reich und zu mächtig werden, dann wird es schwieriger, mit ihnen zu leben und sie zu mögen, vor allem, wenn sie ständig bewundert werden wollen.« Ein anderer Europäer faßte seine Ansichten folgendermaßen zusammen: »Amerika ist eine Mischung aus dem Besten und dem Schlimmsten auf der Welt. Zu den besten Eigenschaften gehören das freie Unternehmertum, die unbegrenzten Möglichkeiten der Selbstverwirklichung und das Fehlen jeglicher Vorurteile. Zu den schlechtesten Eigenschaften aber zählen Ignoranz und Gleichgültigkeit anderen gegenüber.«

Nach meinen Gesprächen in der Sowjetunion mußte ich feststellen, daß die Sowjetbürger und die Angehörigen anderer Nationen in ihren Ansichten über Amerika und die Amerikaner mehr verbindet als trennt.

Besonders möchte ich den Nowosti-Korrespondenten danken,

die mir Gelegenheit gegeben haben, ein Thema vollständig auszuloten, das bisher noch kein Amerikaner so in Angriff genommen hat – und mit Menschen aus allen Schichten und allen Landesteilen der Sowjetunion sprechen zu können. Einige meiner Gesprächspartner gehörten zu der kleinen privilegierten Minderheit von Sowjetbürgern, die schon einmal in die USA reisen durften und von Nowosti ausgesucht worden waren, weil sie über eigene Erfahrungen verfügen. Andere hatten viel über Amerika gelesen, in sowjetischen oder ausländischen Publikationen. Manche hörten regelmäßig russischsprachige Sendungen, die von ausländischen Radiostationen wie *Deutsche Welle, BBC, Voice of America* oder *Radio Liberty* ausgestrahlt werden – und manchmal von Störsendern überlagert waren (1987 wurden *BBC* und *Voice of America* nicht mehr gestört). Allerdings bekannten sie sich nicht ausdrücklich dazu, ich konnte es nur aus ihren Bemerkungen schließen. Doch die überwiegende Mehrheit meiner Gesprächspartner bezog ihre Informationen ausschließlich von den sowjetischen Massenmedien, und entsprechend begrenzt und einseitig war ihre Sicht der Probleme Amerikas. Dennoch – die meisten, die ich kennenlernte, empfanden Sympathien für meine Landsleute, wenn auch nur wenige von ihnen jemals persönlichen Kontakt zu Amerikanern gehabt hatten.

Ich hoffe, daß meine Gespräche – auch wenn sie zugegebenermaßen nur mit einem handverlesenen Kreis von Menschen geführt wurden – dazu beitragen können, frühere Mißverständnisse auszuräumen, und daß jeder, der dieses Buch liest, am Ende ein wenig klüger ist.

KAPITEL 1

»AUCH WENN DU IM FRIEDEN LEBST, VERGISS NIE DEN KRIEG«

Als die Aeroflot-Maschine planmäßig um 0.05 Uhr vom Moskauer Flughafen abhob, begann für die Bewohner von Jakutsk schon der neue Tag. Dort war es 6.05 am frühen Morgen, und die Sonne ging auf. Während meines sechseinhalbstündigen Fluges war ich wieder einmal überwältigt von der Weite der Sowjetunion mit ihren 15 Republiken. Zweimal war ich schon dieselbe Strecke geflogen, und ich rief mir ins Gedächtnis zurück, daß allein die Russische Republik, die ich gerade überflog, größer als China oder die USA ist und daß dort mehr als die Hälfte der 280 Millionen Sowjetbürger leben.

Nach der Landung schützte mich meine warme Kleidung – ich trug mehrere Lagen übereinander – vor der eisigen Kälte. In Moskau waren es noch plus 10 Grad Celsius gewesen, in Jakutsk herrschten minus 16 Grad. Die trockene Kälte prickelte in meiner langen Nase. Gennady und ich als Gast von Nowosti wurden bereits am Flugzeug vom Jakutsk-Korrespondenten in Empfang genommen, und auf der Fahrt in die Stadt besprachen wir das für mich arrangierte Besuchsprogramm, dem ich noch zustimmen mußte. Da ich in jeder Stadt wenig Zeit hatte, waren nur wenige Besichtigungen vorgesehen.

Als ich hörte, daß in diesem Teil der Sowjetunion die Jahrestemperaturen zwischen minus 64 und plus 38 Grad Celsius schwanken, war ich geradezu dankbar, daß ich an so einem »milden« Apriltag eingetroffen war, auch wenn es mich fröstelte. Als wir noch in Moskau lebten, hatten die Temperaturen einmal minus 43 Grad Celsius erreicht, und meine beiden Hunde und ich hatten es nur wenige Minuten draußen ausgehalten. Ihre Pfoten waren gefroren, und sie versuchten, auf zwei Beinen zu humpeln, während sich meine Füße wie zwei Eisblöcke anfühlten. Es war mir sogar schwergefallen zu atmen. In Jakutsk werden bei minus 51 Grad alle Arbeiten im Freien eingestellt, und die Schüler der ersten drei Klassen haben schulfrei. Ältere Schüler müssen warten bis die Temperaturen auf minus 54 Grad sinken, und dann spielen sie den ganzen Tag im Freien.

Wenn ich auch den tiefen sibirischen Winter nicht am eigenen Leib erfahren mußte, so konnte ich doch einer Besonderheit der Landesküche nicht entgehen. Wenn mir mein Gastgeber nicht verraten hätte, daß die Fleischscheiben auf meinem Teller von einem Fohlen stammten, hätte ich sie vielleicht sogar gegessen. Als er meinen fassungslosen Gesichtsausdruck sah, drängte er mich nicht und stellte diplomatisch fest: »Unser Verhältnis zu Pferden ist anders als Ihres. Wir züchten Pferde, um sie zu essen.« Er deutete auf die Fettränder an den unberührten Fleischscheiben auf meinem Teller und erklärte mir, daß die Pferde aus Jakutsk sich von denen aus milderen Landstrichen der UdSSR unterschieden. Die Pferde in Sibirien legen sich für das Leben in der eisigen Wildnis eine Fettschicht zu, um sich gegen die Kälte zu schützen, und diese Fettschicht macht ihr Fleisch zart und leicht verdaulich. Bringt man diese Pferde in ein mildes Klima, verlieren sie ihr Fett, und ihr Fleisch ist weniger zart. Als ich dann noch erfuhr, daß das Fleisch auf meinem Teller von einem sechs oder sieben Monate alten Fohlen stammte, packte mich der Zorn. Mein Gastgeber versuchte mir klarzumachen, daß Fohlen im Alter von etwa einem Jahr ihre Zartheit verlören, und ich wünschte allen »Feinschmeckern« das gleiche Schicksal.

Als mir dann die Kellnerin einen Teller Karotten vorsetzte, forderte sie mich auf, viel saure Sahne dazu zu nehmen. Weil ich genau wußte, wie fett und schwer verdaulich die köstliche russische saure Sahne ist, lehnte ich ab, um meinen empfindlichen Magen zu schonen. Aber ich konnte mich nicht durchsetzen. Wie andere Russen aus meinem Bekanntenkreis war auch die Kellnerin auf eine unnachgiebige Art fürsorglich, und aus Erfahrung wußte ich, daß jeder Widerstand zwecklos war. Die Kellnerin hatte in einer Zeitschrift gelesen, daß der Körper 80 Prozent des Karotins aufnehmen könne, wenn man Karotten mit saurer Sahne esse, ohne Sahne seien es nur 6 Prozent. Außerdem fand sie mich viel zu mager. Ich gab also nach und aß gehorsam die nahrhafte Kombination, sogar ohne spätere Beschwerden.

Auf der Speisekarte fand sich auch eine Spezialität mit der Bezeichnung »Strogonina«. Dabei handelt es sich um einen gefrorenen Fisch, der mit einer besonderen Klinge papierdünn geschnitten und dann roh mit Pfeffer und Salz oder einer Sauce gegessen wird. Wenn man diesen Fisch ißt, spürt man die Kälte weniger und bekommt keine Halsentzündung, erklärte mir mein Gastgeber.

Die Kälte Sibiriens hat auch Folgen für den Hausbau. Alle Gebäude müssen auf »Permafrost« errichtet werden, einem Boden, der bis zu einer Tiefe von eineinhalb bis zwei Metern ständig gefroren ist. Das Wohngebäude, das ich mir ansah, besaß einem geschoßhohen Sockel aus Beton, in dem nur die Heizungsanlage untergebracht war, erst darüber lagen die Stockwerke mit den Wohnungen.

Wie bei den meisten Mehrfamilienhäusern in der Sowjetunion war auch hier der Eingangsflur nicht gestrichen, und im Treppenhaus blätterte die Farbe ab. Die gesamte Anlage machte einen heruntergekommenen Eindruck, was sich allerdings sofort änderte, wenn sich eine Wohnungstür öffnete. Die Tür, die für uns aufging, führte zur Wohnung von Juri Spiridonow, einem Aeroflot-Angestellten, und seiner Frau. Juri war mittelgroß und besaß einen goldüberkronten Vorderzahn. Er trug ein leuchtendblaues Sporthemd, genauso blau wie seine Augen. Sein beinahe faltenloses Gesicht, seine gesunde Gesichtsfarbe und sein dunkles, kaum gelichtetes Haar ließen mich glauben, er sei erst Ende Vierzig – ein großes Kompliment für einen Mann von Anfang Sechzig. Juris Frau sah – wie so viele russische Frauen – älter als ihr Mann aus. Sie trug eine Brille, kein Make-up, hatte kurzes, gewelltes Haar und eine recht rundliche Figur. Ich schätzte sie richtig auf Ende Fünfzig. Sie trug die typische russische Hauskleidung: einen braungeblümten Kittel und Pantoffeln.

Die Wohnung der Spiridonows war warm und gemütlich. Das Schlafzimmer war gerade groß genug für das Doppelbett. Fast die ganze Wand war, wie in vielen russischen Wohnungen, von einem großen Orientteppich bedeckt – gegen die Kälte und als Wandschmuck. Neben dem Wandteppich hing eine gehämmerte Metallplatte, die eine Landschaft mit Rentieren zeigte. Im Wohnraum die übliche Möblierung »besserer« Wohnungen: klobige Polstermöbel mit hölzernen Armlehnen, die viel zu gewaltig für den kleinen Raum waren. Der große, bequeme »Großvatersessel« war mit braunen samtartigem Stoff bezogen. Im Bücherregal standen die russischen Klassiker aufgereiht, und in einem Vitrinenschrank waren wie in einem Schaufenster Kristallgläser und -schüsseln ausgestellt. Das schönste im ganzen Raum waren die Teppiche auf dem Boden und an den Wänden. Wo noch Platz an den Wänden war, hingen holzgeschnitzte sibirische Landschaftsszenen.

Keine Wohnung wäre vollständig ohne einen großen Fernsehapparat. Auch während unseres Besuchs bei den Spiridonows lief das Gerät weiter, obwohl niemand hinsah. Viele meiner Moskauer Freunde hatten die gleiche Angewohnheit. Sie behaupteten, man könne nie wissen, ob nicht plötzlich doch etwas Interessantes gezeigt würde. Einer von ihnen seufzte, wie es auf der ganzen Welt zu hören ist: »Wir sind Gefangene des Fernsehens. Jeder weiß, wie es anzustellen ist – aber es abzustellen, das ist schwierig.«

Auch bei den Spiridonows stand der Fernseher nicht weit vom Eßtisch entfernt, damit man auch während des Essens fernsehen konnte. Der Tisch war mit einem rot-weiß karierten Wachstuch bedeckt, und darauf standen Kristallgläser. Frau Spiridonowa bat uns, Platz zu nehmen, und ich war hocherfreut, als ich das Essen auf dem Tisch sah. Woher wußte sie, daß ich gerne Fisch und Gemüse aß, viel lieber als Fleisch? Es gab drei Sorten Fisch, die auf verschiedene Art zubereitet waren: mariniert, als Pastete und gebraten. Der Bratfisch war schon im Herbst gefangen worden und hatte seitdem gefroren auf dem Balkon gelegen. Hausgemachte eingelegte Gurken und Tomaten standen auch auf dem Tisch, dazu gefrorene Tomaten, die langsam auftauten. Während unsere Gastgeberin in der Küche noch mit der Zubereitung von Bratkartoffeln und Zwiebeln beschäftigt war, erzählte uns Juri von seiner Familie. Am Vormittag war wieder ein Enkelkind geboren worden, ein Junge, und jetzt bestand die Familie aus 17 Personen: drei verheiratete Söhne, eine verheiratete Tochter und sieben Enkelkinder. Das war Grund genug, mit Kognak, Wein und Wodka zu feiern, und wir erhoben unsere Gläser auf den neugeborenen Enkelsohn. Die Anti-Alkohol-Kampagne ließe solche Ausnahmen zu, meinte unser Gastgeber.

Kurz darauf setzte sich auch Juris Frau zu uns, und wir unterhielten uns über die vielen Gemüsesorten, die sie auf den Tisch gebracht hatte. Mit Ausnahme des Knoblauchs und der Zwiebeln hatten die Spiridonows alles im vergangenen Sommer selbst auf ihrer Datscha geerntet, die nur 15 Minuten entfernt lag. Juris Frau wies auf eine Kiste mit Sand, die in einer Wohnzimmerecke stand. Darin befanden sich noch Karotten von der letzten Ernte. Auf ihren 800 Quadratmetern Land bauten die Spiridonows Kartoffeln, rote Bete, Gurken, Karotten, Tomaten, rote und schwarze Johannisbeeren, Dill, Meerrettich, Sellerie und sogar viermal im Jahr Rettich an. Ihre Erträge waren so groß, daß die ganze Familie den Winter über, wenn es in den Geschäften nur Konserven gab, von diesen Gemüsen und Früchten leben konnte. Als ich erfuhr, daß in Sibirien die oberste Bodenschicht nur von Mitte Mai bis September frostfrei und die Erde dazu sehr salzhaltig ist, fragte ich die Spiridonows nach ihrem Erfolgsrezept. Juri erzählte mir stolz von dem Dünger und dem Sand, die er jedes Jahr der Erde beimischte. Er sprang vom Tisch auf und kehrte mit mehreren Metern Plastikfolie zurück, mit der er die frische Saat gewöhnlich abdeckte und isolierte.

Die anstrengende Gartenarbeit ließ unserer Gastgeberin im Sommer nur wenig Zeit für ihre andere Lieblingsbeschäftigung: Lesen. Aber sie fand immer noch, wie alle russischen »Babuschkas« (Großmütter), genug Muße für ihre Enkelkinder. Seit sie vor acht Jahren, damals war sie fünfzig, ihren Beruf aufgegeben hatte, war ihre Zeit ausgefüllter als je zuvor. (In Sibirien liegt das Rentenalter für Frauen bei 50 Jahren, in anderen Gebieten der Sowjetunion erst bei 55 Jahren.)

Ihr Mann, inzwischen 63, hatte sich entschlossen, nach seinem 60. Geburtstag weiterzuarbeiten, denn sein Beruf machte ihm Freude, und er genoß die vielen Privilegien. Als er mir alle Sonderleistungen aufzählte, die ihm zustanden, fragte ich mich, wann er überhaupt noch Zeit für seine Arbeit fand. Als Aeroflot-Mitarbeiter konnte er einmal pro Jahr einen kostenlosen Flug innerhalb der Sowjetunion unternehmen, auf alle Flüge in der Zeit von Mai bis Oktober erhielt er Preisnachlässe. Als »Veteran der Arbeit«, ein Ehrentitel, der allen verliehen wird, die 25 Jahre am selben Arbeitsplatz verbracht haben, erhielt er zu seinem regulären Jahresurlaub weitere 30 freie Tage auf eigene Kosten. Vor kurzem erst war er von einer zwanzigtägigen Reise nach Kuba zurückgekehrt, der Flug hatte ihn nicht mehr als 30 Rubel gekostet. Alle Einwohner Sibiriens genießen wegen des harten Klimas weitaus mehr Vergünstigungen, als sie zum Beispiel meinem Dolmetscher zustanden. Während Juri über 42 freie Tage im Jahr verfügen konnte, hatte Gennady nur 24 Tage Jahresurlaub, die Sonntage nicht mitgerechnet. Alle drei Jahre dürfen die Einwohner Sibiriens außerdem eine zusätzliche kostenlose Reise innerhalb der UdSSR unternehmen.

Juri verdiente 360 Rubel im Monat, das war etwa doppelt soviel, wie ein Moskauer in der gleichen Position verdiente. Allerdings liegen in Sibirien auch die Lebenshaltungskosten höher. So finden sich zum Beispiel auf den Makkaroni-Packungen, die überall im Land verkauft werden, drei verschiedene Preisangaben, die jeweils für bestimmte Regionen des Landes gelten. In Moskau kostet die Packung 35 Kopeken, in Sibirien dagegen, wegen der hohen Transportkosten, 43 Kopeken.

Unser Gastgeber erzählte mir, daß er oft einen Teil seiner Ferien »im Westen« verbringe. Da ich wußte, wie schwierig es ist, ins Ausland zu kommen, fragte ich nach und erfuhr, daß die Einwohner Sibiriens davon sprechen, »in den Westen« oder »auf den Kontinent« zu reisen, wenn sie die westlichen Landesteile der UdSSR besuchen.

Anschließend berichtete Juri mir von seinen Hobbys. Unter anderem ging er in der Ukraine jagen. Schon bald, im Mai, wollte er wieder seinen jährlichen Fischfang- und Jagdausflug mit vier Freunden unternehmen, der sie wieder in die Taiga führen sollte und für den er sich immer einen Monat Zeit nahm. Um an ihr Ziel zu gelangen, mußten sie zuerst ein Flugzeug nehmen – das gebräuchlichste Transportmittel in Sibirien –, anschließend fuhren sie mit einem Lastwagen über gefrorene Flußläufe weiter. Auf der Rückreise Anfang Juni, wenn das Eis auf den Flüssen geschmolzen war, benutzten sie Motorboote.

Ihre Fahrt führte sie regelmäßig in ein einsames, etwa 100 Quadratkilometer großes Gebiet, in dem ihnen keine Menschenseele begegnete. Dort konnte Juri das Erwachen des Frühlings beobachten, die Rückkehr der Vögel aus ihren Winterquartieren und das Ausschlagen der Büsche. Zwischen dem 16. und 20. Mai begann jedes Jahr der Birkensaft zu fließen, und zwei Wochen lang trank er diesen Saft, fischte und jagte Enten und Gänse. Aber sein Vergnügen war nicht grenzenlos: Als er einmal ein weibliches Tier geschossen hatte, bestraften ihn seine Freunde – einige Tage lang durfte er keinen Birkensaft trinken. Juri machte sich Notizen über die Vogelarten, die er erlegte, und nach seiner Heimkehr sandte er einen Bericht an die sowjetische Jägervereinigung. Einmal konnte er sogar mitteilen, daß er zwei Erpel mit Erkennungsringen aus Bombay sowie eine Gans vom Oberlauf des Nils geschossen hatte.

Juri lebte sehr gern in Sibirien und hätte es um nichts in der Welt gegen Moskau getauscht – die Lieblingsstadt anderer Sowjetbürger, die sich danach drängen, eine Zuzugserlaubnis für die Hauptstadt zu erhalten. Juri wollte nicht auf die frische, saubere Luft Sibiriens verzichten. »Vier bis fünf Monate im Jahr leben wir auf unserer Datscha und trinken reines, natürliches Quellwasser. Ich liebe es, zu fischen, zu jagen und mich körperlich zu betätigen. All diese Vergnügungen gibt es auf dem Kontinent nur in begrenztem Maße«, stellte er fest.

In seiner Kindheit hatte Juri davon geträumt, Tierarzt zu werden, aber statt dessen nahm er eine Arbeit in einer Fischfabrik an. Im Mai 1941 kam er zu Aeroflot und wurde als Funker ausgebildet. Bald darauf erhielt er den Auftrag, Flugzeuge von Fairbanks in Alaska in den ostasiatischen Teil der Sowjetunion zu überführen, die dann später an der Front eingesetzt wurden. So konnte er vier Monate in den USA verbringen. Zusammen mit amerikanischen Soldaten aß er in der Kantine und tanzte mit amerikanischen Frauen, die er als »raffiniert« bezeichnete; denn sie forderten die Männer zum Tanzen auf, was damals etwas ganz Neues war.

Seit dem Krieg hatte Juri keinen persönlichen Kontakt mehr zu Amerikanern gehabt – bis zu unserem Treffen. Als ich ihn fragte, ob er mich typisch amerikanisch fände, antwortete er: »Ihre Figur ist typisch amerikanisch, aber ihr Gesicht ist georgisch.« (Georgien ist eine der Sowjetrepubliken.) Wahrscheinlich war es mein langes, schmales Gesicht, meine Adlernase, meine dunklen Augen und meine dunklen, lockigen Haare, die ihm diesen Vergleich nahelegten. »Es ist schwer zu sagen, wie typische Amerikaner aussehen, aber bestimmt nicht wie Sie.«

Während wir über Amerika sprachen, lächelten seine Augen und sein Mund, und seine Wangen röteten sich. Er erinnerte sich, wie er den amerikanischen Soldaten das russische Spiel »Gorodky« beigebracht hatte, eine Art Bowling, aber mit Stökken statt der Kugeln. Wenn der Russe verlor, mußte er den Amerikaner huckepack nehmen und umgekehrt. »Wir sprachen damals dieselbe Sprache, und ich bin sicher, wenn ich diese Leute heute wiederträfe, wir hätten keine Probleme, zusammenzusein und miteinander zu reden. Es ist das Wesen der Amerikaner, das ich mag«, sagte Juri.

Aber plötzlich wechselte er das Thema. Von seinen nostalgischen Erinnerungen an die vierziger Jahre kam er auf die Gegenwart zu sprechen, und sein Gesichtsausdruck und der Klang seiner Stimme änderten sich. Nur wenige Tage zuvor hatte Reagan Gorbatschows Vorschlag für ein Atomteststopp-Abkommen abgelehnt. Juri zitierte Edward Kennedy und andere amerikanische Politiker, die von sowjetischen Korrespondenten interviewt worden waren, und fragte: »Beide Seiten wollen die Vernichtungswaffen abbauen, warum nur sträubt sich Präsident Reagan?« Er hatte alle Berichte vom Genfer Gipfeltreffen im Herbst 1985 verfolgt und hatte Hoffnungen, wenn auch mit Vorbehalten. Während Gorbatschow ganz offen zugegeben habe, daß es noch viele ungelöste Probleme gebe, warf Juri Reagan vor, er sei glatt und weiche aus. Einige Wochen nach Genf war es zu den ungewöhnlichen Neujahrsbotschaften der beiden Politiker gekommen, die in beiden Ländern vom Fernsehen ausgestrahlt worden waren. Und wieder, so kritisierte Juri, habe Reagan die schwierigen Fragen ausgeklammert, während Gorbatschow kein Blatt vor den Mund genommen habe.

Ganz sicher wäre Juri mit Gorbatschows Entscheidung, zum Jahresende 1986 keine Neujahrsbotschaften auszutauschen, vollkommen einverstanden gewesen. Nicht etwa, weil er den Einfall grundsätzlich schlecht gefunden hätte. »Aber man muß doch die gegenwärtige Lage bedenken«, sagte der regierungsamtliche Sprecher Gennady Gerasimow. »Warum sollten wir uns Illusionen über unsere Beziehungen machen?« Dann kritisierte er die USA, weil sie gegen das SALT-II-Abkommen zur Begrenzung strategischer Kernwaffen verstoßen und sich dem sowjetischen Moratorium für Atomwaffenversuche nicht angeschlossen hatten. Obwohl es Ende 1986 keine gegenseitigen Grußbotschaften gab, sendete der sowjetische Staatsrundfunk Auszüge aus Reagans Neujahrsansprache.

»Präsident Reagan sagt das eine und tut das andere. Was sollen wir machen – einen härteren Kurs einschlagen?« fragte mich Juri. Unverhüllt zeigte er seinen Zorn über Reagans ablehnende Reaktion auf den Moratoriumsvorschlag. Ein anderer meiner Gesprächspartner dagegen, ein Bauarbeiter aus Jakutsk, rührte mich mit seinen einfachen Worten.

Ich hatte Mai Tretjakow auf seiner Baustelle getroffen, wo er eine Brigade von 68 Mann leitete, die eine Fabrik für Fertigbauteile errichtete. Mai lud mich ein, mit ihm und ein paar anderen in eine kalte Baracke zu kommen, in der ein Tisch und einige

Stühle standen. Er war ein gedrungener, kräftiger Mann mit dunklen, schrägstehenden Augen, dunklem Haar und einem breiten Gesicht, das von der Sonne und der Kälte gerötet war. Wenn er lächelte, blitzten seine silbernen Zahnkronen. Zu Anfang behielt er noch seinen orangefarbenen Schutzhelm auf, den er über eine dunkle Baumwollmütze mit Ohrenklappen gestülpt hatte, aber nachdem er sich ein wenig aufgewärmt hatte, legte er seine Kopfbedeckung ab. Ich dagegen blieb, wie eine Mumie verpackt, in meinen vier Kleiderschichten und zog nicht einmal die Handschuhe aus, als ich mir Notizen machte.

Mai war 1933 in einem Dorf, das 3000 Kilometer von Jakutsk entfernt liegt, geboren worden. Er hatte noch 16 Geschwister. Nachdem er sieben Jahre zur Schule gegangen war und in der Armee gedient hatte, wollte er nicht wie sein Vater Jäger werden. Er lernte das Maurerhandwerk, und da es in seinem Heimatdorf keine Arbeit für ihn gab, zog er nach Jakutsk, wo er inzwischen seit über 32 Jahren lebte. Er war ein tüchtiger Arbeiter und war deshalb zum Brigadeführer mit einem Monatsgehalt von 800 Rubel befördert worden, was sogar für Sibirien viel ist – 120 Prozent mehr, als ein Mann im Westen des Landes für die gleiche Arbeit erhält.

Mai war zum erstenmal nach dem Krieg mit Amerika in Berührung gekommen: Von der amerikanischen Hilfsorganisation »Russian War Relief« hatte er Mehl, Äxte, Fallen, Spezialschuhe und Wolldecken erhalten. Seine Kenntnisse über Amerika beschränkten sich auf die Informationen, die das Fernsehen verbreitete. Für ihn war mein Land gleichbedeutend mit hohen Wolkenkratzern und solider Maurerarbeit. »Die Amerikaner, die man im Fernsehen sieht, sehen meist fröhlich aus«, sagte er. Aber er hatte auch Bilder von Hungernden und Obdachlosen gesehen. »Warum habt ihr nicht genug Brot für eure Armen? Es ist eine Sünde, wie wir mit unserem Brot umgehen. Einige verfüttern es sogar an das Vieh, weil es billiger ist als richtiges Futter.« – Allerdings gibt es Gesetze, die so etwas verbieten. Als ich Mai erzählte, daß in Amerika die Arbeitslosen Geld vom Staat erhalten, lachte er ungläubig: »In der Sowjetunion muß jeder, der gesund ist, arbeiten – ob er will oder nicht.«

Zweifellos waren Mai und viele andere sehr beeindruckt von der sowjetischen Fernsehdokumentation »The Man from Fifth Avenue«, einem Film über die Härte des Lebens in New York. Das sowjetische Kamerateam hatte Joseph Mauri, einen 58jährigen arbeitslosen Amerikaner, auf der Straße aufgelesen und ihm die Hauptrolle gegeben, um die Gleichgültigkeit des kapitalistischen Systems gegenüber den Armen und Arbeitslosen zu demonstrieren.

Eine herzlose, reiche Hauswirtin hatte Mauri auf die Straße gesetzt. Er wurde gefilmt, wie er vor dem Plaza-Hotel stand und murmelte: »Wenn du kein Geld hast, bist du nichts. Wenn ich versuchte, da hineinzugehen, würden sie mich wie einem Hund mit einem Fußtritt hinauswerfen.«

Nachdem dieser Film in der Sowjetunion gezeigt worden war, hatten die sowjetischen Gewerkschaften Joseph Mauri eingeladen. Er war mehrmals öffentlich aufgetreten und hatte in einer Fernsehsendung erklärt: »Ich schäme mich, so etwas über mein Land sagen zu müssen, aber in New York gibt es 60000 Menschen, die kein Dach über dem Kopf haben.«

Die sowjetischen Fernsehnachrichten hatten in der Vergangenheit schon häufiger Berichte über die Arbeits- und Obdachlosen in Amerika gesendet, aber die Zuschauer hatten sich kaum dafür interessiert. Erst der persönliche Auftritt von Joseph Mauri erregte Anteilnahme und Betroffenheit, und Mai Tretjakows Worte waren typisch für die Reaktion im ganzen Land: In der Sowjetunion würde keiner einem anderen, der in Not geraten sei, den Rücken zukehren. Aber ich wußte, daß das nicht ganz stimmte. Wenn zum Beispiel jemand verhaftet wurde, wichen einige Freunde oft der ganzen Familie aus. Sie hatten Angst, in den Fall verwickelt zu werden, selbst wenn der Verhaftete unschuldig war.

Anschließend fragte mich Mai, warum ein so großartiges Land wie die Vereinigten Staaten sich weigerte, die Gefahren eines Atomkrieges zu verringern. Er habe mit seinem Sohn, einem Physiker, gesprochen, und dieser habe ihm versichert, ein Atomkrieg bedeute das Ende allen Lebens auf der Erde. »Niemand will das. Wir haben genug Menschen im Krieg und durch Hungersnot verloren. Wir wollen nicht noch mehr Leid erdulden müssen«, sagte mir Mai.

Er hat drei Kinder, und bei seinen Worten dachte er an ihre Zukunft. »Ich habe nur noch wenige Jahre vor mir. Ich spreche für meine Kinder. Wir haben einen Weg gezeigt, wie bis zum Ende des Jahrhunderts alle Atomwaffen abgeschafft werden können. Aber ihr weigert euch.« Als ich mich von ihm verabschiedete, schüttelte er kräftig meine Hand und sagte: »Wenn ich heute abend nach Hause komme und meiner Familie erzähle, daß ich mit einer Amerikanerin gesprochen habe, glauben sie mir kein Wort.«

Immer häufiger wurde mir in den Jahren von 1980 bis 1986 in der Sowjetunion die Frage gestellt: »Warum will Präsident Reagan Krieg?« Diese wachsende Angst, die der Durchschnittsamerikaner nicht in demselben Maß spürt, hat zwei Hauptursachen: Einmal sprechen die sowjetischen Massenmedien das Thema täglich an, zum anderen aber hat das sowjetische Volk eine überaus tragische Vergangenheit erlebt. »Auch wenn du im Frieden lebst, vergiß nie den Krieg«, diesen Satz hörte ich oft.

Überall wurde ich an die Verheerungen des Zweiten Weltkrieges erinnert. Veteranen sagten Zahlen auf, die sie auswendig kannten. Die USA hatten im Krieg 300 000 Tote zu beklagen, die UdSSR 20 Millionen. 25 Millionen Menschen wurden obdachlos; 6 Millionen Wohnungen, 1700 Städte, mehr als 70 000 Dörfer, 32 000 Betriebe und 4000 Bahnhöfe wurden zerstört. Ein Arbeiter in Baku erinnerte sich an die Worte Präsident Kennedys: Wenn man die Kriegsverluste der Sowjetunion auf die USA übertrüge, hieße dies, das gesamte Gebiet von Chicago bis zur Atlantikküste wäre zerstört worden.

Friede, das Wort war in aller Munde, und wenn wir zusammen etwas tranken, galt zumindest ein Trinkspruch dem »freien Himmel«, einem Himmel frei von Bomben und Raketen. Eine Umfrage in sowjetischen Schulen ergab, daß 95 Prozent der Kinder eine Vorstellung von den Gefahren eines neuen Krieges besaßen, auch wenn sie nicht daran glaubten, daß es noch einmal einen Krieg geben könnte. Als dieses Umfrageergebnis in den USA bekannt wurde, tat man es mit dem Argument ab, in einem totalitären System müsse eben jeder denken, wie es die Regierung vorschreibe. »Warum will man nicht glauben, daß es die Wahrheit ist?« fragte ein sowjetischer USA-Experte. »Die jungen Leute machen sich wirklich ernsthafte Sorgen.«

Wohin ich auch kam, überall fiel der Name von Samantha Smith, der elfjährigen Schülerin aus dem amerikanischen Bundesstaat Maine, die einen Brief an Andropow geschrieben hatte, in dem sie einen Atomkrieg verurteilte. Andropow hatte Samantha mit ihren Eltern im Sommer 1983 zu einem Besuch in der Sowjetunion eingeladen. Sie war als »Botschafterin des Friedens« gefeiert worden, und die sowjetische Bevölkerung hatte den Eindruck gewonnen, daß der Durchschnittsamerikaner – wie Samantha – den Frieden wolle.

Die Samantha-Smith-Friedenskampagne, die ich als Propaganda ansehe, rührte jeden Sowjetbürger. Ich konnte das verstehen, denn ich weiß aus Erfahrung, daß die meisten Russen sehr emotional sind und ihre Kinder geradezu vergöttern. Für ein Kind ist ihnen kaum ein Opfer zu groß, und es war ganz natürlich, daß sie Samantha Smith in ihr Herz schlossen. Eine Briefmarke mit ihrem Bild und ihrem Namen wurde herausgegeben, eine neue Sorte Stiefmütterchen und sogar ein in Jakutsk gefundener Diamant wurden nach ihr benannt. Es gab ein Samantha-Smith-Friedenslied und eine Samantha-Smith-Gummipuppe.

Zwei Jahre nach ihrer Friedensmission durch die UdSSR kam Samantha auf tragische Weise bei einem Flugzeugabsturz ums Leben. Jede sowjetische Zeitung berichtete darüber, und einige Artikel zitierten sogar amerikanische Presseberichte, daß das FBI eine Untersuchung eingeleitet habe. Obwohl dieses Vorgehen in den USA nicht ungewöhnlich ist, wurden die sowjetischen Leser mißtrauisch. Alte und Junge fragten mich, ob der Verdacht bestehe, daß es kein Unfall, sondern ein Mordanschlag war.

Auch außerhalb der Sowjetunion wurde die Samantha-Smith-Friedenskampagne weitergeführt. 1986, im internationalen Friedensjahr, lud die kalifornische Organisation »Kinder als Friedensstifter« ein russisches Kind in die USA ein. Die Wahl fiel auf Katja Lytschowa, eine reizende elfjährige Schülerin. Während der ganzen Reise, die in der Sowjetunion viel Aufsehen erregte, wurde sie von ihrer Mutter begleitet. Als ich die hübsche blonde, blauäugige Katja in ihrer Wohnung in Moskau besuchte, fragte ich sie, warum gerade sie ausgewählt worden war. Ihre ehrgeizige und direkte Mutter antwortete mir, daß Katja Englisch spreche, schon seit der zweiten Klasse habe sie Unterricht in einer Spezialschule, in der Englisch Hauptfach sei. Außerdem gehöre Katja einer Gruppe an, die Antikriegslieder singe, und sei auch schon in Antikriegsfilmen und -bühnenstücken aufgetreten. Auch Katjas Eltern hatten den Anforderungen entsprochen. Ihr Vater arbeitete in der Produktwerbung, und ihre attraktive Mutter war promovierte Wirtschaftswissenschaftlerin und sprach hervorragend Englisch. Außerdem vertrat sie vorbildliche politische Ansichten, unter anderem, daß ihr Land keinesfalls abrüsten solle, bevor es nicht auch die Amerikaner täten.

Katja war ein liebenswertes Kind mit den gleichen Interessen wie viele Mädchen ihres Alters: Sie hing sehr an ihrem blonden Cockerspaniel, den sie immer wieder umarmte, sie spielte Klavier, ging gerne schwimmen, und es machte ihr große Freude, im Sommer auf der Datscha ihrer Großeltern Beeren und Pilze zu sammeln. Zu ihrem zwölften Geburtstag wünschte sie sich ein Fahrrad, und ihre Mutter hatte wie jede Mutter Angst, daß Katja vom Rad fallen und sich dabei verletzen könnte.

Ich fragte Katja, was ihr in den USA besonders gefallen habe. Da waren die Gastfreundschaft der amerikanischen Familien, das freundliche Lächeln der Leute auf der Straße, die sanften Augen von Samanthas Mutter, Seilspringer und die Wunder in Disneyland. Was hatte sie nicht gemocht? Bananeneis, Drohungen gegen die sowjetische Delegation und den Film »Rocky IV«. Seit ihrer Rückkehr hatte sie 25000 Briefe erhalten, und dank der ausführlichen Presseberichte über ihre Reisen waren Katja und Samantha so bekannt wie Staatsoberhäupter.

Jeder wollte Frieden, mußte ich feststellen, während Reagan das Angebot eines Atomteststopp-Abkommens ablehnte, und mir fiel die schwierige Aufgabe zu, Juri, dem Aeroflot-Angestellten, diese Entscheidung unseres Präsidenten zu erklären. Ich konnte es nicht, denn ich war zu der Zeit, in der diese Entscheidung gefallen war, schon in der Sowjetunion und kannte keine Hintergründe.

Ein paar Wochen später nahm ich in New York an einer Pressekonferenz über Atomwaffenfragen teil und konnte erfahren, wie die amerikanische Presse diese Präsidentenentscheidung kommentiert hatte. Fred Kaplan, ein Reporter des *Boston Globe* und Spezialist für Rüstungsfragen, war gegen den Standpunkt der Regierung und war auch mit der Presseberichterstattung nicht einverstanden. Ich fand seine Argumente sehr überzeugend. Das sowjetische Moratoriumsangebot war als Propaganda abgetan und die Ablehnung war damit gerechtfertigt worden, daß das bestehende Verteidigungspotential unbedingt erhalten werden müsse. Andere erklärten, eine Einstellung der Atomtests könne nicht ausreichend kontrolliert werden. Kaplan und einige andere Rüstungsexperten, unter ihnen ehemalige Leiter von Forschungsinstitutionen im Rüstungsbereich, wiesen dagegen diese Einwände zurück und sagten das gleiche, was ich auch in der Sowjetunion gehört hatte. Die Fortsetzung der amerikanischen Atomtests diene nur einem Zweck: neue und noch verheerendere Atomwaffen zu entwickeln, um eine waffentechnische Überlegenheit zu erringen.

Während der weitaus größere Teil der amerikanischen Presse den Regierungsstandpunkt in der Frage der Atomtests unterstützte, lieferte ein sowjetischer Experte für amerikanisch-sowjetische Beziehungen eine zusätzliche Erklärung, die allerdings informierten Kreisen schon seit Jahren bekannt war: »Der Widerstand gegen das Atomteststopp-Abkommen spiegelt den Einfluß des militärisch-industriellen Komplexes wider, der wirtschaftlich und damit auch politisch eine große Rolle spielt.«

Ein ehemaliger sowjetischer Fabrikarbeiter, der inzwischen von seiner Altersrente lebte, führte diesen Gedankengang noch weiter: »Wir haben den Eindruck, daß der Rüstungswettlauf in Amerika den Lebensstandard hebt. Sie übersehen dabei aber völlig, daß Sie sich auf diese Weise Ihr eigenes Grab schaufeln. Je mehr Waffen Sie produzieren, um so weniger Sicherheit gibt es in der Welt. Anstatt unser Geld für Waffen auszugeben, würden wir lieber damit unsere Wirtschaft aufbauen und unseren Lebensstandard verbessern. Unser Lebensstandard wird durch den Rüstungswettlauf immer niedriger, Ihrer dagegen immer höher. Dennoch würde kein Sowjetbürger zögern, seinen Gürtel noch ein Loch enger zu schnallen, wenn der Rüstungswettlauf dies verlangte.« Diese Ansicht wurde von sowjetischen Journalisten, die für führende Moskauer Zeitungen schreiben, bestätigt, und zum Beweis zitierten sie aus Leserbriefen, die zu Tausenden bei ihnen eintrafen: Immer wieder wurde die Frage gestellt, warum die UdSSR einseitig auf Atomtests verzichten würde, während die USA ihre Versuche weiterführten. Einige Monate später – nach insgesamt 19monatiger Unterbrechung – nahm auch die Sowjetunion ihre Atomtests wieder auf.

Ein Jahr später machte Andrej Sacharow, der Atomphysiker, Nobelpreisträger und Vorkämpfer für die Menschenrechte in der UdSSR, dem Westen Vorwürfe wegen seiner Haltung in der Atomwaffenfrage. Auf dem »Internationalen Forum für eine atomwaffenfreie Welt zur Rettung der Zukunft der Menschheit« im Februar 1987 erklärte er laut *Time* vom 16. März 1987: »Der Demokratisierungs- und Liberalisierungsprozeß in der UdSSR – sowie der wirtschaftliche und der soziale Fortschritt, die eng damit verbunden sind – wird stark beeinträchtigt, solange der Rüstungswettlauf unvermindert anhält. Eine wirtschaftlich starke, offene und demokratische Sowjetunion könnte ein wichtiger Garant internationaler Stabilität und ein verläßlicher Partner bei der gemeinsamen Lösung globaler Probleme sein. Wenn dagegen der Westen versucht, den Rüstungswettlauf dazu zu benutzen, die Sowjetunion wirtschaftlich in die Knie zu zwingen, sind die Zukunftsaussichten für die Welt sehr düster. Ein Gegner, der sich in die Ecke gedrängt fühlt, ist immer gefährlich. Es ist illusorisch, darauf zu spekulieren, die materiellen und intellektuellen Reserven der Sowjetunion erschöpfen zu können, oder einen politischen und wirtschaftlichen Kollaps zu erwarten;

unsere historischen Erfahrungen beweisen das Gegenteil. Aber der Demokratisierungs- und Liberalisierungsprozeß wird enden. Die wissenschaftlich-technische Revolution wird einen ausgeprägten militärisch-industriellen Charakter annehmen, und es ist zu befürchten, daß expansionistische Tendenzen im Verbund mit zerstörerischen Kräften die Außenpolitik bestimmen werden.«

Etwa zur selben Zeit, als Sacharow diese Erklärung abgab, die allerdings nur im Westen, nicht in der Sowjetunion veröffentlicht wurde, feierten die sowjetischen Massenmedien den Amerikaner Charles Hyder als Helden. Meine Moskauer Freunde erzählten mir von ihm, wie auch von anderen meiner Landsleute, die in der Sowjetunion besser bekannt sind als in ihrem Heimatland. Charles Hyder, ein Astrophysiker, hatte 150 Tage lang in der Nähe des Weißen Hauses einen Hungerstreik gemacht, um die amerikanische Regierung zu bewegen, konkrete Schritte auf dem Weg zu einer nuklearen Abrüstung zu unternehmen. Jeder sprach darüber, daß Hyder einen neuen Hungerstreik-Rekord aufgestellt habe – aber nicht über seine Motivation –, und meine Freunde machten sich Sorgen, daß er sterben könnte. Nicht nur sie. Sogar Gorbatschow sandte ihm ein Schreiben mit den Worten:

»Ihr Mut und Ihre Bereitschaft, sich selbst zu opfern, um den Rüstungswettlauf zu beenden – eine große Gefährdung für die USA und die UdSSR –, werden in Moskau hoch eingeschätzt. Ihr Aufruf, die Menschheit solle sich vor der Vernichtung bewahren, wurde von Millionen von Menschen gehört, auch in der Sowjetunion. Ihre seelische Kraft wird weiterhin dringend nötig sein, um den Kampf gegen die nukleare Katastrophe fortzuführen. Deshalb appellieren wir an Sie, Dr. Hyder, beenden Sie Ihren Hungerstreik.«

Weiterhin lud Gorbatschow in seinem Schreiben Hyder ein, sich in der Sowjetunion ärztlich behandeln zu lassen und zu erholen. Hyder dankte Gorbatschow mit einem Antwortschreiben, setzte aber seinen Hungerstreik fort.

Im April 1987 war die Sorge des Sowjetischen Friedenskomitees um die Gesundheit Dr. Hyders so groß geworden, daß es eine Petition, unterzeichnet von Hunderten von Sowjetbürgern, an das Weiße Haus und an den Kongreß sandte: »Mr. President, retten Sie Charles Hyders Leben . . .«

KAPITEL 2

»ICH HABE MICH ENTSCHLOSSEN, HIER ZU LEBEN UND MICH ANZUPASSEN«

Während ich in zweieinhalb Stunden von Jakutsk nach Irkutsk flog, gelangten andere Reisende gemächlich mit der Transsibirischen Eisenbahn aus dem Westen des Landes dorthin. Für die mehr als 5000 Kilometer lange Strecke von Moskau benötigten sie mindestens viereinhalb Tage, und manche reisten nach einem kurzen Zwischenaufenthalt in Irkutsk sogar noch weiter, zum Beispiel durch die Mongolei nach China oder in den äußersten Osten der UdSSR, nach Wladiwostok, noch einmal rund 4000 Kilometer. Da ich weder Zeit noch die Geduld hatte, die man für lange Bahnreisen braucht, zog ich das Flugzeug vor und hatte auch das Glück, während meiner ganzen Reise niemals große Verspätungen zu erleben.

Als ich in Irkutsk ankam, kam mir der Anblick vertraut vor. Hollywood hat oft Grenzstädte für seine Wildwestfilme nachgebaut, aber hier in Irkutsk war alles echt. Besonders auffällig waren die Holzhäuser. Sie ähnelten Blockhütten und hatten kunstvoll geschnitzte Fensterläden. Die Stadt Irkutsk und ihre 600 000 Einwohner standen kurz vor der 300-Jahr-Feier, und die ganze Stadt wurde einer Schönheitskur unterzogen.

Eine der Überraschungen, die Irkutsk mir bot, war ein eigenes »Weißes Haus« aus dem Jahre 1803, etwa derselben Zeit, in der auch das amerikanische Vorbild errichtet worden war. Farbe und Name beider Gebäude waren gleich, aber sie unterschieden sich in Architektur und Funktion. Das »Weiße Haus« von Irkutsk war früher die Residenz des Generalgouverneurs gewesen und dient heute als Bücherei.

Bevor ich zum erstenmal nach Irkutsk kam, hätte ich nie gedacht, daß diese Stadt einmal eine so bedeutende Rolle in meinem Buch spielen würde: Hier lernte ich einen patriotischen Amerikaner kennen, der sich entschlossen hatte, in Sibirien zu leben – zu einer Zeit, in der Tausende von Sowjetbürgern Ausreiseanträge stellten. Ich hatte Silvio und Lida Sclocchini, ein amerikanisch-russisches Ehepaar, bereits kurz im April 1986 kennengelernt. Damals erlaubte mir mein Terminplan nicht, mit ihnen soviel Zeit zu verbringen, wie ich gern gewollt hätte, und deshalb kehrte ich zwei Monate später für einen längeren Besuch zurück.

Das Leben in Moskau, auf dessen Lebensstandard, Einkaufsmöglichkeiten und kulturelles Angebot sich die Sehnsucht aller Nichtmoskauer richtete, kannte ich gut. In der Hauptstadt ist das Leben allgemein nicht nur leichter und unterhaltsamer, hinzu kam auch, daß ich als Ausländerin besondere Privilegien genoß: Die Wohnungen in unserem Ausländerviertel waren größer und besser ausgestattet als die einer Moskauer Durchschnittsfamilie, und wir durften mit unseren Devisen in Spezialläden Waren von einer Güte und Auswahl einkaufen, an die Sowjetbürger nie herankommen. Ihnen droht sogar Gefängnis, wenn sie im Besitz von ausländischem Geld sind und nicht nachweisen können, daß sie es auf legale Weise erworben haben.

Die gettoartige Abtrennung von den Russen und mein Sonderstatus ließen mich Moskau anders erleben als Silvio Sclocchini. Er führte ein spartanisches Leben in der Provinz, wie so viele meiner Gesprächspartner. Um die russischen Ansichten über Amerika und die Amerikaner wirklich verstehen zu können, war es für mich notwendig, am Alltagsleben in der Sowjetunion teilzunehmen. Die Gelegenheit dazu gaben mir Silvio und Lida, als sie mich einluden, ihr Gast zu sein.

Der 27. April 1977 war der wichtigste Tag im bis dahin recht unauffälligen Leben des Silvio Sclocchini gewesen. An diesem Tag lernte er Lida kennen, seine spätere Frau, eine Begegnung, die dem Leben dieses Durchschnittsamerikaners eine ganz neue Wendung geben sollte. Mit sechzig Jahren erlebte er seine große

Liebe, die ihn dazu brachte, seine Heimatstadt Philadelphia zu verlassen und nach Irkutsk in Sibirien zu ziehen.

Silvio war ein Amerikaner der ersten Generation, seine Eltern waren aus Italien eingewandert. Als ältestes von sechs Kindern verließ er mit 14 Jahren die Schule und begann, in einer Bäckerei zu arbeiten, um zum Lebensunterhalt der Familie beizutragen. Später wurde er Berufssoldat und diente 37 Jahre lang, unter anderem im Pazifik und in Südostasien. Nach seiner Rückkehr in die USA wurde er Hauptfeldwebel unter dem Kommando des Sohnes von Präsident Eisenhower. Als Reservist arbeitete er schließlich halbtags bei der Post, bis er das Rentenalter erreicht hatte – und heiratete.

Silvio reiste gerne und unternahm deshalb 1977 mit einer amerikanischen Reisegruppe eine zehntägige Fahrt nach Moskau und Leningrad. Am ersten Tag in Moskau mußte wegen starken Regens das Besichtigungsprogramm gestrichen werden, aber da Silvio keine Lust hatte, den ganzen Tag im Hotel herumzusitzen, beschloß er zusammen mit einem Studenten aus der Gruppe, sich auf eigene Faust umzusehen. Eine Bäckerei, an der sie vorbeikamen, erinnerte ihn an seine Jugendzeit, und er trat ein. Er staunte über die mehr als zwanzig angebotenen Brotsorten und auch über die Art, wie die Kunden die Frische des Brotes prüften: Mit einer langen Metallgabel piekten sie in jeden Brotlaib und trafen dann ihre Wahl.

Silvio und sein Begleiter unterhielten sich auf englisch, als Lida sie ansprach und fragte: »Ich spreche Englisch, kann ich Ihnen helfen?« – »Nein, danke«, antwortete Silvio, bevor ihm Sekunden später bewußt wurde, wo er sich befand und daß es eine Russin und keine Amerikanerin war, die sie angesprochen hatte.

Als er sich umwandte, sah er eine hübsche, etwas mollige Frau mit noch recht jugendlichem Aussehen und kurzem, zurückgekämmten blondem Haar. Ihr freundliches Lächeln, ihre fröhlichen blauen Augen und ihre melodische Stimme waren ihm sofort sympathisch. Nachdem Silvio ihr von ihrem Pech am ersten Tag in Moskau erzählt hatte, bot sie an, ihnen die Stadt zu zeigen. Sie hatte gerade ihren freien Tag – während der Sommermonate arbeitete sie als Empfangsdame in einem Touristencamp, wo sie ihr Englisch einsetzen konnte.

Zunächst fuhren sie mit der Untergrundbahn, die mit ihrer Schnelligkeit, Zuverlässigkeit und Sauberkeit Silvio stark beeindruckte. Besonders erstaunt war er über den Preis: fünf Kopeken, weniger als zehn Pfennig. In Philadelphia mußte er für eine vergleichbar lange Strecke einen Dollar bezahlen. (Anders als in den USA werden in der UdSSR Lebenshaltungs-, Wohnungs-, Ausbildungs- und Transportkosten sowie auch die medizinische Versorgung staatlich hoch subventioniert, allerdings liegen dafür auch die Einkommen beträchtlich niedriger.)

Sie unterbrachen ihre Fahrt am Hauptpostamt, das nicht oft von Moskau-Touristen besucht wird. Silvio wunderte sich, daß dort Briefe nicht nur aufgegeben, sondern auch geschrieben wurden – mit Papier, Umschlägen und Tinte, die das Postamt zur Verfügung stellte. Bei seiner Rückkehr in das Postamt von Philadelphia würde er etwas ganz Besonderes zu erzählen haben!

Die nächsten vier Tage in Moskau waren angefüllt mit neuen Erfahrungen, die Silvio gemeinsam mit Lida machte, wenn sie um 16 Uhr mit ihrer Arbeit fertig war. Er bat sie auch, ihm das russische Nachtleben zu zeigen, und sie besuchten gemeinsam eine Bar. Um sich wie die anderen zu geben, bestellte sich Silvio einen Cocktail, aber der Kombination von Kognak und Wodka war er nicht gewachsen. Sein Kater am nächsten Morgen lehrte ihn, bei dem zu bleiben, was er kannte und mochte: ab und zu einen Whisky oder ein Bier. (Seit Juli 1985 hat allerdings Gorbatschows Anti-Alkohol-Kampagne den Verkauf von Alkohol in den Bars stark eingeschränkt, meist werden nur noch alkoholfreie Getränke ausgeschenkt.)

Vor seiner Rückreise in die USA tauschten Silvio und Lida ihre Adressen aus, und in den folgenden Monaten gingen viele Briefe hin und her, im Sommer zwischen Philadelphia und Moskau, im Winter zwischen Philadelphia und Irkutsk, wo Lida zu Hause war und in einer Grundschule Englisch unterrichtete. 18 Monate später reiste Silvio wieder in die UdSSR, um Lida zu treffen.

Seit einer gescheiterten Ehe vor vielen Jahren lebte er allein, hatte aber die Hoffnung auf eine neue Heirat nie aufgegeben. Er war auf der Suche nach der idealen Frau, jemand, die ihm ein gemütliches Heim bereiten sollte – wie seine Mutter es für seinen Vater getan hatte. Lida kam diesem Idealbild recht nahe, aber Silvio machte sich Gedanken über den großen Altersunterschied zwischen ihnen – fast zwanzig Jahre – und auch über ihr gutes Aussehen, verglichen mit seiner »Häßlichkeit«, einer Selbsteinschätzung, der ich energisch widersprach. Silvio war 1,63 Meter groß, etwa so groß wie Lida, trug eine Brille und hatte ein freundliches rundes Gesicht mit einer schmalen römischen Nase. Er hatte auch einen kleinen Bauch und etwas schüttere graue Haare, aber sein federnder Gang paßte zu seinem temperamentvollen Wesen, das gelegentlich zu Ausbrüchen neigte.

Silvio hatte lange Zeit davon geträumt, sich nach seiner Pensionierung im Jahre 1980 dem Friedenskorps anzuschließen und nach Kenia zu gehen, um dort anderen Menschen zu helfen und im Alter nicht allein zu sein. Doch nachdem er Lida kennengelernt hatte, begann dieser Traum, sich in Luft aufzulösen. Allerdings wollte er ganz sicher sein, daß Lida auch die Richtige für ihn war. Nach seiner vierten Reise in die Sowjetunion mußte er feststellen, daß er sich diese kostspieligen Fahrten auf die Dauer nicht leisten konnte, und er machte Lida einen Heiratsantrag. Lida dachte lange über diesen Antrag nach, bevor sie einwilligte. Sie befürchtete, daß bürokratische Hindernisse ihre Eheschließung vereiteln könnten, und sie hätte beinahe recht behalten.

Die sowjetischen Diplomaten in der Botschaft in Washington fanden immer neue Argumente, um Silvio seine Heiratsabsichten auszureden: Kein Sowjetbürger erhielte eine Ausreiseerlaubnis, um einen Ausländer zu heiraten. Als sich Silvio daraufhin bereit erklärte, in Moskau zu heiraten, wurde ihm mitgeteilt, das sei nicht möglich. Lida sei in Irkutsk gemeldet, ihrem Geburtsort, und nach sowjetischem Recht könne man nur da heiraten, wo man auch gemeldet sei. Konnte diese Regelung nicht ausnahmsweise außer Kraft gesetzt werden? Die Antwort lautete: »Nein.«

Silvio willigte schließlich ein, in Irkutsk zu heiraten, aber schon gab es ein neues Problem. Nach den Vorschriften mußte er persönlich in Irkutsk erscheinen, um die nötigen Papiere vorzulegen und einen Heiratstermin zu beantragen. Das bedeutete, er brauchte ein Visum für Irkutsk. Er war bereit, jedes Zugeständnis zu machen – bis auf eins: Ein sowjetischer Diplomat ließ ihn wissen, er müsse die sowjetische Staatsbürgerschaft annehmen, um eine Sowjetrussin heiraten zu dürfen. Silvio protestierte. Wenn er die sowjetische Staatsbürgerschaft annahm, verlor er seinen Rentenanspruch in den USA, für den er sein ganzes Leben gearbeitet hatte. Darauf entgegnete ihm der Sowjetdiplomat, seine Regierung könne ihm eine Rente von 100 Rubel im Monat zusprechen. Aber Silvio zog es vor, seine weitaus stattlichere und dazu hart verdiente amerikanische Rente zu behalten und Amerikaner zu bleiben. Er wandte sich an das amerikanische Außenministerium um Rat.

Dort erfuhr er, daß gar keine Notwendigkeit bestehe, die Staatsangehörigkeit zu wechseln – später entschuldigte sich die Sowjetbotschaft für die falsche Auskunft. Im Außenministerium wurden keine Einwände gegen Silvios Heiratspläne erhoben, aber man warnte ihn vor den Folgen: Vor ihm liege eine harte Zeit. Auch wenn er die Heiratserlaubnis für Irkutsk erhielte, könne es sein, daß Lida nicht in die USA ausreisen dürfe. Möglicherweise dürfe er sie überhaupt nur einmal im Jahr – auf ihre ausdrückliche Einladung hin – für drei Monate besuchen.

Doch je mehr Schwierigkeiten sich vor Silvio auftürmten, um so entschlossener wurde er, seinen Wunsch zu verwirklichen. Um die Formalitäten zu vereinfachen, teilte er den sowjetischen Behörden mit, auch er wolle in Irkutsk leben. Mit dieser Entscheidung schien er den richtigen Weg beschritten zu haben. Die Sowjetbotschaft in Washington erteilte ihm ein fünfzehntägiges Visum für eine Reise nach Moskau, und dort konnte er dieses Visum um eine weitere Woche Aufenthalt in Irkutsk verlängern. Allerdings stellte sich diese eine Woche als zu kurz heraus, um alle Formalitäten zu erfüllen und die Heiratserlaubnis zu erlangen, so daß er um eine nochmalige Verlängerung seines Visums nachsuchte. Dieser Antrag wurde aber abgelehnt, denn keine amtliche Stelle war bereit, die Verantwortung zu übernehmen und unangenehme Folgen zu riskieren. Es blieb Silvio nichts anderes übrig, als in die USA zurückzukehren und dort ein neues Visum zu beantragen, diesmal für einen dreißigtägigen Aufenthalt in Irkutsk. Es wurde ihm gewährt.

Während Silvio sich in den USA mit den bürokratischen Problemen herumschlug, versuchte Lida in Irkutsk, ganz andere Schwierigkeiten auszuräumen. In den Augen von Parteimitgliedern war es eine Schande, einen Ausländer zu heiraten, und so mußte Lida ihre bevorstehende Heirat sehr vorsichtig und geschickt vorbereiten. Zunächst gab sie ihre Stelle als Lehrerin auf, denn das Kollektiv ist verantwortlich für die Handlungen seiner Mitglieder. Lida wollte vermeiden, daß sie von ihren Kollegen den Schulkindern als schlechtes Vorbild vorgehalten wurde und daß ihr Direktor ihretwegen einen Verweis erhielt.

Ihre nächste Sorge galt ihren Eltern. Sie waren seit Lidas Kindheit geschieden, aber da ihr Vater Berufssoldat war, mußte Lida bedenken, daß ihre Eheschließung als Sicherheitsrisiko eingestuft werden könnte. Sie hatte ihren Vater seit einigen Jahren nicht mehr gesehen, denn seine zweite Frau hatte jedes Treffen untersagt. Diese Information fügte Lida ihren Heiratspapieren bei, damit nicht unnötige Schwierigkeiten die Eheschließung vereitelten.

Lidas Mutter war eine einfache Büroangestellte, die während der Stalin-Ära aufgewachsen war, als Ausländer generell als Feinde galten. Sie war aber auch aktives Parteimitglied, und man erwartete, daß sie anderen ein Vorbild ist. Dazu paßte es kaum, wenn ihre Tochter einen Ausländer heiratete. Im Bewußtsein, daß ihre Mutter ihre Stelle oder ihre Parteimitgliedschaft verlieren könnte, falls die Heiratspläne ihrer Tochter bekannt würden, hielt Lida ihre Absichten zunächst geheim.

Das fiel ihr nicht schwer, denn sie war abergläubisch und fest davon überzeugt, daß man über ein zukünftiges glückliches Ereignis erst sprechen dürfe, wenn es auch tatsächlich eingetroffen sei. Sie vertraute sich nur wenigen alten Freunden an, die nicht einmal in Irkutsk lebten, und ihrem Sohn aus erster Ehe, der weit entfernt seinen Armeedienst leistete.

Erst kurz nach der Hochzeit, die am 14. November 1981 stattfand, erzählte Lida ihrer Mutter von ihrem neuen Ehemann. Inzwischen war die Mutter Rentnerin und mußte sich keine Sorgen mehr um die Folgen des Entschlusses ihrer Tochter machen. Um den Schock dennoch möglichst klein zu halten, erzählte Lida ihr, »Scotty« – so nannte sie Silvio – sei italienischer Abstammung, anstatt gleich offen zu bekennen, daß er ein richtiger Amerikaner war. Aber das machte keinen Eindruck auf ihre Mutter. Sie brach in Tränen aus: »Warum konntest du keinen Russen finden?« Lida antwortete darauf: »Er hat mich gefunden, und jetzt wartet er im Hotel darauf, dich kennenzulernen.« Plötzlich hatte die Mutter ganz andere Sorgen! Was sollte sie für dieses Treffen anziehen? Lida konnte sie dazu bringen, so zu gehen, wie sie war, und als sich Ehemann und Mutter trafen, küßten sie sich, obwohl sie einander völlig fremd waren. Es dauerte nicht lange, und die Schwiegermutter kochte ihrem Schwiegersohn das Essen. Sie waren schnell gute Freunde geworden, und Lida half – wenn nötig – als Dolmetscherin.

Inzwischen war Silvio an die bürokratischen Probleme und zahlreichen Vorschriften gewöhnt, die das Leben in der Sowjetunion beherrschen, und wußte daher, daß er erst nach seiner Heirat eine ständige Aufenthaltserlaubnis für Irkutsk beantragen konnte. Bis er sie erhalten würde, würden dann noch einmal viele Monate vergehen. Doch ohne diese Erlaubnis durfte er nicht in die Zweizimmerwohnung einziehen, die Lida mit ihrer Mutter bewohnte. Es blieb ihm also nichts anderes übrig, als die restlichen Tage bis zum Ablauf seines 30-Tage-Visums mit Lida im Intourist-Hotel zu verbringen. Beinahe täglich ärgerte er sich darüber, daß er als Ausländer für eine Hotelübernachtung fünfzig Dollar bezahlen mußte, während die Übernachtung für Lida nur drei Dollar kostete. Doch diese Erfahrung war nur der Anfang eines langen Lernprozesses, in dessen Verlauf er mal als Ausländer und mal als Einwohner behandelt wurde.

Während Lida und Silvio noch auf die nötigen Papiere warteten, sahen sie sich nach einer Wohnung um. Nach dem Gesetz stand ihnen eine staatlich zugeteilte Wohnung mit einem oder höchstens zwei Zimmern zu. Der Wohnungsmangel im ganzen Land hatte zu einer strikten Wohnraumbewirtschaftung geführt, die im Land manchmal unterschiedlich gehandhabt wird.

Silvio jedoch wollte mehr Platz haben. Er erfuhr, daß die Beschränkungen nicht galten, wenn er sich ein eigenes Haus kaufte. Wenige Wochen später fand Lida ein einfaches Holzhaus mit drei Zimmern, ohne fließendes Wasser und ohne Telefon, 20 Minuten vom Stadtzentrum entfernt. Der Mangel an Komfort konnte Silvios Begeisterung nicht dämpfen. Er freute sich sogar, dann seinem Hobby, dem Tischlern, nachgehen zu können. Lidas Verwandte versuchten, ihm auszureden, ein dreißig Jahre altes Haus zu kaufen. Es würde ihn viel Geld kosten, die nötigen Leitungen zu legen und auch noch andere Reparaturen auszuführen, dagegen kostete eine staatliche Wohnung weniger als 20 Rubel Miete im Monat und hatte zudem alle sanitären Einrichtungen.

Aber Silvio ließ sich nicht umstimmen. Nachdem sein Entschluß feststand, das Haus zu kaufen, kehrte er in die USA zurück. Acht Monate lang wartete er ungeduldig darauf, ein Visum zum Besuch bei seiner Frau zu erhalten. Statt als Tourist wollte er diesmal als ihr persönlicher Gast einreisen, doch diese Prozedur brachte noch mehr bürokratische Schwierigkeiten.

In diesen Monaten kam Silvio so häufig in die Sowjetbotschaft, daß sein Gesicht schon bekannt war und er nicht mehr alle Sicherheitskontrollen wie zu Anfang durchlaufen mußte. Früher hatte er immer am geschlossenen Tor der Botschaft zunächst einen Knopf drücken müssen, während er von einer Kamera aufgenommen wurde, und mußte dann über das Intercom-System einige Fragen beantworten, bis das Tor sich öffnete. Inzwischen aber begrüßte ihn über die Sprechanlage schon eine Stimme, wenn er sich dem Tor näherte: »Guten Morgen, Mr. Sclocchini, kommen Sie herein.«

Als Silvio wieder in Irkutsk eingetroffen war, erhielt er seine ständige Aufenthaltserlaubnis und konnte mit Lida in das neue Haus einziehen. Seine Aufenthaltserlaubnis berechtigte ihn, in Irkutsk zu leben, aber im Unterschied zu Sowjetbürgern, die eine solche Genehmigung auf Lebenszeit erhalten, mußte Silvio sie alle zwei Jahre verlängern lassen – Voraussetzung war ein tadelloses Verhalten. Angesichts dieser Vorschriften faßte Silvio einige Vorsätze für sein Leben in Irkutsk. »Über dieses Land könnte ich Gutes und Schlechtes sagen, aber da ich mich nun einmal entschlossen habe, hier zu leben und mich anzupassen, wäre es ganz falsch, wenn ich Vergleiche mit den USA anstellen oder mich auf Diskussionen über unsere politischen Meinungsverschiedenheiten einlassen würde. Ich bin hier in Irkutsk um Lidas willen und nicht, um Wind zu machen. Vielmehr möchte ich Freunde finden.« Als er dies sagte, blickte ich auf seine Anstecknadel mit einer sowjetischen und einer amerikanischen Flagge, die man ihm in der amerikanischen Botschaft in Moskau geschenkt hatte.

Um seine freundschaftlichen Absichten zu demonstrieren, hatte Silvio die Idee gehabt, vor seinem Haus sowohl die russische als auch die amerikanische Flagge zu hissen. Freundschaft zwischen zwei Staaten sollte ganz unten beginnen und nicht nur oben, war seine Meinung, und seine Nachbarn unterstützten ihn – nicht so die Bürokratie. Sein Vorschlag stieß auf Widerstand, wenn ihm auch niemand genau die Gründe dafür erklärte. Dennoch gab Silvio die Hoffnung nicht auf, daß er eines Tages der erste sein werde, der in Sibirien beide Fahnen gemeinsam hißte.

Silvio brauchte einige Zeit, um sich an die ihm auferlegten Reisebeschränkungen zu gewöhnen. Während Lida ohne Erlaubnis fast überall im Land herumreisen durfte (Militärgebiete sind gesperrt), galten für ihn immer noch die Ausländerregelungen – trotz seiner Aufenthaltserlaubnis. Er durfte Irkutsk nicht ohne Genehmigung verlassen.

Zu Anfang hatte er diese Bestimmung nicht ernst genommen, aber die Folgen waren ihm eine Lehre. An einem Wochenende wollte er eine Stadt besuchen, siebzig Kilometer von Irkutsk entfernt, in die auch Ausländer reisen durften. Anstatt einen Reiseantrag zu stellen und zehn Tage auf die Bewilligung zu warten, fuhr er ohne die nötigen Papiere los. Auf der Rückreise machte er von Lida und einigen anderen Leuten im Hintergrund ein Photo. Irgend jemand erhob Einspruch und beschwerte sich beim Zugschaffner. Am Bahnhof von Irkutsk wurden sie schon von einem Polizisten erwartet, der Silvios Papiere sehen wollte. Weil Silvio keine Reiseerlaubnis vorweisen konnte, mußte er mit zur Wache kommen und seinen Film herausgeben. Nach einer kurzen und höflichen Befragung brachte ihn ein Polizist nach Hause.

Einige Wochen später erhielten Silvio und Lida Besuch von einem Beamten der Einwohnermeldestelle. Nach einigen höflichen, belanglosen Worten zu Silvio kam er zum Thema. Er gab Silvio den entwickelten Film zurück, entschuldigte sich dafür, daß er entwickelt worden war, aber es sei wichtig gewesen, zu erfahren, was Silvio während seiner unerlaubten Reise aufgenommen habe. Nach dem Gesetz stand auf Silvios Vergehen eine Geldstrafe von fünfzig Rubel, aber da er offenbar von dem Gesetz nichts gewußt habe, brauche er nur zehn Rubel zu bezahlen. Doch der Beamte warnte ihn eindringlich vor einer Wiederholung des Verstoßes.

Ein anderes Mal wollte Silvio einige Bekannte in der amerikanischen Botschaft in Moskau treffen. Wie inzwischen gewöhnt, füllte er einen Antrag aus und gab den Grund für seine Reise an. Doch zum erstenmal wurde ihm die Erlaubnis verweigert, nach Moskau zu fahren. Aufgebracht rief er in der amerikanischen Botschaft an, die sofort Kontakt mit der zuständigen sowjetischen Regierungsstelle aufnahm. Denn es gab ein Abkommen zwischen den beiden Staaten, daß niemandem der Zugang zu seiner eigenen Botschaft verwehrt werden darf. Vier Tage später erhielt Silvio unangemeldet Besuch von einem ihm unbekannten Beamten der Behörde, der sich wegen des Versehens entschuldigte und ihm mitteilte, er könne unverzüglich nach Moskau reisen. Abgesehen von diesen lästigen Reisebeschränkungen gewöhnte sich Silvio aber schnell an das Leben in der Sowjetunion mit seinen besonderen Schwierigkeiten. Er trug alles mit Gelassenheit und Humor.

Während meines Aufenthaltes in Irkutsk hatte ich mein Nachtlager im Intourist-Hotel aufgeschlagen, wo auch Silvio sein erstes »Heim« gefunden hatte. Da es immer noch hell war, wenn ich gegen 23 Uhr »nach Hause« kam, ging ich regelmäßig noch spazieren und begegnete anderen, die auch nicht schlafen konnten. Paare mit Kindern oder Hunden, Jogger und sogar Skateboard-Fans genossen die langen Abende. So waren meine Nächte immer kurz, denn die Sclocchinis erwarteten mich jeden Morgen zeitig zum Frühstück.

Ihr Haus war von einem Holzzaun umgeben, und ich mußte immer erst läuten, bevor mir Silvio das Gartentor öffnete. Vom Gartentor aus waren es noch etwa zehn Schritte bis zum Haus, und dann gelangte man über eine Veranda ins Innere. Die Veranda war voller Kartons, die alles mögliche enthielten, von rostigen Werkzeugen bis zu warmer Winterkleidung und Stiefeln. Neben der Veranda lag die Küche, die nur spärlich möbliert war. Es gab einen Gasofen, einen Schrank, ein Spülbecken und einen Kühlschrank. In einer Ecke stapelten sich Vorräte, Gläser, Dosen und Flaschen mit Eingemachtem. Weitere Vorräte gab es noch im Keller, wo auch fünf Tonnen Kohlen lagerten. Dorthin gelangte man, indem man in der Küche ein Brett im Fußboden aufhob und eine wacklige Leiter hinunterstieg. Wenn mich Lida nicht ausdrücklich darauf hingewiesen hätte, wäre mir nicht aufgefallen, daß es am Spülbecken fließendes Wasser gab. Mit hohen Kosten hatte Silvio nämlich eine Wasserleitung installiert, und so brauchten sie ihr Wasser nicht mehr von einem Brunnen, der 150 Meter entfernt an der Straße lag, zu holen. Aber sie hielten immer ein paar Kannen Wasser vorrätig für den Fall, daß das Wasser plötzlich einmal abgesperrt würde.

Von der Küche aus führte ein Durchgang direkt ins Wohn- und Eßzimmer, dessen wichtigstes Möbelstück ein großer Tisch war. An einer Wand stand ein Bücherregal mit den russischen Klassikern auf englisch, darunter »Anna Karenina« und »Krieg und Frieden«, aber auch bekannte amerikanische Romane, die die Sclocchinis oft an Bekannte ausliehen. In einer Ecke hatten ein russischer Fernseher und eine alte, reparaturbedürftige amerikanische »Underwood«-Schreibmaschine ihren Platz gefunden, in einer anderen Ecke stand ein Geschirrschrank. Der süße Duft frischgepflückter Veilchen durchzog den Raum und paßte sehr gut zu den Hochzeitsfotos an den Wänden, die ein strahlendes Brautpaar zeigten. Nebenan lag noch das Schlafzimmer der Sclocchinis, aber das habe ich nie gesehen. Lidas Reich war die Küche, und Silvio hielt mich davon ab, ihr meine Hilfe anzubieten. Seitdem er ihr beigebracht hatte, seine Lieblingsgerichte zu kochen – Pizza, italienische Fleischklößchen und französische Zwiebelsuppe –, ließ sie auch ihn nicht mehr in die Küche. Ihrer Meinung nach war Kochen Frauensache, er sollte sich um die Renovierung des Hauses kümmern.

Am ersten Morgen meines Besuches bei den Sclocchinis gab es noch einen weiteren Frühstücksgast, Tamara, eine Schulfreundin von Lida. Sie mußte allerdings noch während des Frühstücks aufbrechen. Zwei Wochen war sie zu Besuch gewesen, aber nun mußte sie nach Hause zurückkehren, vor ihr lag eine fünftägige Bahnreise. Um für die Sclocchinis das Haus zu hüten, unternahm sie diese lange Reise mehrere Male im Jahr. Denn in der Nachbarschaft war schon öfters eingebrochen worden, und Lida und Silvio fühlten sich wohler, wenn während ihrer Abwesenheit jemand im Hause wohnte. Nachdem Tamara sich verabschiedet hatte, erzählte mir Lida, daß ihre Freundin eine erfolgreiche Marathonläuferin gewesen sei, was auch ihren durchtrainierten Körper erklärte.

Meist bot Lida mir zum Frühstück mein Lieblingsgericht an: »Syrniki«. Das sind Käsepfannkuchen, die auch Silvio sehr gern ißt. Aber wir tranken jeder etwas anderes. Silvio bestand auf importiertem Kaffee, den er im Devisenladen des Intourist-Hotels kaufte und aus einem Becher mit der Aufschrift »79th US Army Reserve« trank. Ich begann meinen Tag mit starkem schwarzem Tee. Lida trank auch Tee, aber vorher zerkaute sie ein großes Stück Zucker, wie sie es von ihrer Großmutter gelernt hatte.

Nach dem Frühstück lud Lida mich ein, mit ihr einkaufen zu gehen. Mit Taschen und leeren Gläsern ausgerüstet, gingen wir die staubige unbefestigte Straße vor dem Haus entlang. Die Nachbarhäuser sahen genauso bescheiden aus wie das Haus der Sclocchinis. Aber sie hatten weder fließendes Wasser noch Telefon und wurden auch noch mit Holz geheizt, nicht mit Kohle. Lida wies auf ein Haus, das ihrem gegenüberlag, und erzählte mir, daß es dort eine »Banja« gebe, eine Sauna, die die dort lebende Familie am Wochenende benutzte. Lida und Silvio badeten in der Wohnung einer Tante.

Mir fiel auf, daß es im Gegensatz zu anderen Wohnvierteln keine Mülleimer gab, und ich fragte Lida, was sie mit ihrem Abfall machten. Ich erfuhr, daß es in dieser recht abgelegenen Gegend keine Müllabfuhr gab und die Leute deshalb ihren Abfall entweder verbrannten oder als Kompost verwerteten. Was dann noch übrig blieb, wurde heimlich in den Mülleimern von Mehrfamilienhäusern in anderen Wohnvierteln untergebracht.

Als wir an einem Haus vorbeikamen, vor dem Baumaterial lag, erklärte mir Lida, daß die Bewohner verpflichtet waren, diese Sachen zu entfernen. Schon vor einigen Monaten habe ein »Milizmann«, ein Polizist, ihnen eine Aufforderung in den Briefkasten gesteckt, als Wasserrohre vor ihrem Eingang lagen. Die Rohre waren schnell verschwunden, denn sonst hätten sie eine Strafe bezahlen müssen, und außerdem wäre die Verfehlung in ihrem Familienbuch eingetragen worden.

In der Sowjetunion ist für jede Wohngegend ein Milizmann zuständig, der für Ordnung sorgen muß. Zu seinen Aufgaben gehört es auch, die Bewohner seines Bereichs zu kennen und sie ab und zu zu besuchen. Silvio hatte sogar einen eigenen Milizmann, der allerdings von Zeit zu Zeit ausgetauscht wurde. Mindestens einmal im Monat tauchte er auf, Silvio lud ihn dann zu einer Tasse Kaffee ein, und sie hielten einen freundschaftlichen Schwatz. Der Mann fragte Silvio, ob er irgendwelche Schwierigkeiten mit seinen Nachbarn habe und ob er ausreichend Nahrungsmittel bekomme. Könne er mit seinem Holz und seinen Kohlen den Winter über auskommen?

Als in der Nachbarschaft eingebrochen worden war, kam der

Polizist auch, um festzustellen, ob alles in Ordnung war. Der Nachbar hatte ein Fenster unverschlossen gelassen, und der Milizmann mahnte Silvio und Lida eindringlich, immer alles sorgfältig zu verschließen. Deshalb trug Silvio auch immer so viele Schlüssel mit sich herum und verbrachte viel Zeit damit, alles abzuschließen, bevor er das Haus verließ. War Silvio einmal nicht da, berichteten seine Nachbarn ihm über die Besuche des Milizmannes, der sich genau erkundigt hatte, wo Silvio war. Ob ihn diese Überwachung störe, fragte ich ihn. »Nur wenn man das Gesetz bricht, hat man Grund zur Beunruhigung«, antwortete Silvio mir – er führte ein untadeliges Leben.

Auf unserem Weg wurde Lida immer wieder von Vorübergehenden gegrüßt, und an manchen Fenstern raschelten die Vorhänge, während ein heimlicher Blick der Fremden folgte. An einer Straßenecke, etwa fünf Minuten vom Haus der Sclocchinis entfernt, stand ein großer gelber Metallbehälter mit Kwas, einem Getränk aus Wasser, Zucker, gegorenem schwarzen Brot und Hefe. Junge und alte Leute standen geduldig Schlange, um ihre Flaschen und Aluminiumkannen mit diesem erfrischenden und billigen Getränk zu füllen, das im Sommer auch gerne als Suppe gegessen wird. Wir gingen an ihnen vorbei und kamen zu dem kleinen Lebensmittelladen, wo die Verkäuferin gerade den einzigen Kunden fertig bedient hatte. Das Lebensmittelangebot – für Lida ganz normal – bestand aus Makkaroni, Bonbons, Keksen, fünf Sorten Dosenfisch, Streichkäse, Zucker und noch ein paar anderen Grundnahrungsmitteln. Lida kaufte Margarine, nahm ein Glas aus ihrer Einkaufstasche, ließ es mit Sonnenblumenöl füllen und steckte die Eier in Eierkartons, die Silvio aus Amerika mitgebracht hatte.

Vom Lebensmittelladen gingen wir zum Bäcker. Im Unterschied zu vielen Russen, für die Brot zu jeder Mahlzeit gehört, gab Lida Silvio nicht soviel Brot zu essen, da sie auf sein Gewicht achtete.

Beim Bäcker trafen wir einen von Silvios jungen Freunden, Aljoscha, ein blonder Junge von 13 Jahren in einem blauen Trainingsanzug mit passender Mütze. Als Zeichen seiner Zuneigung hatte er für Silvio einen Talisman aus buntem Plastikband gebastelt. Er sollte ihm Glück bei der Jagd und beim Fischen bringen, Silvio hatte ihn aber bisher noch nicht ausprobieren können.

Aljoscha begleitete uns ein Stück auf dem Heimweg, und ich nutzte die Gelegenheit, ihm ein paar Fragen über Amerika zu stellen. »Es ist ein kapitalistisches Land«, waren seine ersten Worte. Was sollte das heißen? Da war er nicht sicher, aber bestimmt war es etwas Schlechtes. Er redete von amerikanischen Müttern, die kein Geld hätten, um ihren Kindern genug zum Essen zu geben, und von den Gegensätzen zwischen Arm und Reich. Lida, die zugehört hatte, bat mich, »Scotty« nichts davon zu erzählen, denn der wäre bestimmt traurig, wenn er hörte, daß einer seiner jungen Freunde so schlecht über sein Heimatland dachte. Ich hatte schon längst gemerkt, daß Silvio ein glühender Patriot war, und mich mit kritischen Bemerkungen zurückgehalten.

Zu Hause baten wir Silvio, uns beim zweiten Teil unseres Einkaufsprogramms zu begleiten. Nach dem Kauf von Grundnahrungsmitteln wollten wir nun versuchen, einige Delikatessen zu bekommen, die Silvio aufgrund seines Sonderstatus zustanden. Silvio war als Veteran des Zweiten Weltkrieges Ehrenmitglied der Veteranenorganisation in Irkutsk geworden. (Ordentliche Mitglieder können nur Sowjetbürger werden.) Silvio war stolz auf seine Soldatenzeit und ließ sich regelmäßig das »Veteranen-Bulletin« aus den USA schicken. In Erinnerung an seine Jahre in der Armee hatte er sogar eine neue Uniform mit nach Irkutsk genommen, die er gerne angezogen hätte, aber er war sich nicht sicher, ob er dafür eine offizielle Erlaubnis brauchte. Nachdem er von der US-Botschaft in Moskau erfahren hatte, daß er sie bei besonderen Gelegenheiten, zum Beispiel am Veteranentag – allerdings nicht bei politischen Veranstaltungen –, tragen dürfe, hatte er sofort in die USA geschrieben, man solle ihm seine Orden und Ordensbänder nachschicken.

Doch auch ohne seine Auszeichnungen, die Veteranen bei allen Gelegenheiten stolz zur Schau stellen, genoß Silvio die besonderen Vergünstigungen, die es für Kriegsveteranen gibt, zum Beispiel eigene Ärzte und Krankenhäuser. Außerdem erhalten sie jedes Jahr eine Rückfahrkarte für eine beliebige Reise innerhalb der Sowjetunion und müssen dafür nur die Hälfte des Fahrpreises für die erste Klasse bezahlen. In jedem Laden dürfen sie sich an die Spitze der Warteschlange stellen, und bei »Defizit-Waren«, Dingen, die nur selten zu kaufen sind, können die Veteranen sogar eine eigene Schlange bilden. Für sie gibt es auch besondere Lebensmittelläden, wo das Warenangebot beträchtlich größer ist als in den normalen Geschäften – und zu einem solchen Laden wollten wir mit Silvio gehen.

Weil wir voraussichtlich viel einzukaufen und zu tragen haben würden, wollte Silvio lieber nicht mit dem Bus fahren, und Lida rief die Taxivermittlung an. Als man dort hörte, daß ein Amerikaner ein Taxi haben wollte, wurde ein Fahrer beauftragt, sofort alles andere zurückzustellen und zum Haus der Sclocchinis zu fahren, obwohl es außerhalb lag und es sonst in dieser Gegend immer sehr lange dauerte, bis ein bestelltes Taxi endlich kam. Die Sclocchinis erlebten es nicht zum erstenmal, daß das Wort »Amerikaner« eine erstaunliche Wirkung tat. Einmal hatte ein Taxifahrer Lida sogar dazu gratuliert, daß sie »einen guten Fang gemacht habe«. Und ein anderes Mal, als ein Taxifahrer im Nachbarhaus nachgefragt hatte, wo denn der Amerikaner lebe, zeigte er sich sehr enttäuscht: »Ich hatte gedacht, er lebt in einem Schloß und nicht in so einem einfachen Haus.«

Doch meine Überraschung war kaum geringer als die des Taxifahrers, als wir am Lebensmittelladen für Kriegsveteranen ankamen. Ich hatte nicht erwartet, daß das Geschäft so versteckt in einem Mehrfamilienhaus lag, hinter einer Tür ohne jede Beschriftung. Doch als ich die Auswahl sah, die der ziemlich unaufgeräumte Lagerraum bot, begriff ich, warum dieser Laden vor der Öffentlichkeit geheimgehalten wurde. Hier gab es Dinge, die ich in anderen Lebensmittelläden noch nie gesehen hatte: Krebsfleisch, Mayonnaise, Würstchen, ungarische Salami, Büchsenmilch usw. Silvio nahm ein paar Dosen portugiesischer Ölsardinen und erinnerte sich wehmütig an eines seiner Lieblingsgerichte, Thunfisch in Öl, die er nicht in die UdSSR hatte mitbringen dürfen.

Obwohl Lebensmittel in Irkutsk seit 1981 rationiert waren, galt diese Restriktion nicht für die Kriegsveteranen. Ein Normalbürger durfte pro Monat nur 700 Gramm Fleisch oder 1000 Gramm Suppenfleisch und 300 Gramm Butter kaufen, die Veteranen aber konnten in ihrem Laden viel mehr bekommen. Während der Wintermonate waren die Sclocchinis allerdings nicht auf das Fleisch aus dem Laden angewiesen: Ihre Nachbarin, die jedes Jahr ein Schwein schlachtete und vor dem Haus tiefgefroren aufbewahrte, versorgte sie mit genügend Fleisch.

Auf dem Heimweg erzählte mir Silvio von der Hilfsbereitschaft im täglichen Leben: »Von Zeit zu Zeit gibt es immer mal wieder Lebensmittelknappheit, zum Beispiel bei Milch, Butter oder Kartoffeln. Aber wenn einer unserer Nachbarn einen größeren Posten dieser ›Mangelwaren‹ bekommen kann, dann bietet er es mir an, ohne daß ich darum fragen muß. Hier könnte ich nie verhungern, denn es gibt genug Freunde, die sich um mich sorgen und sich umeinander kümmern.«

Als er beim Kauf seines Hauses nicht mehr als 3000 Rubel für die Anzahlung aufbringen konnte, kratzten Lidas Verwandte ihre Ersparnisse zusammen und liehen ihnen 15 000 Rubel. Niemand von ihnen verlangte Zinsen für das geliehene Geld oder bestand auf einem festen Rückzahlungsdatum. Ein anderes Mal, als er einmal in die USA gereist und Lida allein im Haus war, brach die Wasserleitung, und die Straße stand unter Wasser. Der Notdienst war gerade anderswo beschäftigt, deshalb griffen alle zusammen zur Selbsthilfe. Sie gruben das defekte Rohr aus und löteten die Bruchstelle, ohne dafür eine Entschädigung zu erwarten.

Kaum hatte Silvio seine Erzählung beendet, da fanden wir am Haus der Sclocchinis ein ähnliches Problem vor. Wasser spritzte aus der Rohrleitung neben dem Hauseingang, und der Vorhof stand schon unter Wasser. Lida stellte gelassen in ihrem ruhigen, melodischen Tonfall fest: »Wir haben ein Problem.« Silvio war viel aufgeregter als sie und suchte verzweifelt nach einem Schraubenschlüssel. Da kam der Taxifahrer mit einem Werkzeug an, mit dem er die undichte Stelle reparieren zu können glaubte. Erfolglos mühte er sich ab, wurde völlig durchnäßt, bis ihm eine einfache, aber praktische Idee kam. Im Hof fand er einen Stock, den er so zurechtschnitzte, daß er als Stöpsel in das Loch gesteckt werden konnte. Das Wasser spritzte nicht mehr heraus.

Auf Silvios dankbare Worte sagte er nur: »Es war meine internationalistische Pflicht zu helfen.« Ich war erstaunt über diese Bemerkung und hätte gerne gewußt, was er damit meinte. Mir fiel das große Schild ein, das im Büro des Intourist-Hotels hing:

> Artikel 69 der Verfassung
>
> »Die internationalistische Pflicht des Bürgers der UdSSR ist es, zur Entwicklung der Freundschaft und Zusammenarbeit mit den Völkern anderer Länder sowie zur Aufrechterhaltung und Festigung des Weltfriedens beizutragen.«

Um uns für seine heldenhafte Tat erkenntlich zu zeigen, baten wir den Taxifahrer, kurz zu warten und uns dann zu Lidas Tante zu fahren, die ihren Geburtstag feierte. Auf der Fahrt gab Silvio dem Taxifahrer ein paar Flaschen Heineken-Bier, die er im Devisenladen des Intourist-Hotels gekauft hatte, und forderte ihn auf, sie erst nach Feierabend zu trinken. Zunächst wollte der Mann das Geschenk nicht annehmen, aber Lida konnte ihn schließlich überreden. Die Fahrt zu Lidas Tante wollte er jedoch nicht bezahlt haben.

Wir stiegen eine abgestoßene Zementtreppe zur Wohnung der Tante hinauf. Nach den Begrüßungsküssen und meiner Vorstellung gingen wir alle in die Küche, um bei der Arbeit zu helfen. Schon bald sollten die anderen Familienmitglieder eintreffen, und es war Brauch, daß bei der Ankunft des Besuchs der Tisch schon gedeckt war. Alle Salate, Fleisch-, Fisch- und Gemüsegerichte sollten dann fertig auf dem Tisch stehen. Silvios Beitrag zum Festmahl bestand aus zwei Flaschen Wodka, einem Genuß, der in Irkutsk und anderen Städten selten geworden war.

Weil meine Mithilfe in der Küche abgelehnt wurde, ging ich in den spärlich möblierten Wohnraum zu Lidas Großtante Baba

Ulja, einer Kurzform für Babuschka Uljana. Seit ich von der 101jährigen Baba Ulja gehört hatte, freute ich mich auf diesen Abend. Noch nie hatte ich jemanden getroffen, der über hundert Jahre alt war, und ich empfand diese Begegnung als ein ganz besonderes Ereignis.

Die alte Dame saß leicht zusammengekauert in einem harten Lehnstuhl, und als erstes fielen mir ihre blauen, zwinkernden Augen auf, die verrieten, wie froh sie war, Silvio und Lida wiederzusehen. Um den Kopf trug sie ein weißgeblümtes Tuch, das im Nacken zusammengebunden war, wie es alter Brauch bei den Bauern ist. Als Silvio und Lida ihr erzählten, wer ich sei, kicherte sie leise und sah mich freundlich an. Lida fragte sie, ob sie schon ihren täglichen Spaziergang im Freien unternommen habe. Nein, lautete die Antwort, sie habe Kopfschmerzen gehabt und sei deshalb im Haus geblieben. Als Lida im Gespräch einen Satz wiederholte, entgegnete Baba Ulja leicht gereizt, sie habe alles beim erstenmal genau verstanden. Makellos gekleidet in ihrem dunklen Kleid und wie immer im Haus mit Pantoffeln, ging sie aufrecht zum Eßtisch. Ihre Anwesenheit bestimmte den ganzen Abend. Sie trank ihren Champagner in kleinen Schlukken, aß ein wenig und beteiligte sich an den Gesprächen, in die jeder sie mit einbezog. Sie redete von ihrer Schuhgröße und davon, daß sie ein neues Kleid brauche. Sie beschrieb ganz genau, wie es aussehen sollte. Als die anderen am Tisch Onkel Wolodja ermahnten, weil er zuviel trank, lachte sie nur.

Ihr Verhältnis zu Silvio war rührend, und ihre gegenseitige Zuneigung war offensichtlich, obwohl sie nicht dieselbe Sprache sprachen. Sie nannte ihn Filia, eine Abkürzung für Philipp, denn sie konnte seinen Namen nicht behalten. Filia brachte ihr einen englischen Ausdruck bei, der ihr besonders gefiel und den sie gerne gebrauchte: »Bye, bye.«

Silvio kannte ihre Familiengeschichte und erzählte sie mir. Dabei wurde mir auch seine Rolle in ihrem Leben klar. Baba Ulja war in einem kleinen sibirischen Dorf aufgewachsen, wo die Mädchen schon jung heirateten. Als sie mit 15 Jahren noch immer keinen Verehrer hatte, mußte einer gefunden werden.

Wie es damals der Brauch war, wurden Ulja die Augen verbunden, und sie wurde in einen Wagen ohne Kutscher gesetzt, den ein alter lahmer Gaul zog. Das Pferd mußte den Wagen über die Hauptstraße des Dorfes ziehen, und wo es stehenblieb, mußte Ulja aussteigen und im nächstgelegenen Haus anfragen, ob es dort einen unverheirateten Mann gäbe. Der Zufall wollte es, daß das Pferd vor einem Haus anhielt, in dem zwei unverheiratete Brüder lebten. Beide waren Trinker.

Doch an jenem Tag arbeitete dort auch ein unverheirateter Tischler, und er wurde Uljas Ehemann. Bis zu seinem Tode mit 85 Jahren lebten sie zusammen, dann zog Baba Ulja nach Irkutsk zu ihrer Nichte. Weil sie ihren einzigen Sohn im Krieg verloren hatte, freute sie sich, als Silvio in die Familie kam, und sah ihn als ihren verlorenen Sohn an. Sie wollte ihm sogar ihre bescheidene Rente von dreißig Rubel im Monat vermachen, aber Silvio lehnte ab und bestand darauf, daß ihre Nichte dieses Geld erben sollte. Statt dessen überhäufte er Baba Ulja mit Geschenken und steckte ihr immer, wenn er sie sah, etwas Geld zu.

Kurz vor ihrem hundertsten Geburtstag hatte Silvio an Präsident Reagan geschrieben und darum gebeten, er solle ihr ein Geburtstagstelegramm schicken. Aber es kam nur ein offizielles Schreiben eines Mitarbeiters aus dem Präsidentenstab, in dem es hieß, der Präsident schicke nur Amerikanern Telegramme zum hundertsten Geburtstag. Silvio war sehr aufgebracht darüber, daß Staatsangehörigkeit vor Freundschaft ging, deshalb wandte er sich an seine Freunde in den USA. In den nächsten Wochen erhielt Baba Ulja dreißig Glückwunschkarten.

Während des Abendessens sprach Silvio über die Rolle der alten Menschen in der Sowjetunion. »Jetzt können Sie sicherlich begreifen, warum die Menschen hier so alt werden. Sie nehmen aktiv am Familienleben teil. Sie werden gebraucht und geliebt. Wenn sie das Rentenalter erreicht haben, nehmen einige von ihnen eine leichte Arbeit an, um ihre Pension aufzubessern, andere kümmern sich um ihre Enkelkinder. Weil sie ein ausgefülltes Leben führen, bleiben sie gesund, und selbst wenn sie krank werden, schickt man sie nicht gleich ins Krankenhaus oder ins Altersheim. Ihre Kinder oder andere Verwandte nehmen sie auf und kümmern sich um sie.«

Diese Worte erinnerten mich an einen Satz aus Artikel 66 der sowjetischen Verfassung, der mich sehr beeindruckt hatte: »Kinder haben die Pflicht, für ihre Eltern zu sorgen und sie zu unterstützen.«

Eine Ärztin aus dem Kaukasus, die ich später kennenlernte, hatte ein Altersheim in den USA besucht und war davon sehr betroffen gewesen: »Diese armen Leute sind sehr einsam. Ich habe noch nie davon gehört, daß es bei uns im Kaukasus ein solches Heim gibt, nicht weil wir keine alten Leute haben, sondern weil es in die Verantwortung der Familie fällt, sich um die Alten zu kümmern. Wenn man das nicht tut, wird man von der Gemeinschaft hart verurteilt.«

Silvio bestätigte diese Erfahrung und stellte fest: »Die amerikanische Mentalität ist anders. Die Altersheime sind voll von Eltern, die von ihren Kindern als Last empfunden werden. In den USA bin ich als Senior abgestempelt, eine Bezeichnung, die es hier nicht gibt. Dort fühle ich mich wie ein Ausgestoßener, hier aber werde ich geachtet, und täglich kommen junge Menschen zu mir, die mein Leben bereichern.«

Zwei der regelmäßigen Besucher der Sclocchinis waren Lidas 23jähriger Sohn Mark und ihre 21jährige Schwiegertochter Tanja, eine Abkürzung für Tatjana. Sie hatten vor einem Jahr geheiratet, waren ein sympathisches Paar und schienen nicht verwöhnt zu sein. Tanja war schwanger, als ich sie kennenlernte. Sie trug ein einfaches rot-weißes Kleid, das ihr ihre Schwester genäht hatte. Nur Marks getönte Brillengläser wirkten recht westlich. Er war von Beruf Maurer, und sein gebräuntes, gesundes Aussehen zeigte, daß er viel Zeit im Freien verbrachte. Tanja war blaß und sah sehr zerbrechlich aus, ihr leicht gewelltes braunes Haar umrahmte ihr Gesicht mit den riesigen blauen Augen. Sie wollte Lehrerin für Spanisch werden und hatte gerade ihr erstes Examen hinter sich.

Sie kamen nur auf eine Tasse Tee vorbei, aber Lida hatte gerade einen Schokoladenkuchen gebacken, mit weißem, lockerem »Betty-Crocker-Zuckerguß« überzogen, der mir von zu Hause vertraut war. Sie hatte genau das Rezept auf der amerikanischen Konserve befolgt, die Silvio per Luftfracht aus den USA geschickt hatte. Auf diese Schokolade mußten sie keinen Zoll zahlen – ebenso wie auf viele andere Dinge wie Fertigpuddings oder Kuchenmischungen. Nur wenn Silvio Lida Jeans geschickt hatte, mußten sie hundert Rubel Zoll zahlen – immer noch nur die Hälfte dessen, was Jeans damals auf dem schwarzen Markt kosteten. Inzwischen sind die Moskauer Geschäfte voll mit ausländischen Jeans für etwa hundert Rubel das Paar. Sie finden nur wenige Käufer, denn sie haben alle den alten klassischen Schnitt, die Leute wollen lieber modische.

Als Mark und Tanja sich verabschiedeten, luden sie mich in ihre Gemeindewohnung ein, die aus zwei Zimmern bestand. Dort hatte Lida bis zu ihrer Heirat mit ihrer Mutter gewohnt, und die einfachen Möbel hatten in den Jahren schon ziemlich gelitten. Aber an den Wänden hingen große bunte Poster von amerikanischen Rockgruppen und eine Marlboro-Reklame, die Silvio aus Amerika mitgebracht hatte. Obwohl Tanja mitten in den Prüfungsarbeiten steckte, hatte sie Zeit gefunden, Kekse zu backen, die mir sehr gut schmeckten.

Einer ihrer beiden Nachbarn, mit denen sie sich Küche und Bad teilten, war Musiker. Er leitete die Band, die abends im Intourist-Hotel spielte, und sie wollten wissen, ob ich ihn wohl dort schon einmal gesehen hätte. Erst vor wenigen Abenden habe er sich bei seiner Heimkehr darüber beklagt, daß eine alte Bestimmung wieder hervorgeholt worden sei, nach der mindestens 60 Prozent aller Stücke russische Musik sein müßten und nicht mehr als 40 Prozent aus dem Westen kommen dürften. Ob es solche Einschränkungen auch in Amerika gebe?

Einer meiner Lieblingsgäste bei den Sclocchinis war Jelena, eine 16jährige Schülerin, der Lida Privatunterricht in Englisch gab. Ihr Gesicht war so hübsch und frisch, daß ich mich zusammennehmen mußte, um sie nicht ständig anzustarren. Sie hatte große blaue Augen, blonde Locken, die auf ihren Schultern tanzten, eine vollkommene Nase, makellose Zähne und eine zarte, blasse Haut mit einem kleinen, charmanten Grübchen auf ihrer linken Backe. Ihr Lächeln, das nur selten von ihrem intelligenten Gesicht verschwand, zeigte ihr freundliches Wesen. Sie trug eine unauffällige bestickte Bauernbluse und einen Faltenrock, der ihre schmale Taille unterstrich.

Jelena, die Silvio immer »Elaine« nannte, hatte am Abend zuvor die Fernsehnachrichten gesehen, die beinahe regelmäßig Bilder von Demonstrationen in Amerika und Europa brachten. Anstatt zu fragen, warum die Leute demonstrierten, war Jelena fasziniert von der Idee, überhaupt zu demonstrieren. An Feiertagen fanden auch in der Sowjetunion organisierte politische Demonstrationszüge statt, aber sie sollten vor allem Begeisterung für das System zeigen. »Sie demonstrieren gegen die Regierungspolitik, aber wie können wir demonstrieren, wenn das Volk selbst die Regierung ist? Wenn wir so demonstrieren wie Sie, würden wir gegen uns selbst, gegen uns als verantwortliche Partei, demonstrieren«, stellte Jelena fest. Da ich den Leuten zuhören und sie nicht über das politische System Amerikas belehren wollte, bemühte ich mich, den Mund zu halten. Ein unerwarteter Besucher kam mir zu Hilfe. Es war ein junger Mann in Arbeitskleidung, der in der Nachbarschaft mit Bauarbeiten beschäftigt war. Er war vorbeigekommen, um Silvio mitzuteilen, daß er bisher noch keinen Zement für sein Haus gefunden habe, aber weiter die Augen offenhalten wolle.

Als er uns über Demonstrationen sprechen hörte, setzte er sich auf eine Tasse Tee und ein kurzes Gespräch zu uns. Er hatte auch ferngesehen und hielt Demonstrationen für eine gute Sache. »Wenn die Menschen demonstrieren dürfen, können sie zeigen, was sie von den Problemen halten. Das ist gesund«, erklärte er. »Hier haben die Leute Angst, öffentlich die Regierung zu kritisieren, nur im Kreis von guten Freunden fühlen sie sich sicher.« Das war im Juni 1986. Ich würde gerne wissen, ob er heute noch genauso sprechen würde.

Ob er Grund zum Demonstrieren habe, fragte ich ihn. Junge Leute brauchten einen Platz, wo sie sich treffen und ihre Freizeit verbringen können, aber daran sei wohl niemand interessiert, entgegnete er mir. Dann fragte er mich, wie die jungen Leute in Amerika ihre freie Zeit verbringen und ob es für sie Plätze gibt, wo sie zusammenkommen könnten.

Zu uns kam auch ein junges Mädchen, das sich auf das Universitätsstudium im Herbst vorbereitete und etwas Englisch üben wollte. Sie hatte die Sclocchinis über einen Freund kennengelernt, der wußte, daß Lida in der Schauspielschule Englischunterricht gab. Lida hatte vor einem Jahr wieder angefangen zu arbeiten, denn sie wollte ihren Rentenanspruch nicht aufgeben. Um die volle Rente zu erhalten, muß jeder mindestens zwanzig Jahre gearbeitet haben, und Lida fehlten noch einige Jahre. Durch ihren Job bei der Schauspielschule erhielt sie häufiger Theaterkarten, und sie schlug mir vor, meinen Besuch bei ihnen zu verlängern, um die Premiere von Tennessee Williams' »Glasmenagerie« mitzuerleben.

Ich fragte die junge Studentin, warum sie Englisch lernen wollte. Ihre Antwort: Sie hoffe, eines Tages einmal nach Amerika zu kommen. Warum Amerika? »Amerika soll ein freies Land sein, und ich möchte genau wissen, was das praktisch heißt. Durch unsere Zeitungen und das Fernsehen wissen wir alles über Ihre Probleme – Arbeitslosigkeit, Obdachlose, Rassendiskriminierung gegen Schwarze und Indianer –, und wir haben den Eindruck, Sie sind gar nicht frei. Doch ich kann all diese Probleme eigentlich gar nicht begreifen, denn bei uns gibt es sie nicht.« Als ich noch in Moskau gelebt hatte, wurde ich einmal von einem Wissenschaftler nach den Problemen Amerikas gefragt, und als ich sie ihm aufzählte, reagierte er so ähnlich wie die Studentin. Da sein Land diese Probleme nicht kannte, konnte er nicht verstehen, worin sie bestanden.

Über die Drogenprobleme und die Verbrechen in Amerika wußten alle Bescheid, aber – so kritisierte die Studentin wie auch viele meiner anderen Gesprächspartner – man wisse zu wenig über andere Dinge: »Es gibt so viel, was ich außer Ihren Problemen von Ihnen gerne wüßte. Zum Beispiel, wie die jungen Leute leben und ihre Freizeit verbringen.«

Sie hatte von der »freien Liebe« in Amerika gehört und war

der Meinung, daß es gut sei, wenn ein Paar vor der Ehe eine Zeitlang zusammenlebte, damit die Partner einander kennenlernten. Doch diese Freiheit sei in der Sowjetunion aus moralischen Gründen nicht möglich. Hier dürften junge Leute erst zusammenziehen, wenn sie verheiratet seien. Hinzu komme die Wohnungsnot.

Silvio wurde von älteren Leuten nur selten nach Amerika gefragt, auch nicht von Lidas Verwandten. Nur sehr enge Freunde wollten von ihm etwas über das Leben in den USA erfahren: In was für einem Haus er gelebt habe, was bestimmte Dinge kosteten, wie die Leute ihre Zeit verbrachten usw. Doch Silvio wollte nicht zu sehr in Einzelheiten gehen, damit sie ihn nicht für einen Angeber hielten. Aber nachdem sie ihn ständig gedrängt hatten, wenigstens sein Haus zu beschreiben, gab er nach. Er erzählte ihnen, daß es sechs Zimmer und zwei Bäder hatte – und galt von da an als Millionär. Noch nie hatte man in Irkutsk von so weitläufigen Räumlichkeiten und so viel Komfort gehört.

Die Interessen der Funktionäre waren anders als die seiner Freunde. Sie wollten vor allem die Überlegenheit ihres politischen Systems herausstreichen. Sie wollten wissen, warum in den USA die medizinische Versorgung und die Schulausbildung so viel kosteten, während in der UdSSR alles kostenlos sei. Niemand schien allerdings Ahnung von solchen Dingen wie Stipendien, Arbeitslosen- oder Krankenversicherung zu haben. Als sie Amerika wegen der Rassendiskriminierung gegen Schwarze heftig kritisierten, verblüffte Silvio sie mit der Mitteilung, daß in der Post in Philadelphia seine Vorgesetzte eine Schwarze und auch in der Armee sein General ein Schwarzer gewesen sei.

Eines Tages erhielt Silvio Besuch von einem Professor für politische Wissenschaften, der ständig nur von der Not und der Arbeitslosigkeit in den USA sprach. Silvio, dem, wie er selbst zugibt, leicht der Geduldsfaden reißt, explodierte: »Wenn Sie Ihren Schülern solchen Quatsch erzählen, geben Sie völlig falsche Informationen und wecken Haßgefühle. Jeder weiß, daß in Amerika der Lebensstandard viel höher ist als hier und daß dort auch der Ärmste noch besser lebt als Sie hier.« Von diesem Tag an war jener Professor »Persona non grata« bei den Sclocchinis. Ein anderes Ereignis, das Silvios Blutdruck kräftig ansteigen ließ, war ein Friedenstreffen. Im ersten Teil der Veranstaltung stellten Sportstudenten in schwarzen Aerobic-Anzügen das Leben in den USA dar. Mit Bewegungen und Gesten, aber ohne Worte, versuchten sie, die amerikanischen Probleme sichtbar zu machen. Arbeitslose in Lumpen zitterten vor Kälte und Hunger. Auf ihrem Rücken trugen sie Schilder mit Aufschriften wie »Ich suche Arbeit« oder »Ich bin arbeitslos«. Drogenabhängige rauchten Rauschgift und führten dabei »Breakdance« auf. An den Wänden hingen Plakate, auf denen Armenküchen dargestellt waren, und im Hintergrund lief eine Dia-Show, die dokumentieren sollte, daß Amerikaner Bomben auf Hospitäler warfen und andere Verbrechen gegen den Frieden begingen.

Nach dieser Vorführung sollte Silvio Fragen der Zuschauer über Amerika beantworten. In Anbetracht seiner etwas schwierigen Position in Irkutsk konnte er sich nicht noch im letzten Moment davor drücken, aber er bestand darauf, keine politischen Fragen beantworten zu müssen. Im Vergleich zu der Aufführung war dieser zweite Teil der Veranstaltung recht harmlos. Die erste Frage, die ihm gestellt wurde, lautete: »Wen halten Sie für den besten amerikanischen Präsidenten?« Silvio sprach über Franklin Delano Roosevelt und über Truman. Sein Lob für Truman erntete Buhrufe. »Sie hassen Truman und Reagan, weil sie sich als einzige entschieden gegen die Russen ausgesprochen haben. Alle anderen Präsidenten waren sehr viel umgänglicher und verbindlicher«, erklärte mir Silvio. Aber alle waren sich darin einig, daß John F. Kennedy mit Abstand der beliebteste Präsident war.

Danach kam die Frage, welchen russischen Staatsmann Silvio für den größten hielt. Silvio nannte zuerst Lenin, dann kam er auf Stalin zu sprechen. Plötzlich war es ganz still in dem großen Raum, als ob er etwas Falsches gesagt hätte. »Warum gerade Stalin?« fragte ihn jemand. »Auch wenn er brutale Methoden anwandte«, antwortete Silvio, »ohne ihn hätten Sie den Krieg verloren«. Als Silvio über Gorbatschow sprach, war beifälliges Murmeln zu hören: »Ich mag ihn. Er ist offen, mutig und versucht nicht, Probleme zu verdrängen. Wenn er sein jetziges Programm durchsetzen kann, wird er einer der bedeutendsten Staatsmänner seit der Revolution sein.«

Silvio hatte die Erfahrung gemacht, daß die jungen Russen bis etwa Ende Zwanzig am meisten über Amerika wußten und auch die meisten Fragen stellten. Obwohl sie streng dogmatisch erzogen worden waren, obwohl ihnen beigebracht worden war, daß die USA ein kapitalistisches, profitorientiertes Land seien, das die Armen ausbeute, schienen sie nicht bereit, diese Informationen einfach zu schlucken. Zu sichtbar waren die amerikanischen Erfolge. In Amerika dagegen wird den jungen Leuten der Antikommunismus geradezu eingeimpft, und wenn jemand wagt, gewisse Sympathien für die Sowjetunion zu zeigen, wird er sofort als »Commie« – Kommunist – gebrandmarkt, als jemand, der gefährlich ist.

Die Jugend in der Sowjetunion hat heute weitaus mehr Zugang zu Informationen über den Westen als die Generation ihrer Eltern, und ihre Meinungen sind oft deutlich anders. Durch ausländische Publikationen, die Touristen, aber auch sowjetische Staatsbürger mit ins Land bringen, durch Kontakte mit Ausländern und durch Videos, das neue Unterhaltungsmedium, haben sie Einblicke in das Leben im Westen erhalten, die ihnen ihre eigenen Medien weitgehend vorenthielten. Als Reaktion auf die Negativpropaganda der sowjetischen Massenmedien, die sie nicht glauben wollen, neigten sie sogar dazu, mein Land zu idealisieren.

Viele der jungen Leute hatten eigene Kurzwellenradios, mit denen sie Sendungen der *Deutschen Welle,* von *Voice of America* und *Radio Liberty* auf russisch empfangen konnten, wenn sie nicht gerade gestört wurden. Am liebsten wurden die Sendungen der *BBC* gehört, weil sie besonders objektiv waren. Doch während diese Auslandssendungen bei jungen Leuten und der gebildeten Mittelschicht besonders populär waren, hörte ich oft von

Leuten, die schon in den Vierzigern und Fünfzigern waren, daß sie sie nicht sehr mochten. Sie wollten keine ausländischen Propagandaberichte über sowjetische Probleme hören, die zudem noch von sowjetischen Emigranten gesprochen wurden. Sie kannten ihre eigenen Probleme gut genug. Lieber wollten sie etwas über das tägliche Leben oder auch kulturelle Ereignisse im Ausland hören.

Silvio hatte selbst kein Kurzwellenradio und war deshalb auf die Informationen seiner jungen Besucher angewiesen, wenn er wissen wollte, was im Ausland passierte. Er hatte es aufgegeben, die Abendnachrichten im Fernsehen anzuschauen, die ihm Lida übersetzte, weil sie ihm in der Tendenz zu antiamerikanisch waren. Er las auch nicht mehr die englische Ausgabe der *Moskowskije Nowosti* (Moskauer Nachrichten), seit darin gestanden hatte, 80 Prozent aller amerikanischen Kinder müßten hungern. (Heute gehört diese Zeitung zu den populärsten im Lande, denn sie hat den Stil ihrer Berichterstattung deutlich geändert.) Jener Artikel hatte sich auf einen Bericht des amerikanischen Nachrichtenmagazins *Time* bezogen, aber die Zitate bewußt aus dem Zusammenhang gerissen. Silvio ärgerte sich über die falschen Darstellungen und die unfaire Kritik an seinem Heimatland. Sicher habe auch Amerika Probleme – wie jedes andere Land auch –, gab er zu, aber diese Probleme müßten vernünftig analysiert werden, damit man ihre Ursachen erkennen könne.

Überall gab es Klagen über die Bürokratie, über die Knappheit von Lebensmitteln und anderen Waren, aber diese Klagen waren voll Resignation, die Leute wußten, daß sie nichts tun konnten, um die Lage zu verbessern. So berichtete Silvio zum Beispiel von Zimmerleuten, die zwar Holz hatten, aber keine Nägel, und deshalb nicht arbeiten konnten. Silvio aber konnte Ineffizienz nicht leiden und beschwerte sich deshalb anfangs häufig. Wenn etwas nicht klappte, verlangte er eine Erklärung. Wenn er keine Erklärung erhielt, schimpfte er nicht nur, sondern schrieb an die Behörden in Irkutsk und sandte ihnen eine Liste mit seinen Beschwerden. So hatte er zwei Jahre auf einen Erlaubnisschein zum Fischen und Jagen warten müssen, ebensolange auf seine Zulassung zur Organisation der Kriegsveteranen. Auch waren seine Baupläne nicht genehmigt worden. Er ärgerte sich, daß er in den Intourist-Hotels Ausländerpreise bezahlen mußte, anstatt daß ihm nur die Kosten berechnet wurden, die für Sowjetbürger galten und auf die er als ständiger Bewohner des Lande ein Anrecht hatte. Auch vergaß er nie, auf seinem Wunsch zu bestehen, die amerikanische Flagge hissen zu dürfen.

Nach seinem Beschwerdebrief erhielt Silvio schließlich Besuch von einem hochrangigen Beamten der Stadt mit einer ganzen Delegation anderer in verantwortlichen Positionen. Die Auseinandersetzung mit diesen Leuten war lebhaft und teilweise sogar hart; die Angegriffenen versuchten, ihre Standpunkte zu verteidigen. Am Ende waren schließlich alle Beschwerden ausgeräumt, nur die Erlaubnis, seine Fahne hissen zu dürfen, erhielt Silvio nicht, aus Moskau hatte es dagegen ein Veto gegeben.

Silvio besuchte gerne das Intourist-Hotel, wo er sich mit Landsleuten unterhalten und etwas Dampf ablassen konnte. In diesen Gesprächen nahm er sich auch die Freiheit, politische Fragen zu diskutieren, ohne sich Gedanken über die Folgen machen zu müssen. Als er und Lida eine Delegation verabschiedeten, nutzte ich die Gelegenheit, mich mit einer Touristin, einer Frau mittleren Alters mit starkem Südstaatenakzent, zu unterhalten. Sie erzählte mir von dem Höhepunkt ihres Aufenthaltes in Irkutsk, vielleicht ihrer ganzen Reise durch die Sowjetunion: Auf der Straße hatte ein junger Mann sie gefragt, wo sie herkomme, und als er hörte, daß sie Amerikanerin war, hatte er ihr eine Blume geschenkt. Silvio bekam keine Blumen, wenn er durch die Straßen ging, aber die Leute kannten ihn und schüttelten ihm die Hand. Durch die Massenmedien wußten sie, daß er eine Berühmtheit in Irkutsk war.

Nachrichten von der Außenwelt erhielt Silvio nicht nur von seinen jungen russischen Freunden und von Touristen in Irkutsk, sondern auch direkt aus Philadelphia. Manchmal legten seine Freunde ihren Briefen Zeitungsartikel bei, aber diese Briefe kamen nicht immer bei ihm an. Jeder Brief, den er erhielt, war offensichtlich geöffnet und dann wieder zugeklebt worden. Einmal hatte ein Zensurbeamter sogar eine Notiz beigelegt, daß man einen Artikel, der gegen die Sowjetunion gerichtet war, herausgenommen habe. Später erfuhr Silvio, daß dies ein Artikel über Tschernobyl gewesen war. Ein anderes Mal hatte Silvio einem Brief an einen Freund ein altes Lotterielos beigefügt. Dieser Brief kam an ihn zurück mit der Erklärung, daß das Los konfisziert worden sei. Silvio hatte keine Ahnung gehabt, daß es ein Gesetz gab, das ausdrücklich das Versenden von Lotterielosen ins Ausland verbot. Ebensowenig wurde ein anderer Brief Silvios befördert, mit dem er einem Freund einen Artikel aus der Lokalzeitung schicken wollte, in dem er selbst erwähnt war: Nur überregionale Zeitungen, wie die *Prawda,* dürfen ins Ausland geschickt werden.

Während im allgemeinen Silvios Bemühungen, sich den sowjetischen Lebensbedingungen anzupassen, recht erfolgreich waren, hatte er lange Zeit ein ungelöstes Problem, das ihn Tag und Nacht beschäftigte. Er wollte die Renovierung seines Hauses abschließen, aber dazu brauchte er Holz – und Holz war eine »Defizit-Ware«. Daß viele Güter knapp waren und die Auswahl gering, daran hatte er sich schon gewöhnt. In seiner direkten unverblümten Art stellte er fest: »In den USA halten sicher einige das Leben hier für primitiv. Man kann nicht an die nächste Straßenecke gehen und alles kaufen, was man braucht. Auch haben die Busse keine gepolsterten oder gar geheizten Sitze. Man sitzt darin nicht wie auf einem Luftkissen. Aber ich habe gelernt, daß man diesen Komfort auch gar nicht zum Leben braucht. Vielleicht kommt man fünf Minuten später an und wird auch ziemlich durchgeschüttelt, aber das ist gar nicht so wichtig. Manche glauben auch, hier gibt es nicht genug zu essen. Das ist völliger Unsinn. Als ich noch klein war, beschwerte sich meine Mutter, wenn wir nicht das ganze Jahr über frisches Gemüse kaufen konnten. Das war ich gewohnt, als ich noch jung war, und jetzt habe ich mich genauso daran gewöhnt, daß es hier nur vier Monate im Jahr frisches Gemüse zu kaufen gibt. Wir in den USA sind verwöhnt und abhängig von Dingen, die zum Leben eigentlich nicht notwendig sind. Was ich an materiellen Dingen für mein Leben hier aufgegeben habe, brauche ich in Wirklichkeit auch gar nicht. Hier habe ich alles, was ich brauche, aber in Amerika hatte ich von allem zu viel. Doch warum gibt es bei uns in den USA so viel und hier so wenig? Es wäre herrlich, wenn beide Seiten einen Ausgleich finden könnten.« Und als Nachsatz fügte er noch hinzu: ». . . und wenn es Holz in Irkutsk gäbe.«

Seit Silvio nach Irkutsk gezogen war, hatten sich die Behörden darum bemüht, ihm die Anpassung nicht zu schwer zu machen. Immer wieder hatten sich Wege gefunden, die starren bürokratischen Hindernisse zu umgehen. Aber bei Silvios Holzproblem war eine Lösung offenbar schwer zu finden. Alles Holz, das es in Irkutsk gab, war für die Renovierung der alten Gebäude zur 300-Jahr-Feier der Stadt vorgesehen. Silvio wußte zwar, daß es gewisse Möglichkeiten gab, um an Holz zu kommen. So könnte man einen Lastwagenfahrer anhalten, der Holz transportierte, und ihm eine Ladung unter der Hand abkaufen. Aber so etwas war illegal. Die Gorbatschow-Kampagne gegen Korruption ging gegen derartige Verstöße sehr hart vor, und Silvio wollte seinen guten Ruf nicht aufs Spiel setzen.

Ein einziges Mal hatte er die gesetzlichen Bestimmungen verletzt und war noch mit einem blauen Auge davongekommen. Damals hatte er in einem Restaurant ein Abendessen für einen hohen Beamten der Stadt gegeben. Nach dem Essen hatte er dem Kellner ein großes Trinkgeld zukommen lassen, aber sein Ehrengast hatte ihm das Geld mit dem Hinweis zurückgegeben, das sei nicht erlaubt.

Wenn Silvio seinen Traum verwirklichen könnte, würde er niemals mehr Gäste in Restaurants ausführen müssen, sondern könnte sie in sein Haus einladen, in das, wie er hoffte, modernste Haus von Irkutsk, ein Ort der Freundschaft zwischen Amerikanern und Russen.

In den Augen seiner Nachbarn waren Silvios Baupläne äußerst prachtvoll. Er wollte eine Banja errichten und zusätzlich noch ein separates Gästehaus mit zwei Stockwerken und zwei Badezimmern. Die Vorstellung, in einer Gegend zwei Badezimmer zu besitzen, wo sonst die sanitären Anlagen im Freien lagen, sei ein geradezu unerhörter Luxus und eigentlich Verschwendung, mußte sich Silvio anhören. »Wozu brauchen Mann und Frau zwei verschiedene Badezimmer?«

Während Silvio auf sein Holz wartete, wurde die Bauzeit immer knapper. Der Winter beginnt im allgemeinen im November und dauert bis April. Die Temperaturen können bis auf minus 40 Grad Celsius heruntergehen. Da Silvio an eine solche Kälte nicht gewöhnt war und es in seinem Haus auch keine entsprechende Heizmöglichkeit gab, wollte er in dieser Zeit seinen jährlichen Besuch in Amerika machen. Da er inzwischen als ständiger Bewohner von Irkutsk galt, mußte er ein Visum für die Aus- und Wiedereinreise beantragen. Auch Lida, die ihn nach Amerika begleiten wollte, brauchte ein Visum.

Wenn ein Sowjetbürger ins Ausland reisen will, muß er sich zuvor durch ein starres und kompliziertes Labyrinth von bürokratischen Bestimmungen, politischen Anforderungen und Sicherheitsvorkehrungen quälen. Als erstes benötigte Lida eine persönliche Einladung von einem Verwandten in Amerika. Silvios Schwester war bereit, diese Einladung zu schicken, aber dafür brauchte sie Zeit. Die Konsularabteilung der sowjetischen Botschaft in Washington verlangte den Nachweis, daß sie wirklich Silvios Schwester war, und dafür mußte sowohl eine beglaubigte Geburtsurkunde als auch eine beglaubigte Heiratsurkunde vorliegen, weil sich mit ihrer Eheschließung ihr Name geändert hatte. Nach einer amtlichen Beglaubigung der Dokumente im Bundesstaat Pennsylvania mußte auch noch das Außenministerium einen Notariatsstempel aufdrücken, dann konnten die Papiere an die sowjetische Botschaft gesandt werden. Von dort gelangten sie über Moskau schließlich nach Irkutsk zur Meldebehörde, die Lida von der Ankunft der Einladung benachrichtigte.

Als das geschehen war, mußte Lida zahllose Fragebögen ausfüllen, über ihre Familie, ihre Verwandten, darüber, wo ihre Eltern begraben lagen usw. Sie mußte Referenzen von der Partei einholen, von den Gewerkschaften und der Verwaltung an ihrem Arbeitsplatz. Nachdem sie alle Formalitäten erfüllt hatte, erhielt Lida die Erlaubnis für ihre erste Auslandsreise – innerhalb einer

Rekordzeit von nur fünf Wochen. Das Verfahren dauert normalerweise zirka drei Monate. Ihr Visum galt für drei Monate, und ihr wurde sogar gestattet, 420 Rubel, das sind etwa 500 Dollar, umzutauschen, eine Summe, von der man erwartete, daß sie damit die Kosten ihrer Reise bestritt.

Als Lida am New Yorker Flughafen ankam, war sie sehr verblüfft, wie höflich die Zollbeamtin sie behandelte. Sie war an die unfreundlichen und manchmal sogar demütigenden Kontrollen in der Sowjetunion gewöhnt und hatte dasselbe in New York erwartet. Doch statt dessen stellte ihr die Zollbeamtin höfliche Fragen – wo sie in der Sowjetunion lebe, was sie mache usw. –, und am Ende wünschte sie ihr sogar einen glücklichen Aufenthalt in den USA. »Sie behandelte mich wie eine langjährige Freundin«, erzählte Lida, immer noch verwundert.

Lida war auch überrascht darüber, wie freundlich sie in Banken, Verwaltungsstellen und sogar bei der Armee, deren Büros in der Sowjetunion für alle Zivilisten streng verschlossen sind, empfangen wurde. Sie zog Vergleiche mit der sturen Bürokratie zu Hause und erinnerte sich, daß sie eine einzige Behörde siebzehnmal aufsuchen mußten, nur um die Erlaubnis zum Bau einer Banja zu erhalten. »Bei uns bemüht sich die Bürokratie mehr darum, Hindernisse aufzubauen, als sie aus dem Weg zu räumen.«

Nicht nur Lida war von den Amerikanern beeindruckt, die Amerikaner waren es auch von ihr. Als Silvio seiner Familie eröffnet hatte, er wolle eine Russin heiraten und in Sibirien leben, hatten sie ihn für verrückt erklärt. »Für sie war es eine Fahrt in ein ewiges Exil«, erzählte er mir, »aber als sie Lida kennenlernten, war es, als ob in einem dunklen Raum plötzlich das Licht eingeschaltet wurde.«

Als Außenstehende hatte ich den Eindruck, daß es für beide ein großes Glück war, daß sie einander gefunden hatten. Wohin sie auch gingen, sie gingen Arm in Arm. Sie konnte seine Wünsche erraten, bevor er ein Wort gesagt hatte. Sie half ihm in seine Jacke und strich zärtlich seinen Kragen glatt. Ruhig und gelassen fand sie die Sachen, die er verlegt hatte. Sie war ausgeglichen, er leicht erregbar. Für beide bedeuteten Äußerlichkeiten kaum etwas, und obwohl sie die eleganteste Frau in Irkutsk hätte sein können, blieb sie natürlich und trug weiterhin ihre bequemen unauffälligen Kleider und benutzte auch kein Make-up. Gerade wegen ihrer Bescheidenheit, ihrer Natürlichkeit und Wärme fand ich sie liebenswert, und ich konnte verstehen, warum Silvio so viele Opfer auf sich genommen hatte, um sie heiraten zu können. Nicht jeder in Irkutsk hätte genauso gehandelt. Sogar bei der Zollkontrolle in Moskau war Lida von der Beamtin gefragt worden, warum sie in Irkutsk bliebe, anstatt nach Amerika zu ziehen. Wenn Silvio von Russen gefragt wurde, warum er in Irkutsk lebe und nicht im »Land des Überflusses«, pflegte er zu antworten: »Wegen Lida und unserer russischen Freunde, die ich liebgewonnen habe.«

KAPITEL 3

»ES IST EINE SCHANDE, EIN PFUND BUTTER UND EINEN LAIB BROT FÜR EIN LEBEN IN LUXUS AUFZUGEBEN«

Mein zweiter unvergeßlicher Besuch in Irkutsk galt der Synagoge, einer Synagoge in einer Stadt, die weder für ihre Synagogen noch für ihre jüdische Bevölkerung bekannt ist. Im Unterschied zu christlichen Kirchen, die man schon von außen erkennen kann, befand sich die Synagoge in einem großen Gebäude, dessen Fassade sich nicht von den anderen Gebäuden in der Straße unterschied. Nur ein Davidstern und eine Tafel mit dem Gründungsjahr 1881 gaben einen Hinweis.

Wir kletterten einige Stufen hinauf und kamen in einen Raum, der aussah, als ob er zu einer improvisierten Matzenbäckerei gehörte (Matzen sind ungesäuerte Brote in Fladenform). Es war kurz vor dem Passahfest, und einige Männer und Frauen mittleren Alters mit weißen Schürzen und Mützen waren mit dem Backen des Brotes beschäftigt. Um mich herum wurden in großer Geschäftigkeit Berge von Teig angerührt, geknetet und in kleine Stücke zerschnitten. Die Stücke wurden anschließend flachgeklopft, auf einem Gestell nebeneinandergelegt und schließlich in einen Ofen mit Holzfeuer geschoben. Die fertigen krossen, gebräunten Matzen mußten etwas auskühlen, dann wurden sie in Kartons verpackt. Ein Karton war für uns.

In der Synagoge wurden wir von Levenson, dem Leiter der Synagoge, einem kleinen, rundlichen älteren Mann mit einer riesigen grauen Persianermütze auf dem Kopf, empfangen. Auf dem Weg durch die Matzenbäckerei erzählte er uns, daß sie insgesamt rund sieben Tonnen Matzen für die etwa 15 000 jüdischen Einwohner der Stadt sowie ihre Freunde und Verwandten in anderen Gegenden backten. Obwohl nur sechzig von ihnen regelmäßig die Gottesdienste am Sabbat besuchten und auch an den Hauptfesttagen nie mehr als 700 bis 800 kamen, vergaßen die meisten doch nicht das jüdische Sprichwort: »Gott wird die vom Judentum ausschließen, die an Passah keine Matzen essen.« Levenson erklärte uns, daß jeder Jude, sei er gläubig oder nicht, auf dem jüdischen Friedhof beerdigt werden wollte, auch wenn sein Ehepartner kein Jude sei. Doch es gebe Zulassungsbestimmungen für Beerdigungen auf dem jüdischen Friedhof: Während des ganzen Lebens muß man seine Zugehörigkeit zum Judentum unter Beweis gestellt haben.

Abseits von der hektischen Arbeitsatmosphäre in der Matzenbäckerei, die normalerweise die Eingangshalle ist, befand sich ein ganz ruhiger Raum. Hier stand ein großer Tisch, der mit einem roten Samttuch bedeckt war, auf dem einige schwarze Gebetbücher lagen. An diesem Tisch saßen neun Männer, die mich mit ernsten Gesichtern ansahen, als Levenson mich vorstellte und Gennady erklärte, warum ich gekommen war. Sieben der Männer waren bestimmt schon weit über Sechzig, wenn nicht noch älter, und alle trugen dunkle Anzüge und dunkle Krawatten. Wie es in einer Synagoge Brauch ist, mußten alle Köpfe bedeckt sein, und während die Männer Pelzhüte oder -mützen trugen, gab Levenson mir gleich beim Eintreten eine Jamulka, ein flaches Käppchen zum Aufsetzen. Die Kriegsveteranen unter den Anwesenden trugen ihre Ordensschnallen an ihren Brusttaschen und ihre Medaillen auf den Revers. Zwei von ihnen fielen auf wegen ihres »jugendlichen« Aussehens und ihrer Alltagskleidung. Sie waren etwa Ende Dreißig oder Anfang Vierzig, trugen offene Hemdkragen und Pullover mit V-Ausschnitt.

Zu Anfang, als mich alle so unbeweglich ansahen, fühlte ich mich etwas unbehaglich in dieser Umgebung. Vielleicht auch deswegen, weil in dieser orthodoxen Welt kein Platz für Frauen vorgesehen ist – Frauen und Männer besuchen getrennte Gottesdienste. Eingeschüchtert und fast verängstigt, wußte ich zuerst nicht, wie ich beginnen sollte. Dann suchte ich mir einen Mann mit einem grauen Bart, einer schwarzen Lederjacke und einer Tweedkappe aus, die er etwas schief und unternehmungslustig aufgesetzt hatte, und richtete meine ersten Worte an ihn. Seine warmen Augen flößten mir Zutrauen ein, und er beantwortete meine Fragen mit sanfter, freundlicher Stimme. Er war mit einer Russin verheiratet und hatte zwei Kinder. Eines seiner Kinder hatte sich für die Nationalität seiner Frau entschieden, das andere war wie er Jude. In der Sowjetunion bilden die Juden einen von über 150 Volksstämmen, ein Teil von ihnen sind auch noch praktizierende Angehörige der jüdischen Glaubensgemeinschaft. Der Mann mit dem Bart teilte mir mit, daß er Parteimitglied sei, was mich überraschte. Normalerweise bekennen sich Parteimitglieder nicht zu einer Religionsgemeinschaft, weil es ihrer Stellung in der Partei schaden könnte.

Nach dieser Einleitung begann ich mit einem Thema, das für niemanden überraschend kam. Ich hatte gehört, daß in den größeren Städten wie Moskau, Leningrad und Kiew die Juden in ihrer Ausbildung und in ihrem Beruf diskriminiert wurden, und stellte die Frage, ob dies auch in Irkutsk der Fall sei. Ein weißhaariger alter Mann gab zur Antwort: »Wenn ein Jude zurückhaltend auftritt und berufliche Qualifikationen vorweisen kann, hat er in dieser Stadt dieselben beruflichen Chancen wie die anderen. Diejenigen, die sich über Diskriminierungen beklagen, haben oft keine richtige Ausbildung. Die kürzeste Geschichte, die mir dazu einfällt, ist: ›Ein Jude ist Straßenfeger.‹ Juden wollen bessere Positionen einnehmen als nur Straßenfeger sein, und die das nicht schaffen, suchen nach einer Entschuldigung.«

Während also die Juden in der Synagoge in Irkutsk behaupteten, in ihrer Stadt gebe es keine Diskriminierung, erzählte mir ein jüdischer Freund aus Moskau etwas ganz anderes. Er arbeitete in einem Institut, in dem Menschen verschiedener Nationalitäten gut zusammenarbeiteten und gut miteinander auskamen. Aber als Jude hatte man Schwierigkeiten hineinzukommen. Vor zwei Jahren war die mathematische Abteilung für Juden ganz geschlossen worden – inzwischen war allerdings ein neuer

Abteilungsleiter ernannt worden, der wieder Stellen mit Juden besetzte.

An unserem Gespräch in der Synagoge nahm auch ein Kriegsveteran aus Kiew mit vielen Reihen von Ordensbändern auf der Brust teil, der zu Besuch bei einem Freund in Irkutsk war. Er bat ums Wort, und als die anderen zustimmend nickten, begann er, auf meine Fragen zu antworten. Sein straffes, fast faltenloses Gesicht, seine Brillengläser, sein entschiedener Ton und sein erhobener Zeigefinger machten ihn zu einer eindrucksvollen Figur, aber ich hatte inzwischen meine Nervosität verloren.

Ich fragte ihn, ob er persönlich jemals diskriminiert worden sei. Bis zu seiner Pensionierung vor kurzem war er Leiter eines großen Unternehmens gewesen, in dem es keine Diskriminierung gegeben habe. »Wenn die Leute wissen, daß ihr Chef ein Jude ist, denken sie im allgemeinen: ›Dann ist alles in Ordnung‹; denn wir haben den Ruf, ehrlich und fleißig zu sein.« Er war in erster Linie sowjetischer Staatsbürger und stolz darauf, mehr als 45 Jahre der Partei angehört zu haben. Aber er hatte nie seine jüdische Abstammung vergessen. Er nannte mir sodann einige Zahlen, von denen ich, selbst Jüdin, bisher keine Ahnung gehabt hatte: Von den 14 Millionen Juden in der Welt leben heute 1,7 Millionen in der UdSSR und 6 Millionen in den USA. In Israel leben 3,5 Millionen, das sind weniger, als in der Sowjetunion während des Krieges umkamen. Die Beteiligung der Juden am Krieg war außergewöhnlich hoch, in der Reihe der Kriegshelden stehen sie von allen Nationalitäten in der Sowjetunion an vierter Stelle. Später konnte ich einen der 180 jüdischen Kriegshelden kennenlernen, einen pensionierten 86jährigen General, einen von 25 jüdischen Generälen, die der Sowjetarmee im Zweiten Weltkrieg dienten.

Auf meine Frage, ob es den Juden gestattet sei, offiziell Hebräisch zu lernen, erhielt ich – obwohl jede Diskriminierung bestritten wurde – die Antwort: »Die Eltern geben die Sprache an ihre Kinder weiter.« Diese vorsichtige Antwort des bärtigen Mannes machte mir klar, daß es sich hier um ein kritisches Thema handelte, über das er nicht sprechen wollte. Ein jüdischer

Freund in Moskau erläuterte mir, daß privater Hebräisch-Unterricht verboten sei, weil es sich um die Sprache der Zionisten handele, die antisowjetisch eingestellt seien. Der jüdische Dissident Josif Z. Begun wurde wegen »antisowjetischer Aktivitäten« eingesperrt, weil er privat Hebräisch unterrichtet hatte, und erst 1987 freigelassen, nachdem eine öffentliche Kundgebung für ihn veranstaltet worden war. Andererseits wird aber an der Moskauer Universität und an der Akademie für Militärdolmetscher Hebräisch als Fremdsprache gelehrt.

In einem Interview, das Gorbatschow der französischen kommunistischen Zeitung *L'Humanité* gab, erklärte er:

> »In der Sowjetunion ist antisemitische Propaganda – wie auch jede andere Rassendiskriminierung – vom Gesetz verboten und wird als Verbrechen verfolgt. Was in den USA wie auch in Frankreich und anderen westlichen Ländern immer wieder vorkommt – die Schändung jüdischer Gräber und die Aktivitäten von Neonazi-Organisationen, die in Zeitungen und Radiosendungen Haß gegen die Juden schüren –, wäre unmöglich in der UdSSR. In unserem Land sind die Juden frei und haben die gleichen Rechte wie alle Sowjetbürger, das gilt auch für die Angehörigen aller anderen Nationalitäten. Sie nehmen aktiv am öffentlichen Leben und an der Politik im Lande teil. Wir publizieren Bücher, Zeitschriften und Zeitungen auf jiddisch, und die Synagogen sind offen. Ich bin der Meinung, daß die ständige ›Aufmerksamkeit‹, die dem Schicksal der Juden in der Sowjetunion von der antisowjetischen und zionistischen Propaganda gezollt wird, kaum etwas anderes als Heuchelei ist, die ganz andere, weiterreichende politische Ziele verfolgt . . . Ich bin der Ansicht, daß es in einer zivilisierten Gesellschaft keinen Platz für Antisemitismus geben darf, auch nicht für Zionismus oder andere Manifestationen von Nationalismus, Chauvinismus oder Rassismus. Und das Problem, diese Übel auszurotten, ist sehr dringend . . .«

1986 erschien allerdings ein Gedicht des bekannten Dichters Andrej Wosnessensky. Es befaßte sich mit der Plünderung von

Gräbern, in denen Naziopfer lagen. Jedoch war Habgier und nicht Antisemitismus das Motiv dieser Verbrechen gewesen, und die Täter wurden hart bestraft.

Ein grauhaariger Mann mit einem müden Gesicht, einer von den alten Männern in der Synagoge, sagte mir ganz ruhig: »Wir sind hier geboren und aufgewachsen, dies ist unsere Kultur, unsere Heimat. Dennoch hat jeder seinen eigenen Nationalstolz und seine eigenen Traditionen.« Ein anderer nannte mir die Namen von Juden in einflußreichen Stellungen, und Levenson nutzte die Gelegenheit, um mir die Moskauer Veröffentlichung *Sowjetisches Mutterland* zu zeigen. Darin wird über die Leistungen der Juden in der Sowjetunion berichtet, und in der Ausgabe, die er mir zeigte, stand, daß es in Moskau 11 000 jüdische Studenten und unter den Juden mehr promovierte Naturwissenschaftler gebe als unter den Angehörigen jeder anderen Nationalität.

Ich fragte sie weiter, was sie von den Juden hielten, die das Land verlassen wollten, wenn sie auch selbst niemanden kannten. Diejenigen, die bisher noch kein Wort gesagt hatten, formulierten sehr sorgfältig ihre Gedanken, antworteten nachdenklich und manchmal fast zögernd: »Man muß den Grund kennen, warum diese Menschen ausreisen wollen: ob zum Beispiel ihre Eltern alt sind und im Ausland leben und Hilfe von ihren Kindern brauchen.« Ein anderer sagte: »Ein Pfund Butter und einen Laib Brot für ein Leben in Luxus aufzugeben, ist eine Schande.« Ein anderer kritisierte Maxim Schostakowitsch, den Sohn des bekannten Komponisten, der inzwischen in Amerika lebt, als Abtrünnigen: »Er hat sein Land verraten.«

Diese Einstellung ist typisch für die Generation, die den Krieg miterlebt hat. Einer der jüngeren Männer, einer mit einem langen, ernsten Gesicht, meinte dagegen: »Wenn Leute unser Land verlassen, weil sie ein leichteres Leben führen, mehr Komfort haben und mehr verdienen wollen, werden sie enttäuscht sein. Sie werden ihre Freunde verloren haben.« Dann überraschte er mich mit der Mitteilung, daß er seine Schwester besucht habe, die in New York lebe. Ich fragte ihn nach seinen

Eindrücken. Er lobte den amerikanischen Lebensstandard, aber kritisierte gleichzeitig heftig die Unmoral. Auf der 42sten Straße war er von einem Mann angehalten worden, der ihn gefragt hatte: »Brauchst du was zum Rauchen?« Nicht nur die Frage war schockierend, es stand auch noch direkt neben ihnen ein Polizist, der überhaupt nicht reagierte. Er würde nicht in New York leben wollen, weil er Drogenprobleme für seine Kinder fürchtete.

Er und viele andere konnten damals nicht erkennen, daß es sich bei Drogen nicht allein um ein amerikanisches Problem handelte. Acht Monate später schrieben die sowjetischen Zeitungen auch über Drogenprobleme bei jungen Leuten in der Sowjetunion, ebenso über Prostitution, selbst Aids war plötzlich ein Thema.

In das Gespräch über Amerika mischten sich auch Männer ein, die nie dort gewesen waren. Einer kam auf Reagans Ausrutscher vor einer Fernsehansprache zu sprechen, als er von einem Bombenangriff auf die Sowjetunion gesprochen hatte. »Eine solche Bemerkung ist weder komisch noch angemessen für einen Mann in seiner Position.« Ein anderer erzählte, daß ihn amerikanische Touristen gefragt hätten, ob die Einwohner von Irkutsk nachts Angst hätten, auf die Straße zu gehen. Er habe ihnen geantwortet, daß er selber zwar abends nicht mehr ausgehe, aber seine Kinder, und daß er sich nie Sorgen um sie mache. Er habe ihnen auch erzählt, daß er mit seiner fünfköpfigen Familie eine Fünfzimmerwohnung mit etwa siebzig Quadratmetern bewohnte, für die er weniger als zwanzig Rubel im Monat zahle. Er wußte, daß man in New York für eine vergleichbare Wohnung mehr als tausend Dollar zahlen mußte.

In anderen Städten sprach ich auch mit den Leuten über Emigranten. Ein Professor meinte: »Leute, die unser Land verlassen, möchten Neues erleben, sie möchten ihr Leben ändern.« Ein anderer fügte hinzu: »Wenn man weiß, daß man in zwanzig Jahren immer noch in derselben Position sitzen wird, das kann einem jeden Schwung nehmen und fast tödlich sein.«

In Baku lernte ich einen Chemietechniker kennen, der etwa Mitte Vierzig war und während der siebziger Jahre ein besonderes Erlebnis in den USA gehabt hatte. Er hatte zehn Monate in Amherst studiert, einem der berühmtesten Colleges an der Ostküste. Als er dies erwähnte, merkte ich, daß eine Menge von Amherst an ihm hängengeblieben war. Er trug einen grauen Anzug, ein weißes Hemd mit Button-down-Kragen und eine gestreifte Krawatte. Sogar seine Brille sah aus wie die eines Amherst-Studenten. Während seines Aufenthaltes dort hatte er das Gefühl gehabt, dazuzugehören, und man hatte ihn herzlich und voll Gastfreundschaft behandelt. Als großer Jazzfan, wie viele seiner Generation, war einer der Höhepunkte seines Aufenthalts der Besuch eines Ella-Fitzgerald-Konzerts gewesen.

Zu Russen hatte er in diesen Monaten wenig Kontakt, aber eine Begegnung war ihm wegen ihrer Unerfreulichkeit besonders in Erinnerung geblieben. Es gab einige Emigranten in Amherst, die antisowjetische Propaganda betrieben. Von den Massenmedien wurden sie als brillante Wissenschaftler bezeichnet, obwohl sie – wie er wußte – auf ihrem Gebiet eher mittelmäßig waren. Gegen Ende seines Aufenthaltes kamen diese Leute zu ihm, und ihre Einstellung und ihr Auftreten hatten sich völlig geändert. Sie hatten sich an ihre neue Umgebung und die Arbeitsanforderungen nicht gewöhnen können und wollten von ihm wissen, was sie tun könnten, um ihrem Heimatland, der Sowjetunion, nützlich zu sein. »Wenn ein Sowjetbürger sich dazu entschließt, in den USA zu leben, muß er sich völlig umkrempeln, um sich anzupassen. Die Amerikaner sind nur deshalb so stark und mächtig geworden, weil sie bereit sind, hart zu arbeiten. Wenn man dazu nicht bereit ist, wird das Leben schwierig, schwieriger als in der Sowjetunion«, stellte mein Gesprächspartner fest.

Wolodja, ein Taxifahrer aus Odessa, kannte viele Juden, die Anfang der siebziger Jahre emigriert waren. Die meisten von ihnen hatten sich im Ausland zurechtgefunden, waren mit ihrer Arbeit und mit ihrem Leben zufrieden, aber einige von ihnen wollten wieder zurückkommen. Da war zum Beispiel einer seiner Freunde, der stellvertretender Direktor einer Fabrik gewesen war. Mit Mitte Vierzig war er nach Israel ausgewandert, aber dort konnte er nur als Busfahrer Arbeit finden. Nach eineinhalb Jahren hatte er bei den sowjetischen Behörden den Antrag gestellt, zurückkehren zu dürfen. Er war schon zu alt, um noch eine neue Sprache lernen oder sein Leben ganz umstellen zu können. Dank seiner Hartnäckigkeit und offenbar auch guter Beziehungen erhielt er die Erlaubnis, nach Hause zurückzukommen, er durfte sogar wieder in seiner alten Fabrik arbeiten, allerdings nur noch als einfacher Arbeiter. Sein Hauptproblem bestand nun darin, von seinen Arbeitskollegen und seinen Freunden wieder aufgenommen zu werden, denn sie waren der Meinung, er habe sein Heimatland verraten.

Wolodja erzählte mir auch von einer Familie, die fünf unglückliche Jahre in New York verbracht hatte. Sie hatten weder Arbeit noch Freunde gefunden. Kopfschüttelnd meinte Wolodja: »Diese Leute wußten nicht zu schätzen, wie gut sie es hier hatten, ihnen gehörten eine komfortable Wohnung, eine Datscha und sogar ein Auto. Sie hatten überhaupt keinen Grund, fortzugehen.« Ein anderer Emigrant, so hatte Wolodja gehört, hatte in New York seinen Job als Metzger verloren, weil er die Kunden betrogen hatte. Da er es in Odessa genauso gemacht hatte, konnte er nicht begreifen, daß er für dieses Vergehen in einem kapitalistischen Land, wo doch Gewinnmaximierung das Hauptziel ist, entlassen wurde. Ein Freund schrieb Wolodja aus den USA: »Das Leben, das ich suchte, habe ich hier nicht gefunden, aber meine Kinder sind glücklich und haben gute Zukunftschancen, deshalb sind die Opfer, die ich gebracht habe, nicht umsonst.«

Im Herbst 1986 zeigte das sowjetische Fernsehen einen amerikanischen Dokumentarfilm, der vier Jahre zuvor für das amerikanische Fernsehen produziert worden war. Er hieß »Die Russen sind da« und beschrieb die Eingewöhnungsprobleme sowjetischer Emigranten. Sie lebten in Brighton Beach, einer Gegend in New York, die im Laufe der Jahre zu einer sowjetischen Emigrantenkolonie geworden ist. Dort haben manche Läden russische Schriftzeichen über der Tür, und Russisch ist die Hauptsprache.

Die Leute, die die Fernsehreporter interviewt hatten, waren aus der Sowjetunion emigriert, weil sie auf der Suche nach Freiheit waren. Freiheit bedeutete für die einen ein Land, »wo die Wolken aus Pelz sind und die Erde aus lauter Würstchen besteht«, wie es wörtlich in dem Fernsehfilm hieß. Für andere bedeutete Freiheit das Recht, ein eigenes Geschäft zu führen, alles ohne Zensur lesen zu dürfen, frei zu sprechen und zu handeln, ohne den KGB fürchten zu müssen. Für wieder andere hatte das Wort »Freiheit« keine festumrissene Bedeutung. Es war einfach alles, wonach sie sich sehnten und was es in der Sowjetunion nicht gegeben hatte.

Viele von ihnen waren gar nicht auf die Freiheit vorbereitet, die sie sich gewünscht und nun in den USA gefunden hatten, und sie wußten auch nicht, wie sie damit umgehen sollten. Sie waren an ein autoritäres Regime gewöhnt, das alles für seine Bürger regelt. Auf einmal für sich selbst verantwortlich zu sein, Arbeit und eine Wohnung suchen, im Wettbewerb mit anderen stehen und sich Sorgen über die Zukunft machen zu müssen, all das hatte es für sie in der Sowjetunion nicht gegeben. In Amerika mußten die Emigranten auf einmal ums Überleben kämpfen. Und es gab noch ein Problem: Die Freiheit stellte für die Moral ihrer Kinder eine Gefahr dar. Menschen, die in der UdSSR hochangesehene Positionen bekleidet hatten, mußten sich in den USA oft mit niedrigen Arbeiten zufriedengeben, um überhaupt ihren Lebensunterhalt verdienen zu können. Ein Schriftsteller, dessen Werke in der Sowjetunion nicht veröffentlicht worden waren und der Schwierigkeiten mit dem KGB gehabt hatte, durfte in den USA zwar alles schreiben, was er wollte, und auch veröffentlichen, aber niemand interessierte sich dafür. Zu Hause hatte wenigstens noch der KGB seine Schriften gelesen.

Die Emigranten beklagten sich über vieles: über den Mangel an Mitgefühl bei den Amerikanern, über ihre Härte in Gefühlsdingen. Es gab zu wenig menschliche Wärme. Auf einmal begriffen sie, was sie aufgegeben hatten. Zu Hause ist der Mensch wichtig, in Amerika dagegen hat das Geld das Sagen. Am Ende des Films bedauerten alle Befragten, daß sie für die Freiheit ihre

Sicherheit aufgegeben hatten, und viele von ihnen wollten in ihr Heimatland zurückkehren.

Einige meiner Moskauer Freunde waren entsetzt über die harten Realitäten des »American way of life«, die dieser Film zeigte. Einige von ihnen, die selbst vorgehabt hatten, Rußland zu verlassen, beschlossen, noch einmal darüber nachzudenken, und ein paar gaben den Gedanken sogar ganz auf. Nur die Jungen unter ihnen oder diejenigen, die noch keine Kinder hatten, waren der Meinung, mit den Schwierigkeiten in Amerika fertig werden zu können.

Ein Freund war ziemlich betroffen über das Bild, das der Film von seinen Landsleuten gezeichnet hatte: »Danach sind wir alle Sklavennaturen und nicht für die Freiheit gemacht. Wir sind wie Bürger zweiter Klasse. Das kann stimmen für alte Leute, die in einer Zeit aufgewachsen sind, in der es weder Zweifel noch Wahlmöglichkeiten gab. Aber für junge Menschen trifft dieses Bild nicht zu, und über sie und ihre Lage hätte mehr gezeigt werden müssen.«

Durch diesen Dokumentarfilm hatten einige zum erstenmal etwas über die Auswanderungspolitik ihres Landes erfahren. Andere waren verbittert und ärgerlich, daß ihnen nicht die gleichen Rechte zugestanden wurden wie den Juden (auch Deutsche und Armenier gehören dazu), das Land zur Familienzusammenführung zu verlassen. Vor allem ein Zeitungsartikel erregte die Gemüter. Darin wurde von einer Familie berichtet, die die Erlaubnis zur Rückkehr in die Sowjetunion erhalten hatte, aber kaum, daß sie angekommen war, ihren Entschluß wieder bereute und ein neues Ausreisevisum beantragte. Die Sowjetregierung ließ sie erneut ausreisen, und die amerikanische Regierung bezahlte die Flugtickets. Einer meiner russischen Freunde meinte aufgebracht: »Wir dürfen nicht einmal eine Ferienreise ins Ausland unternehmen, aber sieh mal, was diese Leute für Vergünstigungen erhalten!«

Der Film »Die Russen sind da« sollte die sowjetische Bevölkerung auf die Rückkehr eines kleinen Teils der auf mehr als 200000 geschätzten Emigranten vorbereiten. Warum hatte sich die Sowjetregierung zu dieser Freizügigkeit entschlossen? Die offizielle Erklärung, die man mir gab, lautete: »Aus humanitären Gründen.« Ich hielt diese Antwort für Unsinn. Denn es war ganz klar, daß diejenigen, die mit dem Leben im Westen unzufrieden waren, nach ihrer Rückkehr die entschiedensten Verfechter des Sowjetsystems sein würden. Deshalb entgegnete ich dem Beamten: »Wenn Sie schon von Humanität reden, dann sollten Sie den Leuten erlauben, überallhin reisen zu können, dann würden nur noch wenige das Land verlassen wollen.«

Kurz nachdem die ersten fünfzig der rückkehrwilligen Emigranten mit großem Bahnhof wieder in der Sowjetunion eingetroffen waren, wurden die Bestimmungen über die Familienzusammenführung geändert. Das neue Gesetz, das am 1. Januar 1987 in Kraft trat, fand im Ausland große Beachtung, in der Sowjetpresse dagegen wurde es kaum erwähnt. Es ist eine der großen Schwächen des Sowjetsystems, daß Gesetze beinahe unbekannt sind und daß die Bürger kaum wissen, welche Rechte sie haben. Ein Freund sagte mir dazu: »Was hier nicht ausdrücklich erlaubt ist, gilt als verboten. In den USA dagegen sagt das Gesetz genau, was verboten ist.«

Auswanderung galt in der Sowjetunion nie als Bürgerrecht. Bevor das neue Gesetz in Kraft trat, konnte jeder wirkliche oder auch nur vorgeschwindelte Verwandte, der im Ausland lebte, eine Einladung für ein Familienmitglied aussprechen, und die Chancen für eine Ausreisebewilligung waren günstig – vorausgesetzt, es handelte sich um Angehörige von Volksstämmen, auf die diese Sonderbestimmungen zutrafen. Es gab keine nähere Definition des Grades der verwandtschaftlichen Beziehungen. Heute bestimmt das neue Gesetz ganz eindeutig, welche Verwandten als Familienmitglieder gelten: Eltern, Ehegatten, Kinder, Brüder oder Schwestern, die im Ausland leben. Freunde sind leider ausgeschlossen. Auch Besuche bei schwer erkrankten Verwandten, zu Hochzeiten oder Beerdigungen oder aus anderen »gewichtigen Gründen« können bewilligt werden. Das Gesetz enthält außerdem unter anderem eine zeitliche Begrenzung, innerhalb der ein Antrag bearbeitet werden muß, und eine Bestimmung, daß eine Ablehnung begründet werden muß. Das ist neu.

Ich bin der Ansicht, daß es zumindest einen guten Grund gibt, das Land verlassen zu wollen: wenn jemand in seinem Beruf weder produktiv noch kreativ arbeiten kann. Der spürbare Exodus so vieler berühmter Künstler, Musiker und Schriftsteller hatte diese Ursache. Doch ich bin überzeugt, daß heute, nach Einführung der neuen Kulturpolitik, die Mehrheit derer, die aus beruflichen Gründen die Sowjetunion verlassen haben, keinen Anlaß mehr sähen, außer Landes zu gehen.

In einem Interview mit der Zeitung *Wetschernaja Moskwa* (Moskau am Abend) am 6. März 1987 äußerte sich der Leiter von OVIR, der zentralen Visastelle in Moskau, über die neuen Bestimmungen des Familienzusammenführungsgesetzes, ohne allerdings das alte oder das neue Gesetz wörtlich zu zitieren. Statt dessen führte er nur die Paragraphennummern des Gesetzes oder der neuen Zusatzregelungen auf, so daß der Durchschnittsleser gezwungen war, sich selbst um den Text zu bemühen, wenn er genaue Informationen haben wollte.

Der Leiter von OVIR erwähnte einige Fälle von Leuten, die einen Ausreiseantrag gestellt hatten, der aber abgelehnt worden war. In diesen Fällen mußten ihm wohl die meisten Leser aufgrund der sowjetischen Rechtslage zugestimmt haben. Es handelte sich zum Beispiel um einen jungen Mann, der zu seiner Tante nach Israel ziehen, aber seine alten Eltern allein lassen wollte. Nach der sowjetischen Verfassung war es seine Pflicht, sich um seine Eltern zu kümmern. In einem anderen Fall wollte eine Frau zu ihrer Tochter in die USA reisen, die abtrünnig geworden war. Der Beamte vertrat den Standpunkt, daß die neuen gesetzlichen Bestimmungen einer humaneren Einstellung entsprächen.

Wenn der Begriff »human« an Zahlen gemessen wird, hat er sogar recht. Ein Vertreter der sowjetischen Botschaft in Washington teilte am 25. März 1987 der *New York Times* mit, daß 1987 voraussichtlich 10000 bis 12000 Juden ein Ausreisevisum erhalten würden. Was er allerdings dabei verschwieg, ist die Tatsache, daß die meisten dieser Ausreisewilligen ihre Arbeit verloren hatten, weil Emigration für viele Sowjetbürger noch immer als Verrat gilt.

Früher habe ich mich kaum mit der Frage der Familienzusammenführung befaßt. Ich bin der Ansicht, jeder, nicht nur Angehörige ausgewählter Nationalitäten, sollte das Recht haben, dort zu leben, wo er will. Aber dann sprach ein jüdischer Freund mit mir über sein Problem, und plötzlich war ich nicht mehr unbeteiligt. Seine Familie war schon vor vielen Jahren in die USA ausgewandert, doch er wollte nie zu ihnen ziehen. Auch heute möchte er die Sowjetunion nicht verlassen. Vor kurzem erhielt er ein Telegramm vom Arzt seiner Mutter und einem Verwandten, er solle unverzüglich kommen. Seine Mutter, die er seit zehn Jahren nicht mehr gesehen hatte, lag im Krankenhaus – Krebs im Endstadium. Nach den neuen gesetzlichen Bestimmungen stand ihm zu, seine todkranke Mutter zu besuchen, aber OVIR lehnte seinen Antrag ab. Er schrieb zahllose Briefe, an Gorbatschow, an die Partei usw., und alle wurden an OVIR weitergeleitet. Er ist von Beruf Musiker und war in der Vergangenheit mehrmals im Ausland. Wie kann er Träger von Staatsgeheimnissen sein? – Mit dieser Begründung wird sein Reiseantrag abgelehnt.

Ich schlug ihm vor, einen Anwalt aufzusuchen. Er lachte nur über meine Naivität. Ein Anwalt ist Teil des Systems, erklärte er mir, noch nie hat jemand einen Prozeß gegen die Partei oder die Regierung gewonnen, da sie – wie den Bürgern immer wieder eingetrichtert wird – »alles am besten weiß«. »Wir verfügen über keine wirksamen Mittel, um uns gegen ungerechte Vorwürfe zur Wehr zu setzen. Was für einen Sinn hat ein neues Gesetz, wenn diejenigen, die seine Bestimmungen durchführen sollen, nicht von denen, deren Rechte verletzt werden, zur Rechenschaft gezogen werden können?«

Wie würde sich in diesem Fall jener OVIR-Beamte verhalten, dessen Interview in der Zeitung erschien? Könnte er diese Entscheidung rechtfertigen? Dieser Fall ist nur ein Beispiel für Mißbrauch des neuen Gesetzes, typisch oder untypisch. Wenn das neue Gesetz mehr Humanität ermöglichen soll, dann müssen die Leute, die seine Bestimmungen durchführen, erst einmal Humanität lernen. Und diese Feststellung gilt für alle neuen Gesetze und Reformen, die mehr Demokratie für das Land bringen sollen. Wenn die alten Bürokraten nicht mehr in einem neuen Geist erzogen werden können, dann müssen sie von Leuten ersetzt werden, die an das Neue glauben und bereit sind, es in die Tat umzusetzen.

KAPITEL 4

»JEDER MÖCHTE EIN ›KULTIVIERTER MENSCH‹ SEIN«

Welch ein Gegensatz zwischen dem charmanten Irkutsk und Nowosibirsk! Die Vororte von Nowosibirsk sind besonders häßlich, mit ihren unansehnlichen Fabrikgebäuden, den rostigen Fassaden und zerbrochenen Fensterscheiben. Auch die graubraunen Schneereste und die matschigen Straßen verstärkten bei meinem Besuch den heruntergekommenen, trüben Eindruck.

Nowosibirsk, auf deutsch »Neues Sibirien«, wurde 1893 gegründet und gilt als die Stadt mit der höchsten Wachstumsrate in der ganzen Welt. Unser Nowosti-Führer nannte einige Zahlen. Danach hatte Nowosibirsk die Einwohnerzahl von einer Million in 69 Jahren erreicht; im Vergleich dazu: In Chicago dauerte es 95, in New York sogar 200 Jahre, bis die Millionengrenze erreicht war.

Die eindrucksvollste Errungenschaft der Stadt ist die im Dezember 1985 in Betrieb genommene Untergrundbahn mit einem Streckennetz von neun Kilometern. Sechs Jahre hatte es trotz der extremen Witterungsbedingungen nur gedauert, bis die U-Bahn fertiggestellt war. Bei Temperaturschwankungen von minus 50 bis plus 40 Grad Celsius und 180 Tagen im Jahr, an denen das Thermometer nicht über plus 10 Grad steigt, mußten ganz neue und kühne Fertigungstechniken eingesetzt werden, um die Konstruktionsschwierigkeiten zu meistern.

Was der Stadt an Schönheit abging, machten ihre Einwohner durch Freundlichkeit und persönliche Herzlichkeit wieder wett. Zum Frühstück servierte mir der Kellner eine Flasche Pepsi-

Cola, weil er annahm, alle Amerikaner tränken Pepsi zum Frühstück. Auch eine ältere Frau im Hotel nahm rührenden Anteil an meinem Wohlergehen. Sie war für mein Stockwerk zuständig und mußte darauf achten, wer ein und aus ging. Sie sorgte für Ordnung und bewahrte auch die Zimmerschlüssel auf, ein besonderer Hotelservice, den die meisten Ausländer für eine spezielle Form der Überwachung halten. Viele Ausländer wissen jedoch nicht, daß es diesen Stockwerkservice auch in den Hotels gibt, in denen nur Sowjetbürger absteigen dürfen. Erst ganz allmählich beginnt sich in der Sowjetunion auch durchzusetzen, daß man seinen Zimmerschlüssel an einer Zentrale im Hotel in Empfang nehmen kann. Damit verlieren aber dann alle Rentner, die bisher auf den einzelnen Etagen Dienst taten, ihren Posten und ihren kleinen Nebenerwerb.

Kaum stieg ich aus dem Lift auf meinem Stockwerk, traf ich schon auf meine Schlüsselfrau. Ihr leuchtendrot gefärbtes Haar und ihr rotes Kleid riefen mir ins Gedächtnis zurück, daß »rot« im Russischen zwei verschiedene Bedeutungen hat. Außer der Farbbezeichnung bedeutet »krassnij« auch »schön«, zum Beispiel in Ausdrücken wie »Roter Platz«, »Roter Boulevard« oder »Rote Ecke« in einem Zimmer. Damit ist dann der »schöne« Teil des Raumes gemeint.

Wenn die Frau in Rot mich anstrahlte und einen ganzen Mund voll Gold zeigte, lächelte ich zurück, und das ermunterte sie, ein Gespräch anzufangen. Sie fragte mich nach meiner Familie, meinem Leben und nach meinem Mann. Sie sagte mir, sie hoffe sehr, daß mich die anderen Gäste nicht störten. Mein Stockwerk war voll von Armeesoldaten, die gar keine Gelegenheit hatten, sich für mich zu interessieren. Meine Etagenwächterin beschützte mich wie eine Mutter, und als ich einmal aus Versehen meine Tür offengelassen hatte, bemerkte sie das sofort und gab mir einen liebevollen Rüffel. Anschließend brachte sie mir Tee und Kekse. Eines Morgens, als ich gerade mein Zimmer verlassen hatte und ihr den Schlüssel geben wollte, blickte sie mich nachdenklich an und fragte ganz arglos: »Sie sind so schön und so reizend. Wie kann Ihr Mann Sie nur aus den Augen lassen?« Geschmeichelt von ihren Schwall an Komplimenten, erklärte ich ihr leicht errötend, daß wir beide unserer Arbeit nachgehen müßten.

Während meiner Fahrt besuchte ich auch einige Schulen, und die Schüler überraschten mich mit ihren Kenntnissen über den Westen und mit ihrem Wissensdurst. Das liegt am Lehrplan der russischen Schulen und am Erziehungsprinzip. Von der 5. Klasse an ist das Erlernen von Fremdsprachen Pflicht, an der Staatlichen Schule Nr. 2 in Jakutsk zum Beispiel wurden Deutsch, Französisch und Englisch unterrichtet. Englisch war die am meisten gewählte Sprache. Zu meiner Schulzeit in Amerika waren Fremdsprachen freiwillig, und das ist auch heute noch so, wahrscheinlich, weil Englisch überall in der Welt gesprochen wird. Nach einem Bericht der *Washington Post* vom 1. Mai 1986 sind die USA wohl das einzige Industrieland überhaupt, wo das Erlernen einer Fremdsprache kein Pflichtfach auf den Oberschulen ist. Nur einer von fünf Oberschülern lernt freiwillig eine Fremdsprache, und insgesamt gibt es nur 25 000 amerikanische Schüler, die Russisch lernen, während in der Sowjetunion vier Millionen Englisch lernen, wie *Harper's Magazine* im Februar 1986 berichtete.

An der Wand eines Klassenzimmers in Jakutsk stand geschrieben: »Das Proletariat braucht für seinen Kampf die Kenntnis einer Fremdsprache« (Lenin) und: »Die Kenntnis einer Fremdsprache ist eine Waffe im Lebenskampf« (Marx). Auch ich stellte die Frage, warum es nötig sei, eine Fremdsprache zu erlernen, und erhielt hier in Jakutsk wie auch anderswo im Land die Antwort: »Jeder sollte ein ›kultivierter Mensch‹ sein.«

Was ist ein »kultivierter Mensch«? Ein Doktor in Tbilisi erklärte mir diesen Ausdruck als eine besondere sowjetische Konzeption: »Ein ›kultivierter Mensch‹ ist jemand, der gebildet ist, jemand, der liest und dessen Horizont nicht auf seine berufliche Ausbildung beschränkt ist. Er interessiert sich dafür, was in der Welt vorgeht, für ausländische Literatur, und weiß Bescheid über Geschichte und Kultur seines eigenen Landes.« Eine meiner Freundinnen in Moskau, eine Soziologin, beschrieb den

Juri Spiridinow, ein Aeroflot-Pilot, in seiner Wohnung in der sibirischen Stadt Jakutsk.

Mai Tretjakow, Vorarbeiter einer 68-Mann-Brigade in einer Fabrik für Baufertigteile.

Katja Lytschowa, 11jährige »Friedensbotschafterin« der UdSSR, mit ihrer Mutter in der Moskauer Wohnung.

Eine Hochzeit in Odessa.

Silvio und Lida Sclocchini im Garten ihres Hauses in Irkutsk in Südsibirien.

Lida in ihrer Küche. Durch eine Klappe im Boden gelangt man in den Vorratskeller.

Häufige Gäste im Hause der Sclocchinis: Baba Ulia, 101 Jahre alt . . .

. . . und die 16jährige Schülerin Jelena.

Einkaufen in Irkutsk: Der Abakus liegt immer neben der Kasse.

In einem Sommerlager der Jungen Pioniere in Irkutsk.

Vor dem Passah-Fest werden in der Synagoge von Irkutsk Matzen für die 15 000 jüdischen Bewohner der Stadt gebacken.

Ein ernstes Gespräch in der Synagoge. Ganz links Dolmetscher Gennady Semin.

Mädchen vom Jakutsker Internationalen Freundschafts-Club in ihren makellosen Schuluniformen und mit dem Halstuch der Jungen Pioniere.

Junge Pioniere in ihrem Lager in Irkutsk.

Sie sind mit ihrem Leben zufrieden: Eine Bauernfamilie in Taschkent . . .

. . . und eine Rentnerin in Irkutsk in ihrem Gemüsegarten.

»kultivierten Menschen« noch anders. Kurz zuvor war sie von einer Verkäuferin gemaßregelt worden, die ihr vorgeworfen hatte: »Sie sind kein kultivierter Mensch.« Es hatte ein Mißverständnis zwischen beiden gegeben, schließlich hatte sich meine Freundin entschuldigt, weil sie im Unrecht gewesen war. Aber damit war die Angelegenheit noch nicht beigelegt. Die Verkäuferin hätte nun sagen können, daß ihre Kundin unrecht habe, daß sie nicht aufgepaßt habe, sogar daß sie unhöflich zu ihr gewesen sei, aber statt dessen wählte sie – nach Ansicht meiner Freundin – die allerkränkendste Formulierung: »Sie sind kein kultivierter Mensch.«

Meine Freundin gab mir dazu die Erklärung: »In unserem säkularisierten System hat ›Kultur‹ den Platz der Religion eingenommen, man versucht, moralische Maßstäbe durch Kultur zu finden.« Bei ihren Worten kam mir die Verehrung in den Sinn, die die russische Bevölkerung großen Künstlern und Schriftstellern zollt. Manche gelten sogar als Propheten. Ihre Schriften und ihre Gedichte werden laut gelesen und von Jungen wie von Alten auswendig gelernt. Eine Dichterlesung ist für meine Freunde ein ganz besonderes Ereignis. Wenn ein Dichter oder Schriftsteller im Fernsehen oder auf einer Bühne auftritt, um aus seinen Werken zu lesen, herrscht gebanntes Schweigen, und niemand schämt sich, sogar Tränen zu vergießen, wenn eine Zeile ihn besonders berührt.

Wie sehr die Öffentlichkeit gefühlsmäßig Anteil nimmt, zeigte sich auch Anfang 1987 bei einer Ausstellung von Avantgardekünstlern in Moskau, die es in dieser Form vorher noch nie gegeben hatte. Im Gästebuch fanden sich später Eintragungen, ein bestimmter Künstler »sollte hingerichtet werden« oder »gehört ins Gefängnis«. Kultur hat einen moralischen Auftrag, und wenn jemand ein Bild unmoralisch findet, verlangt er, daß der Künstler bestraft werde. »Pop-art« findet in der Sowjetunion nur wenige Anhänger, denn die Leute suchen die tiefere Bedeutung eines Kunstwerkes, und wenn sie sie nicht finden können, begreifen sie nicht, was dieses Kunstwerk dann überhaupt soll.

Dasselbe gilt auch für die Literatur. Die ausländischen Bücher, die früher übersetzt und veröffentlicht wurden, mußten nicht nur den Vorstellungen des sozialistischen Realismus entsprechen, das heißt der bürgerlichen Gesellschaft kritisch gegenüberstehen, sondern mußten auch eine moralische Lehre enthalten. Heute dagegen bemüht man sich, die besten Autoren und die besten Werke des Auslands zu veröffentlichen. »Bücher von Henry Miller würde der durchschnittliche Leser hier gar nicht verstehen«, sagte mir meine Freundin, »denn er ist nicht in der Lage, Unmoral oder Dekadenz mit ästhetischen Überlegungen zu verknüpfen. Du darfst nicht vergessen, daß Puschkin für uns ein Heiliger ist, eine Ikone. Er ist unser Lehrer, was moralische Maßstäbe betrifft. Darin liegt der Unterschied zwischen unserem Verhältnis zur Kultur und eurem im Westen, und deshalb möchte jeder ein ›kultivierter Mensch‹ sein.«

In Baku berichtete mir die Direktorin eines Pädagogischen Instituts über die Bemühungen der Regierung, alle zu »kultivierten Menschen« zu erziehen. Ein Beispiel war ihr Institut, an dem Studenten vom Lande Vorrang vor denen aus der Stadt hatten. »Wir wollen, daß sie nach ihrer Ausbildung hier als gute Lehrer für Fremdsprachen in ihre Dörfer zurückkehren«, sagte sie mir. Hinter dieser Einstellung steckt die Absicht, mit Hilfe besser ausgebildeter Lehrer Chancengleichheit in der Ausbildung der Schüler durchzusetzen. Auf den Universitäten gibt es sogar eine Regelung, daß ein bestimmter Prozentsatz der Studenten aus ländlichen Gegenden kommen muß, selbst wenn ihr Ausbildungsstand niedriger als der der Studenten aus der Stadt ist.

Später in Odessa hörte ich einen Witz, der sich über diese Bemühungen lustig machte: Ein Mann war ins Wasser gefallen und kurz vor dem Ertrinken. Nach Luft schnappend, rief er einem Vorübergehenden zu: »Do you speak English?« – Keine Antwort. Weiter im Wasser strampelnd, versuchte er es noch einmal: »Parlez-vous français?« – Wieder keine Antwort. Schon ganz erschöpft, rief er das drittenmal fast atemlos auf russisch: »Welche Sprache sprechen Sie denn?« Da antwortete ihm der Mann: »Sie sollten besser schwimmen lernen als Fremdsprachen.«

Jahrelang hatten meine Freunde mich mit ihrer sprachlichen Begabung beeindruckt, und während meiner Reisen habe ich auch viele Nichtrussen kennengelernt, die nicht nur ihre Muttersprache und dazu noch Russisch konnten, sondern darüber hinaus auch noch eine andere Fremdsprache lernten. Ich war nicht der erste amerikanische Besucher in der staatlichen Schule Nr. 2 in Jakutsk, wo Jakutisch die Unterrichtssprache ist und Russisch als zweite Muttersprache gelehrt wird. Im Oktober 1985 war hier eine Gruppe amerikanischer Kongreßabgeordneter gewesen, und danach war ein Briefclub ins Leben gerufen worden. Die Kongreßabgeordneten hatten sich die Namen der Jakutsker Schüler aufgeschrieben, die mit jungen Amerikanern in ihrem Alter eine Brieffreundschaft beginnen wollten. Nach ihrer Rückkehr in die USA veröffentlichten sie diese Namen in mehreren Zeitungen. Schon bald kamen die ersten Briefe in Jakutsk an.

Von einigen dieser Jakutsker Brieffreunde wurde ich im Namen des Internationalen Freundschaftsclubs willkommen geheißen. Man hätte diese jungen Mädchen leicht für Chinesinnen halten können. Sie trugen makellose, frisch gewaschene und gebügelte Schuluniformen mit weißen Blusen und blauen Röcken, weiße Kniestrümpfe und eine rote »Schiffchen«-Kappe. Jede Schülerin trug ein rotes Halstuch, das Zeichen für die Jungen Pioniere, eine Jugendorganisation wie die Pfadfinder, aber mit politischer Ausrichtung, die die jungen Leute dazu anhält, gute Taten zu tun.

Anfangs waren die Mädchen noch schüchtern, und ich versuchte, das Eis zu brechen, indem ich ihnen persönliche Fragen stellte. Was waren ihre Lieblingsprogramme im Fernsehen? Mit hellen Stimmen riefen sie: »Lassie, Trickfilme, Reiseberichte, Tierfilme und Quiz-Veranstaltungen.« Welche amerikanischen Filme hatten sie gesehen? »Convoy« und »Death between Two Icebergs«, Reißer, die in den USA nur ein begrenztes Publikum fanden. Wenn sie reisen könnten, wohin würden sie fahren? »Nach Westdeutschland, Indien, Rio de Janeiro, New York, zu den Niagarafällen und nach Afrika – wegen ›Onkel Toms Hütte‹.« Was wollten sie einmal werden? »Kosmonautin, Lehrerin, Ärztin, Naturwissenschaftlerin, Musikerin.« Wovon träumten sie? »Einen Hund zu haben, die Mutter von Samantha Smith kennenzulernen, im 23. Jahrhundert zu leben«, denn sie hatten kurz zuvor einen Film über eine neue Welt im All gesehen. Ein junges Mädchen sagte, sie würde gerne Henry Winston gratulieren, der an diesem Tag seinen 75. Geburtstag feierte. Offenbar war mir meine Verblüffung am Gesicht abzulesen, als ich das hörte, deshalb flüsterte mir Gennady ins Ohr, Henry Winston sei der Vorsitzende der Kommunistischen Partei in Amerika. Mit dieser Bemerkung hatte das Mädchen mir offenbar eine Freude machen wollen, und ich hatte es nicht einmal begriffen. Ich fragte dann weiter, ob es noch andere Amerikaner gebe, die sie bewunderten. Sie nannten Abraham Lincoln, weil er die Sklaverei abgeschafft hat, Jack London, Mark Twain und Samantha Smith. Was verbanden sie mit dem Wort »Amerika«? »Riesenstädte, Wolkenkratzer, das ›Weiße Haus‹, weites, großes Land, Armut und Arbeitslosigkeit« erhielt ich zur Antwort.

Erst kurz bevor ich mich von dieser Gruppe trennte, um noch andere Klassen zu treffen, verloren die Mädchen endgültig ihre Schüchternheit. Sie umringten mich, drückten mir kleine Geschenke in die Hand, wie selbstgemalte kleine Bilder, kleine Bastelarbeiten aus Leder und eine Samantha-Smith-Spielpuppe. Bis zu diesem Moment hatte sich keine Schülerin getraut, mir eine Frage zu stellen. Aber jetzt faßten sie Mut: »Haben Sie Kinder?« fragte mich ein errötendes kleines Mädchen mit einem langen Zopf und einer weißen Schleife im Haar.

Zum Schluß besuchte ich eine Klasse, in der die Mädchen an Nähmaschinen saßen und Beutel für geographische Exkursionen nähten. Wie in einer Fabrik mußten sie ein Plansoll erfüllen. In den neunten und zehnten Klassen gehört handwerkliche Ausbildung zum Lehrplan, und die Mädchen wollten von mir wissen, ob die Schüler in Amerika ähnliche Arbeiten machen mußten.

Wie in den meisten Schulen des Landes kannten auch hier die Schüler Jack London, den legendären Macho, der auch der Lieblingsschriftsteller Lenins gewesen war. Auch Mark Twain war populär, sein 150. Geburtstag wurde im ganzen Land gefeiert, und viele junge Leute wollten von mir wissen, wie man ihn an diesem Tag in Amerika geehrt habe.

Durch das Buch »Onkel Toms Hütte« wußten auch viele Schüler über die Sklaverei in Amerika Bescheid, und in manchen Schulen sangen sie sogar Negro Spirituals für mich. In Tbilisi machte mir eine Schulklasse die Freude, nur für mich »Jingle Bells« und »My Country Tis of Thee« zu singen. Von den älteren Schülern, die im Erdkundeunterricht schon die ganze Welt durchgenommen hatten, spielten einige ein Spiel, das ich als Kind auch gespielt hatte: die Aufzählung aller amerikanischen Bundesstaaten. Die Bücher und Zeitschriften über die USA, die es in den Schulen gab, waren streng ausgesucht und auch meist überholt. Es war ganz klar zu erkennen, daß sie eine kritische Einstellung gegenüber der bürgerlichen Gesellschaft und dem Kapitalismus erzeugen sollten. Heute gibt es allerdings bessere Informationsquellen, und die Schüler erwerben umfassendere Kenntnisse über die Welt, aber immer noch möchten sie von ausländischen Besuchern Einzelheiten über das tägliche Leben erfahren.

Ein zufälliges Gespräch, das ich mit einem 13jährigen Jungen in Tbilisi führte, zeigte die Kenntnis junger Menschen über den Westen. Ich wartete in der Sonne auf den lokalen Nowosti-Korrespondenten, neben mir saß ein blonder Junge in Schuluniform. Selbstbewußt und freundlich begann er ein Gespräch mit mir und fragte, woher ich komme. Als ich sagte: »Connecticut«, fiel ihm ein, daß das in der Nähe von New York lag. Erstaunt über sein Wissen, stellte ich ihm einige Fragen nach anderen Orten in den USA, die er auch genau einordnen konnte. Wissen seine Freunde genauso viel wie er? Ja, antwortete er mir, ein Klassenkamerad, der sich auch für Geographie interessierte, wisse sogar noch mehr. Dann benutzte er ein paar englische Ausdrücke und fragte mich, ob seine Aussprache richtig sei.

Weil eigentlich Unterrichtszeit war, fragte ich den Jungen, ob er die Schule schwänze. Er erklärte mir, daß er erst zur zweiten Schicht Unterricht habe, die erst in ein paar Stunden beginne; denn der Schulraum war so knapp, daß die Schüler in zwei

Schichten unterrichtet wurden. Hatte er außer Geographie noch andere Interessen? »Ja, Klavierspielen.« Was machten seine Eltern? Seine Mutter war Musiklehrerin, und seine Schwester ging noch zur Schule. Sie habe gerade die beste Note in Englisch bekommen. Da er nicht von seinem Vater sprach, nahm ich an, daß seine Eltern geschieden waren.

Hatte er schon etwas von anderen Gegenden auf der Erde gehört? Ja, über Kalifornien und Rio de Janeiro, wo ein Onkel gewesen sei, dem es dort besser gefallen habe als in Amerika. Was wußte er noch über Amerika? Er habe von dem Unterschied zwischen Arm und Reich gehört, und dann erzählte er vom Leben in seinem Land, wo es keine großen Unterschiede im Lebensstandard der Menschen gebe. Dasselbe sagte mir später ein älterer Schüler mit anderen Worten: »Wir sind eine Einheitsgesellschaft mit gleichen Rechten und Chancen. Ob wir aber alles tun, was in unserer Macht steht, um auch alles zu erreichen, was wir erreichen könnten, das ist eine andere Frage.«

Diese Worte ließen mich an die sowjetische Verfassung denken, deren Ziel der Aufbau einer kommunistischen Gesellschaft auf der Grundlage der Gleichheit aller ist. Alle Rechte der Bürger gründen sich auf dieses Prämisse. Die Verfassung der Vereinigten Staaten dagegen betont vor allem das Prinzip der persönlichen Freiheit des einzelnen, wenn auch immer noch der Satz Gültigkeit hat: »Alle Menschen sind gleich.«

Der Junge in Tbilisi fragte mich auch nach der Rassendiskriminierung. Ich versuchte, seine Kenntnisse zu aktualisieren, wie ich es oft tun mußte, indem ich ihm von der Bürgerrechtsbewegung und unserem Kampf gegen Rassendiskriminierung erzählte. Er war, wie viele seiner Altersgenossen, stark beeinflußt von dem Buch »Onkel Toms Hütte«. Obwohl er wußte, daß die Sklaverei schon lange abgeschafft war, war ihm nicht klar, daß die amerikanische Gesellschaft seitdem große Fortschritte gemacht hatte. Auch viele andere wußten nur, daß es Diskriminierung an den Schulen gab und viele Schwarze sich eine gute Ausbildung nicht leisten konnten, aber sie hatten noch nie davon gehört, daß sich in manchen Universitäten Schwarze und Weiße die Zimmer teilen – und es fiel ihnen schwer, das zu glauben.

Ich hätte gern den ganzen Tag mit diesem Jungen in Tbilisi weitergeredet, aber schließlich erschien mein Gastgeber von Nowosti, der im dichten Vormittagsverkehr steckengeblieben war. Er entschuldigte sich, meine Unterhaltung abbrechen zu müssen, aber wir waren schon spät für unsere nächste Verabredung.

Wohin ich auch kam, immer wieder mußte ich feststellen, daß die jungen Leute oft mehr über moderne Trends im Ausland wußten als ich. An der Staatlichen Universität von Jakutsk zum Beispiel berichteten mir Philologiestudenten von ihren Musikvorlieben. Manche mochten besonders gern die Musik einiger italienischer Gruppen, von denen ich noch nie gehört hatte, andere zogen dagegen Musik aus Jakutsk vor. Wieder andere schätzten die Beatles, Elvis Presley und Pink Floyd, mußten sich aber von einigen ihrer Kommilitonen lautstark sagen lassen, die seien doch längst außer Mode, jetzt sei Michael Jackson »in«. Einer der Beatles-Anhänger protestierte: »Die Beatles werden immer gut sein. Sie sind Klassiker.« Ich fragte nach moderner russischer Musik und erfuhr, daß es einige sowjetische Gruppen gebe, die immer beliebter würden und allmählich sogar den westlichen Gruppen den Rang abliefen, die noch bis vor kurzem eine große Anhängerschaft gehabt hätten. »Unsere Sänger singen jetzt Lieder, die unsere Gefühle ausdrücken, sie kennen unser Leben und unsere Probleme«, erklärte mir einer der Studenten.

Welche besonderen Probleme hatten sie? Von den dreißig Studenten, mit denen ich sprach, waren fünf verheiratet, und drei hatten auch schon Kinder. Diese Studenten mit Familie hatten ganz andere Sorgen als die unverheirateten. Eine junge Mutter beklagte sich, daß sie für ihre kleine Tochter erst einen Platz in einer Kindertagesstätte erhalte, wenn das Kind zweieinhalb Jahre alt sei. Für Verheiratete gab es nicht genug Wohnraum, und alle stimmten darin überein, daß es dringend nötig sei,

Freizeitstätten für Studenten einzurichten. Zu schaffen machte ihnen auch, daß es zuwenig Fachbücher gab.

Worin sahen sie den Unterschied zwischen sich und jungen Amerikanern? »Russen haben mehr Seele«. Was sollte das bedeuten? »Wir kümmern uns mehr um andere. Unsere Gefühle und unsere Beziehungen zu anderen sind tiefer und enger. Wir glauben an den Satz: ›Einer für alle und alle für einen‹. Wir sind bereit, für andere zu leiden.« Ohne es zu wissen, hatten sie mit ihren Worten genau das angesprochen, was Sowjetrussen die Eingewöhnung in einem anderen Land so schwer macht.

Die Mittelschule Nr. 10 von Nowosibirsk unterschied sich von der Mittelschule in Jakutsk vor allem darin, daß Englischunterricht ein Schwerpunktfach war. Bereits in der zweiten Klasse begann der Fremdsprachenunterricht – anstatt erst in der fünften –, und hier beklagten sich die Lehrer, nicht die Schüler, über den Mangel an guten Fachbüchern. Die alten Schulbücher waren kaum noch zu gebrauchen, denn es waren neue Lehrmethoden entwickelt worden, um den Unterricht interessanter zu gestalten. Ich hatte einmal die englischen Schulbücher der Kinder meiner Freunde durchgeblättert und gesehen, wie langweilig die politisch gefärbten Texte und wie unnütz die Sprachübungen waren, die sie lesen und auswendig lernen mußten. Kein Wunder, daß sie den Englischunterricht furchtbar fanden!

In der Schule in Nowosibirsk trugen die Älteren die gleiche unkleidsame Schuluniform, die ich schon aus Moskau kannte: die Mädchen ein braunes Kleid mit weißer Schürze und die Jungen einen blauen Anzug mit weißem Hemd.

Der Zweck dieser unauffälligen Schuluniform war, jedem Schüler ein Gefühl für Bescheidenheit und Gleichheit zu vermitteln, erklärte mir eine junge Moskauer Freundin. Doch jeder wußte genau, daß die Schüler sich zu Hause sofort umzogen und ein modischer Wettbewerb begann.

Die Mittelschule in Nowosibirsk arbeitete eng mit Industrieunternehmen und Geschäftsleuten zusammen, zum Beispiel mit Bäckereien, der Eisenbahn und einem Forschungsinstitut, das sie mit Plattenspielern, Aufnahmegeräten und anderem für ihr Sprachlabor versorgte. Die Unternehmen waren verpflichtet, die Ausbildung der Schüler zu unterstützen, und es gab dafür Sonderfonds. Dafür arbeiteten umgekehrt ältere Schüler in diesen Firmen als Übersetzer, als Stenotypistinnen oder als einfache Arbeiter. Diese Arbeiten galten als Teil ihrer handwerklichen Ausbildung, und manchmal wurden sie auch für die vier Stunden, die sie in der Woche arbeiteten, bezahlt. Einmal hatten sogar sechzig Schüler der höheren Klassen eine Reise nach Moskau und Leningrad geschenkt bekommen.

Wie in Irkutsk gab es auch in dieser Schule einen Briefclub, der vom Internationalen Freundschafts-Club gefördert wurde, und eine Schülerin zeigte mir Briefe, die sie von Kindern aus Edmondson im Bundesstaat Washington erhalten hatte. Aber seit zwei Jahren waren keine Briefe mehr gekommen, und sie bat mich herauszufinden, warum diese Kinder nicht mehr schrieben.

Die Schule war darauf eingestellt, amerikanische Touristen zu empfangen und ihnen ein Programm zu bieten. Nachdem eine Gruppe das »Samantha-Smith-Friedenslied« und »We Shall Overcome« gesungen und mir selbstgebastelte Friedenstauben aus Papier geschenkt hatte, entschuldigte sich der Nowosti-Korrespondent bei mir, als er meinen Gesichtsausdruck bemerkt hatte. Schließlich war ich gekommen, um zu erfahren, was junge Leute über die USA dachten, und nicht, um eine Vorführung geboten zu bekommen.

Mein anschließender Besuch im Pädagogischen Institut von Nowosibirsk bildete einen erfreulichen Gegensatz. Die zweistündige Diskussion auf englisch verlief so angeregt, daß ich die Studenten und ihren Lehrer einlud, das Gespräch am Abend in meinem Hotelzimmer fortzusetzen. In diesem Institut wurden die Studenten vor allem als Lehrer für die Sprachen Französisch, Deutsch und Englisch ausgebildet. Die Studentengruppe, die ich besuchte, hatte zu meinem Besuch herrliche Kekse und Kuchen gebacken, und bevor ich mit meinen Fragen begann, schrieb ich mir erst einmal ein paar Rezepte auf. Die Studenten sahen genauso aus wie Collegestudenten in den USA, allerdings waren sie etwas besser angezogen – sie trugen frisch gebügelte Hosen, Pullover ohne Löcher, die Mädchen trugen Röcke und karierte frische Blusen. Alle schienen gelöst, und die Atmosphäre war sehr angenehm.

Von den sechzehn anwesenden Studenten waren nur drei Männer. Ich wollte wissen, warum so wenig Männer Lehrer werden wollten. Eine Studentin erklärte mir, vor hundert Jahren sei der Lehrerberuf auch für Männer attraktiv gewesen, aber heutzutage seien die Gehälter zu niedrig. Einige Monate später wurden die Gehälter der Lehrer angehoben, und inzwischen sollen auch wieder mehr Männer diesen Beruf ergreifen. Auch im medizinischen Bereich sind Frauen in der Mehrheit, ebenfalls Berufe, die früher schlecht bezahlt wurden, wo inzwischen aber auch die Gehälter erhöht worden sind. Eine Studentin fügte hinzu, daß die Beschäftigung mit Kindern eine Aufgabe für Frauen sei, eine andere aber stellte fest: »Es ist schade, daß der Lehrerberuf weitgehend Frauensache geworden ist, denn männlicher Einfluß auf die Erziehung von Kindern ist nicht nur in der Familie, sondern auch in der Schule wichtig.«

Weil ich von ihren Englischkenntnissen sehr beeindruckt war, fragte ich einige Studenten, wie lange sie schon Englisch studierten. Manche waren im dritten, andere im vierten oder fünften Studienjahr, sie alle gehörten offensichtlich zu den besten Studenten des Instituts und waren für unser Gespräch ausgesucht worden. Sie waren aber nicht nur hervorragend in Englisch, sondern sprachen auch Deutsch, ihre zweite Fremdsprache.

»Wir sind neugierig und fasziniert von den Entwicklungen in Amerika und möchten gern mehr darüber wissen. Weil wir keine andere Informationsmöglichkeit haben, lesen wir soviel wir können«, sagte mir eine Studentin mit schulterlangem, dunklem Haar und aufgeregter Stimme. Ich fragte sie nach ihrem Lesestoff. Sie nannten William Styron, Ernest Hemingway, Tennessee Williams, Kurt Vonnegut und William Faulkner für die Fortgeschrittenen. Als ihre Lehrerin den Namen Arthur Haley hörte, warf sie ein: »Er ist zwar kein guter Schriftsteller, aber wie Unterhaltungsmusik gibt es eben auch Unterhaltungsliteratur, und in diese Gattung gehört Haley.« Die Lehrerin war etwa Anfang Fünfzig, hatte kurzes, dunkles Haar und ein intelligentes, aber strenges Gesicht und sprach im Befehlston. Ihre Studenten respektierten sie, und auch ich hatte Achtung vor ihrem eindrucksvollen Wissen über amerikanische Literatur. Aber die Studenten hatten dennoch keine Scheu, ihren Lesegeschmack und Arthur Haley zu verteidigen: »Airport«, »Die Bankiers« und »Räder« habe ihnen geholfen, einige Aspekte des amerikanischen Lebens zu begreifen, über die sowjetische Medien nichts berichteten.

Haley hat, wie ich feststellte, im ganzen Land eine große Anhängerschar, weil er derjenige Autor ist, der seinen Lesern den amerikanischen Lebensstil und die damit verbundenen Probleme am nächsten bringt. Auch Science-fiction-Romane sind überall sehr beliebt, und als einer der Studenten die Bücher von Ray Bradbury erwähnte, brach die Lehrerin ihr Schweigen und setzte zur Kritik an: »Diese Bücher taugen zwar zur Unterhaltung, haben aber keinen literarischen Wert«, erklärte sie. In Moskau hörte ich dagegen von einem Science-fiction-Fan: »Das Leben ist so wenig aufregend, daß wir irgend etwas brauchen, das unser Interesse anstachelt.«

Romane mit Happy-End kritisierten die Studenten in Nowosibirsk einhellig. »So ein Buch kann man vergessen, denn da bleibt nichts mehr zum Nachdenken«, stellte ein Mädchen mit weichem, empfindsamen Gesichtsausdruck fest, und eine andere fügte hinzu: »Was soll man denn noch ändern, wenn alles herrlich ist? Wenn Probleme ungelöst sind, dann wird man zum Nachdenken gezwungen, dann muß man neue Ideen entwikkeln.«

Was wußten sie über Amerika? Im Unterschied zu den anderen Schülern und Studenten, mit denen ich bisher gesprochen hatte, kamen ihre Vorstellungen über die Schwarzen in Amerika der Wahrheit sehr viel näher. Sie wußten, daß es in Chicago, Los Angeles und Philadelphia schwarze Bürgermeister und auch daß es schwarze Millionäre gab; sie wußten, daß ein Farbiger amerikanischer Botschafter bei den Vereinigten Nationen gewesen war. Sie redeten über den amerikanischen Verbrauchermarkt, wo gilt: Je mehr man hat, um so mehr will man haben. »Das kann einen Menschen und seine moralischen Maßstäbe verderben«, meinte ein scheues Mädchen mit leiser Stimme. Den Studenten mißfiel auch unser System mit öffentlichen und privaten Schulen. Sie hielten es für elitär. »Was machen die Kinder der Arbeiterklasse, die sich keine gute Ausbildung leisten können?« wurde ich gefragt. Ganz offenkundig waren die Studenten stolz auf ihr kostenloses Schulsystem, wo nur Leistung und nicht Reichtum über die Zulassung entscheidet – wo allerdings auch Beziehungen und Telefongespräche mit den richtigen Leuten eine wichtige Rolle spielen.

Um die Diskussion in eine andere Richtung zu lenken, wies ich auf ein bekanntes Problem in der Sowjetunion hin: die Tatsache, daß immer mehr eine höhere Ausbildung anstreben und immer weniger untergeordnete Arbeiten verrichten wollen. Ein hübsches Mädchen mit kastanienbraunem Haar gab die Schuld für diese Entwicklung den Eltern, die ihre Kinder dazu anhielten, einen angesehenen Beruf zu ergreifen, obwohl Arbeiter besser bezahlt würden und mehr Vergünstigungen erhielten.

Als wir uns am Abend in meinem Hotel wiedertrafen, brachte mir die Lehrerin ein überraschendes Geschenk mit, einen noch warmen Apfelkuchen, den ihre Mutter gerade gebacken hatte. Weil ich dieses Mitbringsel nicht erwartet hatte, hatte ich auf dem Markt Obst gekauft und vom Hotel Tee, Süßigkeiten und Limonade aufs Zimmer bringen lassen. Wir setzten uns gemütlich im Kreis, manche auf Stühlen, andere auf dem Fußboden, und ein angeregter Abend begann.

Anfangs sprachen wir über amerikanische Filme, die die Studenten gesehen hatten, zum Beispiel »Tootsie«, »Manche mögens's heiß« und »Kramer gegen Kramer«. Sie hatten allerdings nicht die Originalfassungen gesehen, sondern Versionen, die in der Sowjetunion für das sowjetische Publikum gekürzt worden waren. Was dem Zensor zu unmoralisch, zu dekadent oder gar zu antisowjetisch vorgekommen war, hatte er herausgeschnitten. Heute, ein Jahr später, wird diese Praxis sorgfältig überdacht, und das sowjetische Publikum hofft, bald ausländische Filme vollständig sehen zu können.

Umgekehrt wurde ich gefragt, welche sowjetischen Filme in den USA gezeigt würden. Ich brauchte ziemlich lange, um mich auch nur an einen einzigen zu erinnern. Auch das wird in Zukunft anders sein. Auf der Berlinale wurde »Das Thema« vorgeführt, ein sowjetischer Film, der in Rußland lange Zeit nicht gezeigt werden konnte und hier gleich den ersten Preis gewann.

Dann sprachen wir über China, ein Land, vom dem sie fasziniert waren, und ich erzählte ihnen ausführlich über meine Erlebnisse in China gegen Ende der Kulturrevolution. Alle hofften, daß sich die Beziehungen zwischen ihrem Land und China bald verbesserten. Während der Jahre, die ich in Rußland gelebt hatte, hatten die Russen immer voll Respekt, aber auch Furcht von den Chinesen gesprochen. Die gemeinsame Grenze und das Bevölkerungswachstum in China machten ihnen angst. Doch bevor sich die politischen Beziehungen Ende der fünfziger Jahre so verschlechterten, hatte es viele chinesische Studenten in der Sowjetunion gegeben, und ihre Kommilitonen erinnern sich jetzt noch, daß sie die fleißigsten von allen gewesen waren.

Ein anderes Gesprächsthema war die Ausstellung der Leningrader Kunstschätze aus der Eremitage in den USA. Die Studenten wollten von mir wissen, wie diese Ausstellung von den Amerikanern aufgenommen würde. Waren Amerikaner so kulturinteressiert wie Russen? Ein einfacheres Thema war dann Breakdance, der zur Zeit in Rußland populär ist und auch im Fernsehen gezeigt wird. Leider war ich nicht gelenkig genug, um eine Vorführung zu machen.

Welche Pläne hatten sie nach ihrem Examen? Die ersten drei Jahre nach ihrer Abschlußprüfung waren sie verpflichtet, eine ihnen zugewiesene Lehrerstelle anzunehmen, eine Art Gegenleistung an die Regierung, die ihnen das kostenlose Studium ermöglicht hatte. Danach durften sie sich eine besser bezahlte Stelle suchen oder sich einem ganz anderen Beruf zuwenden.

Schon am Vormittag hatte mich das Verhältnis zwischen Lehrerin und Studenten beeindruckt, aber bei unserer abendlichen Zusammenkunft fiel es mir noch mehr auf. Einer der wenigen männlichen Studenten berichtete über eine Studentenzusammenkunft, bei der das Lehrer-Schüler-Verhältnis besprochen worden war. Danach hatte er der anwesenden Lehrerin das Ergebnis dieser Besprechung mitgeteilt. Weil normalerweise Lehrer wenig »Feedback« von ihren Schülern erhalten, hatte sie vorgeschlagen, einen Artikel über diese Besprechung in der Institutszeitung zu veröffentlichen, und dieser Artikel war auch erschienen: »Es ist für uns sehr wichtig, zu wissen, was ihr über uns und unsere Unterrichtsmethoden denkt. Wir dürfen eurer Entwicklung nicht im Wege stehen, wir müssen sie fördern.«

Ich stellte den Studenten auch die Frage, ob es für sie so etwas wie amerikanische Helden gebe. Wie überall im Land wurde mir auch hier John F. Kennedy genannt. Im Gedanken an die Kubakrise wollte ich wissen, warum er so beliebt sei. Damals wußte ich noch nicht, daß der durchschnittliche Sowjetbürger sehr viel weniger über die damaligen Ereignisse weiß als wir. Ich wußte auch nicht, daß in Moskau ein neues Stück aufgeführt worden war, mit dem Titel »Die Bürde der Entscheidung«, in dem John F. Kennedy und sein Bruder Robert als Helden der kubanischen Raketenkrise dargestellt werden.

»Nie werde ich seine Rede bei seinem Amtsantritt vergessen«, meinte die Lehrerin. »Er versuchte, alle Schichten der Bevölkerung zu einigen und eine Gemeinschaft zu schaffen. Er wollte, daß das Land vorankam. Wir wissen alle, daß Worte allein nicht unbedingt das widerspiegeln, was später in die Tat umgesetzt wird, aber seine Ideen waren fest umrissen, und seine Worte waren mitreißend.« Sie lobte an ihm auch noch andere Eigenschaften und sagte, er sei »jung, gutaussehend, anziehend, eindrucksvoll, gut erzogen, umgänglich und gefühlvoll gewesen, genauso wie unser Michail Gorbatschow«, der sich ebenfalls dem Ziel verschrieben habe, sein Land voranzubringen. Nicht nur Sowjetbürger vertreten diese Meinung über Gorbatschow; im Frühjahr 1986, nach einem Treffen ausländischer Schriftsteller mit Gorbatschow, faßte Peter Ustinov, der Schauspieler und Schriftsteller, die Ansicht vieler Ausländer zusammen: »Er ist sehr freundlich, offen, fest und ganz lässig in seinem Auftreten, hat aber ein sehr herzliches Wesen. Und vor allcm – er ist sehr intelligent.«

Ich war zur Zeit von Tschernenkos Tod und der Wahl von Gorbatschow zum Generalsekretär in der Sowjetunion. Ich war auch in Washington und arbeitete dort, als John F. Kennedy und Lyndon B. Johnson Präsidenten waren. Vom ersten Moment an, als ich Gorbatschow im Fernsehen sah, bis heute muß ich immer wieder feststellen, daß er über viele Qualitäten der besten amerikanischen Präsidenten verfügt, vor allem Dynamik und Aufrichtigkeit. Er kann überzeugen, und wenn er zu Leuten spricht, bringt er sie dazu, ihm zuzuhören und ihm zu glauben. Für mich ist er eine charismatische Figur, und das haben er und John F. Kennedy meiner Überzeugung nach gemeinsam.

KAPITEL 5

»WIR WERDEN NIE VERGESSEN, WAS DIE VEREINIGTEN STAATEN FÜR UNS GETAN HABEN«

Der Flug von Nowosibirsk nach Taschkent dauerte nur knapp drei Stunden, und in dieser kurzen Zeit änderte sich das Wetter genauso drastisch wie die Umgebung. Wir ließen kaltes Nieselwetter mit nur 2 Grad hinter uns und wurden von warmem Sonnenschein bei 22 Grad begrüßt. Statt der vorwiegend russischen Gesichter in der Russischen Sowjetrepublik sahen wir nun asiatische Gesichter in der Republik Usbekistan, und die Landessprache war Usbekisch.

Unser Nowosti-Führer in Taschkent, ein Usbeke, entschuldigte die wenig attraktive Architektur seiner Stadt, aber ich fand sie gar nicht so unansehnlich. Nach dem verheerenden Erdbeben im Jahre 1966 hatte man sich zunächst auf den Bau von Mehrfamilienhäusern für die Obdachlosen konzentriert, und niemand hatte Zeit gehabt, viele Gedanken auf die Schönheit der Architektur zu verwenden. Die laute orientalische Musik, der Geruch nach Schaschlik, die farbenfrohen Nationaltrachten und der moslemische Baustil ließen mich beinahe denken, ich wäre in einem anderen Land. Ein Blick auf die Karte zeigte mir, daß Usbekistan an Afghanistan grenzt und auch China nicht mehr weit ist.

Auf den Straßen sah man erstaunlich viele Kinder und schwangere Frauen, und ich teilte unserem Nowosti-Gastgeber diese Beobachtung mit. Er erklärte mir, daß Taschkent zu den am schnellsten wachsenden Städten in der Sowjetunion gehört. Bei einer Wachstumsrate von drei Prozent pro Jahr hat die usbekische Durchschnittsfamilie fünf bis sieben Kinder, während im gesamtrussischen Durchschnitt eine Familie nur ein oder zwei Kinder hat.

In meiner Erinnerung wird Taschkent weniger wegen seiner exotischen Atmosphäre bleiben als wegen eines Waisenhausbesuches, bei dem ich Antonina Chlebuschkina kennenlernte, die dieses Waisenhaus seit mehr als 42 Jahren leitet. Vor nicht langer Zeit war ihr der Lenin-Preis des Komsomol für ihre Verdienste um ihr Land verliehen worden, und als ich Taschkent verließ, gehörte auch ich zu der großen Gruppe ihrer Verehrer. Vom ersten Moment an beeindruckte mich das, was sie sagte. Es war so aufrichtig wie ihre durchdringenden blauen Augen und ihre Begrüßung: »Sie können sich gar nicht vorstellen, wie glücklich ich bin, Sie in meinem Haus begrüßen zu können.«

Später erfuhr ich, daß sie im Waisenhaus nicht nur arbeitete, sondern auch lebte. Sie besaß zwar eine kleine Wohnung, hatte aber nur wenig Zeit, sich dorthin zurückzuziehen. Die meisten Tage und Nächte verbrachte sie mit ihrer großen Familie, die aus fast 150 Kindern bestand.

Antonina Chlebuschkina war mindestens einen Kopf kleiner als ich und trug ein unauffälliges dunkles Kleid, dessen beinahe feierliche Wirkung durch ein Halstuch in Türkis mit weißen Tupfen aufgelockert wurde. Sie hatte deutlich Übergewicht und erwähnte, daß sie während des Krieges nur 48 Kilo gewogen habe. Sie saß an ihrem Tisch, und ihre Hände unterstrichen mit lebhaften Bewegungen jedes Wort, das sie hervorsprudelte. Das einzige, was an ihr nicht in Bewegung schien, war ihr Haarknoten, der im Nacken festgesteckt war. Ihre glatte, reine Haut – nur auf der rechten Backe hatte sie einen kleinen Leberfleck – ließ mich kaum glauben, daß sie schon 72 Jahre alt war. Ihre Dynamik und ihre Begeisterungsfähigkeit waren ansteckend, und ich hörte ihr gebannt zu. Ungeduldig wartete ich darauf, daß sie fortfuhr, wenn sie zwischen einzelnen Geschichten tief Luft holte.

Als sie mir ihre Geschichte und die des Waisenhauses erzählte, übersprang sie immer wieder die Jahre, mal rückwärts in großen Schritten, dann wieder schnell die Gegenwart streifend, dabei lächelte sie, lachte manchmal hell auf oder vergoß plötzlich Tränen, vergaß, Einzelheiten zu erwähnen, die ihr dann später doch noch einfielen. Nie aber vergaß sie die Namen ihrer insgesamt 2600 Kinder oder Enkelkinder. Auf ihrem Tisch warteten Stapel von Briefen darauf, beantwortet zu werden, und in einer der Schubladen bewahrte sie 500 Briefe auf, die sie während des Krieges erhalten hatte. Unter einer Glasscheibe auf ihrer Tischplatte befanden sich Dutzende von Fotos ihrer Familienmitglieder in jedem Alter, von der Kindheit bis zum Rentenalter, darunter Fotos von Ministern, Professoren, Soldaten, Lehrern, Krankenschwestern und Ingenieuren, die sie mir einzeln zeigte. Sie war stolz auf jedes ihrer Kinder, selbst auf den Matrosen, der ihr während seiner Jugend viel Kummer gemacht hatte. Sie kam auf ihn zu sprechen, weil er ihr gerade ein Telegramm geschickt hatte, in dem er sie bat, seine Ferien bei ihr im Waisenhaus verbringen zu dürfen. »Komm sofort«, hatte sie ihm telegrafiert.

Während unseres Gespräches kam eine schöne Usbekin mit schräggestellten Augen und olivfarbener Haut herein und leistete uns Gesellschaft. Ihr Name war Tamara, und als sie mir von ihrem Leben erzählte, konnte ich verstehen, wieviel »Mamula« (das Kosewort für Mutter) für sie und viele andere bedeutete. Vor vielen Jahren hatte die Heimleiterin Tamara ermuntert, Choreographie zu studieren, auch wenn viele der Meinung waren, sie habe dazu kein Talent. Doch Mamula hatte recht behalten, heute ist Tamara eine preisgekrönte Ballerina. Als Tamara mit zwanzig Jahren heiraten wollte und nichts besaß, organisierte Mamula alles. Alle berühmten Künstler Usbekistans nahmen an der Hochzeitsfeier teil – die erste von insgesamt 62, die bisher im Waisenhaus stattgefunden haben. Für das Hochzeitsessen wurden 13 Truthähne und ein Hammel gebraten, und nach dem Fest halfen alle Gäste bei der Möblierung der Wohnung. Mamula half natürlich auch, als kurz vor einer geplanten Auslandstournee Tamaras Sohn an Scharlach erkrankte. Tamara wollte die Tournee absagen, aber Mamula wollte davon nichts hören. Sie nahm den Jungen zu sich ins Heim, sorgte auch nachts für ihn, und pflegte ihn, bis seine Mutter zurückgekehrt war.

In einem anderen Krankheitsfall, als ein Kind an Hirnhautentzündung erkrankt war, kümmerte sich Antonina Chlebuschkina auch um dieses Kind, obwohl die Ärzte sie vor der Ansteckungsgefahr gewarnt hatten. Sie sammelte auch das Geld für die teure medizinische Behandlung und rettete so sein Leben.

Eine ihrer Erzählungen behandelte ein Ereignis aus den Kriegsjahren, und ihr Bericht war so lebendig, als ob sich alles erst gestern zugetragen habe. Sie war nach Leningrad gereist, um dort verwundete und halbverhungerte Kinder aufzusammeln, »deren Gesichter faltig und deren Köpfe kahl wie bei alten Leuten waren. Ihre Körper bestanden nur noch aus Haut und Knochen.« Damals war eine Eisenbahnfahrt von Leningrad nach Taschkent ein gefährliches Unternehmen. Die Kinder waren während der anstrengenden 16tägigen Reise zu schwach, um richtig zu essen, deshalb spendete Antonina für sie so viel von ihrem eigenen Blut, daß sie sich kaum noch auf den Beinen halten konnte. Als sie endlich in Taschkent angekommen waren, wurden die Kinder sofort ins Krankenhaus eingeliefert, dort medizinisch versorgt und erhielten von Antonina regelmäßig Essen. Täglich, bei jedem Wetter, lief die Leiterin des Waisenhauses mehrere Kilometer zu Fuß zum Krankenhaus und schleppte zwei große Kessel mit Suppe dorthin, die sie für die Kinder und Ärzte, die auch nur wenig zu essen hatten, gekocht hatte.

Ganz zu Anfang war das Waisenhaus in einem schäbigen, baufälligen Gebäude untergebracht gewesen, in dem es, als sie das erstemal dorthin kam, nichts außer einer Kerze gab. Nachdem sie es gründlich geputzt und etwas wohnlicher gemacht hatte, zog sie dort mit 150 Kindern ein. In der ersten Zeit mußten sich noch je zwei Kinder ein Bett teilen, und sie verbrachte ihre Nächte damit, daß sie von Bett zu Bett ging, die Kranken unter ihnen versorgte und die Ängstlichen tröstete. Am schlimmsten war es, so erinnerte sie sich, wenn die Kinder laut schrien, weil sie Alpträume hatten. Die Lebensbedingungen damals waren sehr hart, aber die Kinder beschwerten sich nie. Ihre Tagesrationen von 700 Gramm Brot pro Person teilten sie miteinander, und die Älteren kümmerten sich liebevoll um die Jüngeren.

Das Essen war so knapp, daß die Heimleiterin bittend von Regierungsstelle zu Regierungsstelle zog, und wenn ihr Sonderrationen zugeteilt wurden, holten sie und ihre Kinder sie ab. Auf diese Weise kamen sie an ein Faß Heringe aus Wladiwostok und Hirse aus Orenburg. Als der Krieg zu Ende war, am Tag des Sieges, sammelte sie ihre große Familie um sich und zog mit ihnen auf die Straße, um in den allgemeinen Jubel einzustimmen. Danach kamen regelmäßig die Care-Pakete aus Amerika. Mit Tränen in den Augen erinnerte sie sich an die Eier, den Puderzucker, die Kekse, die Büchsenmilch, den Schinken und die Kleidungsstücke, neue und gebrauchte, die im Waisenhaus eintrafen. »Ich war so stolz auf meine gut angezogenen Kinder.«

Wie der Bauarbeiter in Jakutsk, so sagten mir auch viele andere immer wieder: »Wir werden nie vergessen, was die Vereinigten Staaten während des Krieges und danach für uns getan haben.« Auch nach so vielen Jahren sprachen alle dankbar über die Hilfe, die damals gleichbedeutend mit Überleben war. Ein Freund aus Moskau, der im Krieg geboren wurde, erinnert sich heute noch an seinen ersten Schluck Kondensmilch, mit dem er Amerika verbindet. Eine andere Erinnerung an Amerika wird heute noch in seiner Familie aufbewahrt. Es ist eine kleine Babydecke, die seine Mutter zur Geburt seines Bruders erhielt und die sein Bruder wiederum für seine eigenen Kinder benutzte.

Sein Vater war Soldat gewesen, und am meisten hatte ihn bei den Amerikanern beeindruckt, daß einfache Soldaten und Offiziere dasselbe Essen erhielten und gemeinsam in einer Kantine aßen – das gab es in seiner Einheit bei der Sowjetarmee nicht.

Wohin ich auch kam, überall wurden die Amerikaner gelobt, und ich hatte nie das Gefühl, daß diese Dankesworte nur Höflichkeitsfloskeln waren oder die gehorsame Befolgung einer Anordnung. Ein alter Rentner faßte die Empfindungen seines Volkes folgendermaßen zusammen: »Sie können jeden einzelnen auf der Straße fragen, was er von den Amerikanern hält, und er wird freundliche Worte finden. Für uns ist es unvorstellbar, daß Amerikaner schlechte Menschen sein könnten.« Und ein Journalist sagte: »Bei all unserer Kritik an der amerikanischen Außenpolitik und den Militäraktionen Ihres Landes, bei allen Vorbehalten gegen die amerikanische Lebensweise empfinden die Sowjetbürger der amerikanischen Bevölkerung gegenüber doch große Achtung.« Ich war sehr dankbar, daß niemand aus der älteren Generation fragte, was Amerikaner über Russen dächten. Es wäre mir schwergefallen, wenn ich sie ebenso hätte enttäuschen müssen wie die Jüngeren, die mir bohrende Fragen stellten.

Als der Krieg zu Ende war, kamen viele Leute ins Waisenhaus, um ihre Kinder abzuholen. Der Leiterin fiel nun die undankbare und schwere Aufgabe zu, einigen Kindern die Wahrheit über den Tod ihrer Eltern mitzuteilen, was sie ihnen während der Kriegsjahre verschwiegen hatte. Sie selbst hatte einen großen Verlust erlitten, ihr Mann war an der Front gefallen, und sie stand mit ihrem einjährigen Sohn allein.

Von vielen der verwitweten Väter, die ins Heim kamen, um ihre Kinder zu holen, erhielt sie Heiratsanträge, aber sie lehnte alle mit den Worten ab: »Ich habe es Gott gelobt und bei den Namen aller Gefallenen geschworen, daß ich nie meine Kinder verlassen werde, was immer auch mir oder meinen Kindern zustoßen mag. Und bis heute habe ich mich daran gehalten.«

Eines der Kinder allerdings war weniger loyal. Die siebenjährige Emma schrieb einen Brief an Stalin, daß sie im Waisenhaus unglücklich sei. Da ihr Vater gestorben war, bat sie Stalin, ihr Vater zu werden. Andere Kinder fanden diesen Brief, bevor Emma ihn absenden konnte, und zeigten ihn der Leiterin. Antonina fragte Emma, warum sie unglücklich sei und fortgehen wolle. Emma antwortete: »Ich werde einen guten Vater bekommen, und er wird auch den anderen Kindern helfen.«

Das neue Gebäude des Waisenhauses wurde Anfang der fünfziger Jahre errichtet und ist heute das Heim von fast 150 Kindern, die 37 verschiedenen Nationalitäten angehören. Entweder haben sie ihre Mütter verloren oder ihre Mütter sind so krank, daß sie die Kinder nicht versorgen können. Diese Kinder waren sehr stolz auf ihr Heim und führten mich herum. In jedem der großen Schlafräume standen acht Betten, und die Kinder erledigen selbst die Hausarbeiten. Sie nähen sich ihre Kleidung in einem eigens eingerichteten Nähzimmer, außerdem haben sie eine eigene Bücherei und ein Fernsehzimmer. Zum Waisenhaus gehört ein großer Hof, auf dem die Kinder spielen oder radfahren können, für Ausflüge und Fahrten steht ein Kleinbus und ein großer Bus bereit.

Von Mai bis September fahren die Kinder in eine Art Landerholungsheim ihres Waisenhauses, wo sie beim Pflanzen und Ernten von 53 Tonnen Obst und Gemüse helfen, das sie dann in den Wintermonaten essen können.

Während die Heimleiterin für viele Kinder, die sie großzog, ein Vorbild war, fragte ich sie, ob sie selbst auch ein Vorbild, einen Helden habe. Ich hatte gesehen, daß an der Wand hinter ihrem Schreibtisch ein Bild des jungen Lenin hing und ein großes gerahmtes Bild von Ernest Hemingway in ihrem Bücherregal stand. Sie zeigte auf dieses Bild und bekannte: »Als mein Mann an die Front zog und nicht mehr zurückkehrte, wandte sich meine Liebe diesem Mann zu, der meinem Mann sehr ähnlich war. Er war ein großer Demokrat und dazu ein lebensfroher Mensch.« Ähnliches hörte ich später auch von Filmdirektoren in Baku und Odessa, die versuchten, mir die Beliebtheit Hemingways in der Sowjetunion zu erklären.

Nach dem Tode Stalins erlebte die UdSSR Anfang der sechziger Jahre eine kulturelle Renaissance. Amerikanischer Jazz wurde bekannt und beliebt, und Stars wie Ella Fitzgerald, Duke Ellington und Louis Armstrong wurden zu Publikumslieblingen – nicht nur bei der Generation der Vierzig- und Fünfzigjährigen. Im März 1987 besuchte der Jazzpianist Dave Brubeck mit seinem Quartett die Sowjetunion. Diese Tournee war Teil des Kulturabkommens, das im November 1985 auf dem Gipfeltreffen in Genf unterzeichnet worden war. Wo er auftrat, waren die Zuhörer begeistert, sie pfiffen, schrien und klatschten laut. Ein Filmdirektor aus Baku erinnerte sich, daß es in seiner Jugendzeit oft nach Jazzkonzerten noch Jam Sessions gegeben hatte, die bis zum Morgen andauerten. Zur selben Zeit, als der Jazz in der Sowjetunion seinen Höhepunkt an Beliebtheit erreichte und sowjetische Jazzbands die Amerikaner imitierten, wurde auch Hemingway zum Idol der Intellektuellen. Ein Foto von ihm – meist jenes, auf dem er einen dicken Rollkragenpullover trägt – nimmt einen Ehrenplatz in vielen sowjetischen Wohnungen ein.

Warum waren die Menschen so vernarrt in Hemingway? »Er war so aufrichtig. Er war ein unkomplizierter Mensch, vollkommen unabhängig in seinen Worten und Taten. Er war wie eine frische Brise nach all der staatlich verordneten Literatur, die wir lesen mußten.« Frauen fühlten sich von seiner Männlichkeit angezogen, und für die Männer war er ein richtiger Mann, ein Vollblutmann, den sie beneideten, weil er Whisky und Martinis trank, Zigaretten rauchte und zum Fischen und Jagen ging. Er war immer da, wo etwas los war, und setzte sich engagiert für den Fortschritt ein. Und vor allem, da herrschte Einmütigkeit, war er ein begabter Schriftsteller.

Bevor ich das Waisenhaus verließ, lud mich Antonina Chlebuschkina zum 45. Jahrestreffen des Heimes am 16. August 1987 ein. Sie erwartete zu diesem Festtag Hunderte ihrer Kinder und Enkel aus der ganzen Sowjetunion und hoffte, ich würde als ihr Ehrengast kommen.

KAPITEL 6

»WIR SIND ALLE SOWJETBÜRGER UND HABEN DEN GEMEINSAMEN WUNSCH, ZUSAMMENZUGEHÖREN«

Auf meinem Weiterflug nach Eriwan, der Hauptstadt von Armenien, wurden – recht ungewöhnlich – die Durchsagen zunächst auf armenisch und dann erst auf russisch gemacht. Erst später erkannte ich die Bedeutung. Armenien ist bekannt wegen seines Kognaks, und Winston Churchill soll täglich eine ganze Flasche davon getrunken haben. Aber das konnte mich, die ich nie Kognak trank, kaum beeindrucken. Wenn ich gefragt wurde, was ich außer Tee noch trank, flüsterte ich »Wodka«, denn ich wußte, daß Wodka in den kaukasischen Republiken nicht sehr beliebt ist und man ihn offiziell sogar als Getränk mißbilligt.

Die verschmutzte Luft und der unglaublich starke Verkehr in der Stadt waren kaum zu ertragen. Sogar in Moskau, der Hauptstadt, ist es nicht so schlimm. Armenien halte den Rekord an Privatautos in der ganzen Sowjetunion, erklärte uns unser Nowosti-Führer.

Überall in der Stadt standen Denkmäler historischer und kultureller Berühmtheiten aus armenischer Vergangenheit, deshalb fragte ich bei meinem Besuch bei der »Eriwan-Gesellschaft für Freundschaft und kulturelle Beziehungen mit anderen Ländern« zuerst nach dem Nationalstolz der Republik. Die armenische Direktorin der Gesellschaft, Pasionaria Akopan, empfing mich in einem Raum mit einem großen Holztisch, an dem mindestens zwanzig Personen Platz finden konnten. Aber wir waren nur vier und saßen wie verloren an einem Ende. Frau Akopan trug ihr schwarzes Haar kurzgeschnitten, und ihre schwarzen Augen waren ohne Make-up. In ihrem strengen, geschäftsmäßigen blauen Kostüm mit weißer Bluse erinnerte sie mich an ein Mitglied der Heilsarmee. Es fehlte nur noch der Hut.

Obwohl sie nach eigenen Worten kein Freund von Monologen war, hielt sie einen 45minütigen Einführungsvortrag, bevor das Gespräch wirklich beginnen konnte. Ich unterbrach sie kaum, denn sie sprach sehr engagiert und offen. Seit über sechzehn Jahren arbeitete sie für diese Organisation, die bereits 1944 ins Leben gerufen worden war, um die Beziehungen zwischen den Staaten zu verbessern. 28 bezahlte Angestellte und 3400 Freiwillige widmeten sich dieser Aufgabe, natürlich mit voller Zustimmung der Regierung.

1982 hatte Frau Akopan die Vereinigten Staaten besucht, und vieles hatte ihr dort gefallen. Sie mochte die Leute, die sie in Restaurants, Läden und auf der Straße kennengelernt hatte, sie fand sie freundlich und offen, wenn auch höchst naiv und uninformiert. In Boston hatte sie mit einer Frau gesprochen, die sie gefragt hatte, ob sie ihr Kleid extra für die Amerikareise gekauft habe. Lachend hatte sie geantwortet, daß sie dieses Kleid bereits seit drei Jahren trage. Zum Beweis zeigte sie ihr einen kleinen Brandfleck, den ihr Mann versehentlich mit einem Streichholz gemacht hatte.

Nach dieser kleinen Geschichte erzählte mir Frau Akopan eine andere, die ihre eigene Naivität zeigte. Als sie in Amerika eines Tages in ihr Hotelzimmer kam, leuchtete am Telefon ein kleines rotes Licht. Das Licht beunruhigte sie, und sie legte ein Handtuch darüber. Als sie am nächsten Morgen aufwachte, leuchtete das Licht immer noch. Wenn sie mich schon abhören, dachte sie, sollten sie es weniger auffällig machen. Im Laufe des Tages traf sie mit dem Mann zusammen, der sie während ihrer Abwesenheit am Tag zuvor angerufen und darauf gewartet hatte, daß sie ihn zurückrufe. Er erklärte ihr, daß deshalb die kleine rote Lampe an ihrem Telefon geleuchtet habe. »Wie können wir nur unser Mißtrauen abbauen?« seufzte sie.

Bei ihrer Erzählung fiel mir ein Vorfall mit einer guten Freundin ein, die nach vielen Jahren auf einmal an mir zu zweifeln begann. Ich besaß einen sogenannten »Talker«, einen Fotoapparat mit eingebauter Kassette, dessen Stimme mich erinnerte, wenn ich das Blitzlicht benutzen mußte. Der Apparat war so klein, daß er in meine Handtasche paßte, und eines Tages, vielleicht durch einen Stoß, ertönte diese Stimme. Lachend versuchte ich der Freundin zu erklären, daß es nur mein Fotoapparat war, aber sie wollte mir nicht glauben. Ihr Gesichtsausdruck und ihre Stimme waren plötzlich ganz verändert. »Zeig mir, was du in deiner Tasche hast«, sagte sie kühl.

Frau Akopans Aufenthalt in den USA fiel mit Breschnews Tod zusammen, und sie war erschüttert über die Bösartigkeiten, die sie über ihre Heimat hören mußte. »Glaubt der Durchschnittsamerikaner all das?«

Ihre Reisen zeigten ihr, wie wichtig die Arbeit ihrer Organisation war. »Die Menschen sollten Gelegenheit haben, sich gegenseitig anzufassen«, forderte sie, und dann entschuldigte sie sich für diese sehr persönliche Formulierung. Beruhigend sagte ich ihr, daß auch Präsident Johnson ähnliche Worte gebraucht hatte, er hatte von »Hautkontakten« gesprochen. Daraufhin fuhr sie fort: »Solche Begegnungen ermöglichen es, Gefühle und Gedanken des anderen kennenzulernen. Wir sind doch nicht größenwahnsinnig und davon besessen, unsere Überlegenheit zu beweisen und die Welt beherrschen zu wollen, wie bei Ihnen gepredigt wird.«

Durch ihre Arbeit und ihre Erfahrungen war ihr eines klar geworden: »Sie haben keine Ahnung, was ›Sowjetunion‹ bedeutet. Sie denken nur an ›Rußland‹. Sie glauben, daß die Völker der Sowjetunion sich feindlich gegenüberstehen und die Russen versuchen, aus den anderen auch Russen zu machen.« Sie bestritt energisch, daß es in Armenien ein derartiges Problem gebe, und sie hatte recht; denn 99 Prozent der Bevölkerung Armeniens sind Armenier.

Bei meinem späteren Besuch in Georgien sagte mir eine Lehrerin dasselbe, obwohl ich in dem Fall anderer Ansicht war. Ich hatte von den Spannungen zwischen Russen und anderen Volksstämmen in den verschiedenen Republiken gehört und erinnerte mich auch an die Studentenunruhen 1978 in Georgien, als die georgische Sprache vom ersten Platz verdrängt werden sollte. Diese Lehrerin aber erzählte mir, daß in ihrer Republik Georgien 108 Nationalitäten friedlich und harmonisch zusammenlebten und daß die meisten Schulen Nationalitätenschulen und keine russischen Schulen seien. In diesen Schulen werde die Kultur und Geschichte des jeweiligen Volksstammes unterrichtet, zusammen mit russischer Geschichte. Unterrichtssprache in allen Schulen sei Georgisch, während Russisch als sogenannte zweite Muttersprache gelehrt werde. Englisch werde zusätzlich als Fremdsprache unterrichtet. Das gleiche hatte ich auch in Jakutsk gehört, wo in der Nationalschule Jakutisch die Hauptunterrichtssprache war. »In der Sowjetunion und in den anderen sozialistischen Staaten ist Russisch die Umgangssprache, die die weiteste Verbreitung hat, so wie in der Welt Englisch die Umgangssprache ist«, sagte mir ein Lehrer. Frau Akopan sprach perfekt Russisch, hätte aber lieber mit uns Armenisch gesprochen, wie sie uns sagte, wenn Gennady und ich sie verstanden hätten. Abgesehen von Fachkräften, wie meiner Gesprächspartnerin, Intellektuellen und Regierungsbeamten, sprachen die Leute außerhalb der Russischen Republik oft nur wenig Russisch, wie ich feststellen konnte.

Voll Stolz betonte Frau Akopan, daß Eriwan die Wiege der Zivilisation mit einer eindrucksvollen Kultur und Geschichte sei. Gleichzeitig war sie der Sowjetregierung dankbar, daß sie Armenien gegen die Angriffe der Türkei verteidigt hatte, deren Grenze nur 25 Kilometer entfernt verläuft. Trotz der vielen Nationalitäten, die in der Sowjetunion leben, »sind wir alle Sowjetbürger und haben den gemeinsamen Wunsch, zusammenzugehören. Das zeigt sich besonders in kritischen Zeiten. Deshalb sollte niemand versuchen, uns auseinanderzubringen oder die Volksstämme gegeneinander auszuspielen.« Ihre Worte erinnerten mich an den Artikel 64 der sowjetischen Verfassung, in dem es heißt: »Pflicht eines jeden Bürgers der UdSSR ist es, die nationale Würde anderer Bürger zu achten und die Freundschaft zwischen den Nationen und Völkerschaften des multinationalen Sowjetstaates zu festigen.«

Dieser Artikel wird nicht von jedem respektiert. In Moskau hörte ich Witze von Russen über andere Volksstämme und umgekehrt. Oft geht es bei diesen Witzen um den Reichtum des Georgiers und die Armut des Russen. Ein Beispiel: Ein Georgier wollte zwei Lastwagenladungen mit Trauben und Tomaten nach Moskau schmuggeln, um sie dort mit großem Gewinn zu verkaufen. Er ging in die Kirche und bat Gott um Hilfe. Neben ihm kniete ein Russe, der unablässig das gleiche Gebet wiederholte. Das störte den Georgier, und er fragte seinen Nachbarn, worum er bitte. Als der Russe ihm antwortete, er bete um eine Lohnerhöhung von fünfzig Rubel, schenkte ihm der Georgier hundert Rubel und sagte zu ihm: Belästige Gott nicht mit so einer Kleinigkeit, er hat genug mit meiner wichtigen Bitte zu tun.

Ein anderer Witz zum gleichen Thema lautet: Ein Georgier und ein Russe kommen in eine Garderobe, um ihre Mäntel abzuholen. Der Russe gibt der Garderobenwärterin einen Rubel und sagt ihr, sie könne den Rest behalten, der Georgier dagegen überläßt ihr seine Garderobenmarke und sagt ihr, sie könne den Mantel behalten.

Andere Witze befassen sich mit der Intelligenz der Juden und der vergleichsweisen Einfältigkeit der Russen. So gehen beispielsweise ein Jude und ein Russe zum Arzt. Beiden muß der Arzt mitteilen, daß sie unheilbar krank sind. Der Russe geht nach Hause, weint und wartet auf seinen Tod, der Jude aber geht zu einem anderen Arzt, um eine zweite Diagnose einzuholen.

Es gibt auch Witze über die Rivalitäten zwischen den Volksstämmen: An Radio Eriwan – überall bekannt wegen seiner Witze – wird die Frage gerichtet: »Was bedeutet ›proletarischer Internationalismus‹?« Die Antwort lautet: »Wenn sich Russen, Armenier – und auch die Juden – zusammentun, um die Georgier zu verprügeln.« (Diesen Witz gibt es in mehreren Variationen, das Opfer kann auch ein anderer Volksstamm sein.)

Manchmal hörte ich, wie Russen von den Einwohnern Zentralasiens und des Kaukasus als »Schwarzärsche« sprachen, ein ordinärer Ausdruck, den meine Freunde nie benutzten. Sie baten mich sogar darum, ihn nicht in diesem Buch zu erwähnen. Dieses unangenehme Wort entstand, als Russen sich darüber ärgerten, daß sie auf privaten Märkten abenteuerliche Preise für Obst und Gemüse zahlen mußten. Die Russen behaupteten, sie könnten solche Preise nicht bezahlen, und die Georgier verdienten viel Geld damit, daß sie andere ausbeuteten. Umgekehrt haben auch andere Völker wenig Geduld mit den Russen. Es sei nicht überraschend, daß es ihnen schlechter gehe, hieß es. »Sie sind faul, passiv und unterwürfig.« Die Russen hielten diesen Vorwurf für unfair. Während der letzten fünfzig Jahre haben sie es den anderen Völkern ermöglicht, zu einem gewissen Wohlstand zu kommen, indem sie ihnen Industrietechnik und einen Absatzmarkt für ihre Produkte boten. Dabei hat sich ihr eigenes hartes und entbehrungsreiches Leben kaum sichtbar verbessert. Manchmal taten mir die Russen richtig leid. Sie waren das einzige Volk von allen, die ich während meiner Fahrten besuchte, die unter einem Minderwertigkeitskomplex litten. Das zeigte sich vor allem bei Gesprächen über die schlechte Qualität russischer Produkte, über Versorgungsdefizite und die begrenzte Auswahl von Produkten in ihrem Teil des Landes.

In anderen Sowjetrepubliken wie in der Ukraine, der Moldauischen Republik, Zentralasien, dem Kaukasus und den Baltischen Republiken erstaunte mich der vergleichsweise hohe Lebensstandard. Dieser Wohlstand und das »gute Leben« bei den anderen Völkern mußte den Neid der Russen hervorrufen. In ihrer Rolle als »großer Bruder«, der das Sagen hat, neigen manche Russen dazu, ihre Positionen zu mißbrauchen und Angehörige anderer Völker in der Ausbildung und auf dem Stellenmarkt zu benachteiligen.

Ich kannte diese Hintergründe und war verärgert, als mich ein Beamter in Moldavia auf die Rassendiskriminierung in Amerika ansprach. Er gehörte zu denen, die besonders darauf drangen, die Indianerfrage zu diskutieren und auch den Fall von Leonard Peltier, einem inhaftierten amerikanischen Indianer, dessen Name ich zum erstenmal in der Sowjetunion hörte. Seit einigen Jahren hatte die sowjetische Presse Artikel über ihn veröffentlicht, und seine Frau war vor kurzem als Gast in der Sowjetunion. Während ihres Besuchs war sie auch im Fernsehen aufgetreten und hatte den Vereinigten Staaten rassistisches Unrecht vorgeworfen, besonders im Fall ihres Mannes, der des Mordes angeklagt war, während sie seine Unschuld beteuerte. Nach meiner Rückkehr informierte ich mich über den Fall Peltier, und ich muß zugeben, daß ich verunsichert war. Peltier war vor zehn Jahren wegen Mordes angeklagt worden und saß seitdem im Gefängnis, obwohl es Indizien gibt, die Zweifel an seiner Schuld aufkommen lassen. Dreimal mußte er schon vor demselben Richter erscheinen, der ihm offenbar das Recht auf einen fairen Prozeß versagt.

Nie habe ich bestritten, daß es in Amerika Ungleichheit und Diskriminierung gibt, habe aber immer darauf hingewiesen, daß es in der Sowjetunion nicht anders ist. Der Aeroflot-Pilot in Taschkent bestritt diese Behauptung, aber der Leiter einer Baubrigade war ehrlicher: »Lenins Kampf war gegen den nationalen Chauvinismus gerichtet«, sagte er. »Vor allem ältere Leute neigen zur verantwortungslosen Diskriminierung, und das System sollte gegen sie vorgehen. Jüngere Leute zeigen eine solche Haltung nur selten.«

Ich wollte wissen, ob das System nicht selbst zum Teil schuld an diesem Problem sei. In jedem Fragebogen, den Sowjetbürger ausfüllen müssen, von der Aufnahme in ein Krankenhaus bis zur Bewerbung um eine Stelle, wird nach der Nationalität gefragt. Auch der Personalausweis, der »Paß« heißt, obwohl er nur im Inland gültig ist, enthält diese Angabe und muß überall zur Identifikation vorgelegt werden. Warum muß in Dokumenten die Nationalität angegeben werden? »Die Leute sind stolz auf ihre Volkszugehörigkeit«, wurde mir dann geantwortet. Aber das stimmte nicht immer. Wenn in den Familien, die ich kennengelernt habe, ein Russe mit einer Nichtrussin verheiratet war und ihr Kind im Alter von 16 Jahren seinen »Paß« erhielt, wählte es im allgemeinen die russische Nationalität, weil die Vorteile auf der Hand lagen.

Im Gespräch mit einer Gruppe von Halbwüchsigen wurde ich gefragt, was ich für einen Ausweis oder »Paß« besitze. Als ich ihnen antwortete, daß ich nichts dergleichen habe, waren sie sehr erstaunt. Für sie war es das wichtigste Dokument überhaupt. »Wie können denn die Behörden wissen, wer Sie sind? Was passiert, wenn Sie Geld abheben wollen? Brauchen Sie nicht irgendein Ausweispapier?«

Sie waren nicht die einzigen, die sich wunderten, daß Amerikaner keine Ausweise haben. In Deutschland pflegte ich meinen Reisepaß überall mit mir herumzutragen, um mich ausweisen zu können, in Amerika dagegen brauchte ich nur meinen Führerschein oder eine Kreditkarte zur Identifikation.

Oft wurde ich auch nach meiner Nationalität gefragt. Wenn ich dann antwortete: »Amerikanisch«, kam die nächste Frage: »Wo sind Ihre Eltern geboren?« Mein Heimatland ist so bekannt als Schmelztiegel der Völker, daß es für viele ein beliebtes Spiel wurde, meine Herkunft aufzuspüren. Wenn ich weiter angegeben hatte, daß auch meine Eltern in Amerika geboren sind, richtete sich das Interesse auf den Geburtsort meiner Großeltern. Als sie dann hörten, daß meine Großeltern aus Palästina und einem Teil der Sowjetunion, wo Juden lebten, stammten, war für die Russen endlich meine Nationalität geklärt: Ich galt als Jüdin.

Viele meiner Gesprächspartner wiesen darauf hin, daß der multinationale Charakter die beiden Länder verbinde. Aber diejenigen, die schon selbst einmal in den USA gewesen waren, wußten, daß dieses Vielvölkergemisch in beiden Staaten im Alltag ganz unterschiedlich gesehen wurde. Eine Lehrerin sagte mir: »Wenn ich nach Moskau komme und nach meiner Nationalität gefragt werde, sage ich stolz: Aserbaidschanisch. Aber als ich in den USA war, habe ich immer gesagt, ich sei Sowjetbürgerin; denn die Amerikaner wissen gar nicht, was Nationalität für uns bedeutet.«

In Amerika passen sich die Völker schnell an und streben nach dem »American way of life«. Die Vorstellung von einer Nation, einer Kultur und einer Sprache spielt eine vorherrschende Rolle, wie ein Soziologe herausgefunden hat. In der Sowjetunion dagegen ist es ganz anders. Sie wurde auf einem Vielvölkerstaat errichtet, den es schon seit langer Zeit gab. Die USA entstanden aus einem freiwilligen Zusammenschluß von Menschen, die gekommen waren, um sich eine neue Heimat zu schaffen. In der Sowjetunion blieben die Menschen in ihrer alten Heimat und wurden in den neuen Staat eingegliedert. Sie behielten ihre Traditionen, ihre Geschichte und ihre Sprache, die viele Jahrhunderte alt sind. Und deshalb sei es ganz verständlich, sagte mir die Leiterin der Freundschaftsgesellschaft in Eriwan, daß sie ihre charakteristischen Merkmale beibehalten und vor allem weiter in ihrer Muttersprache sprechen.

Es ist auch verständlich, daß die Völker auf diese Weise einer Russifizierung entgehen wollen. Im Dezember 1986 wurde diese Frage öffentlich diskutiert, nachdem es zweitägige Unruhen in Alma Ata, der Hauptstadt der Republik Kasachstan, gegeben hatte. Kasachische Studenten hatten dagegen protestiert, daß ein Russe zum Parteileiter in Kasachstan ernannt worden war, nachdem der ehemalige Parteichef, ein Kasache, auf Betreiben Moskaus aus seinem Amt entfernt worden war. Die sowjetische Presse hatte zu dem Amtswechsel beigetragen, indem sie heftige Kritik an der Republik Kasachstan übte und ihr Korruption, geringe Leistungsfähigkeit und mangelnde landwirtschaftliche und industrielle Produktivität vorwarf, was niemand bestreiten konnte.

»Es war unvermeidlich, die Führung in Kasachstan auszuwechseln – vor allem in Anbetracht der Gorbatschowschen Reformpolitik«, erklärte Roy Medwedew, der Moskauer Historiker und Dissident, »aber die Moskauer Führung machte einen grundlegenden Fehler, als sie einen Russen dorthin schickte« (*New York Times,* 20. Dezember 1986).

Ein anderer Russe verurteilte die Korruption und Vetternwirtschaft in Kasachstan entschieden, fand aber, daß die Neuernennung des russischen Parteichefs eine Beleidigung für alle Kasachen sei, weil sie den Anschein erwecke, daß es in der ganzen Republik keinen ehrlichen Kasachen gebe. Wenn man die hohe Geburtenrate in den zentralasiatischen Republiken in Betracht ziehe – am Ende des Jahrhunderts wird voraussichtlich jeder vierte oder fünfte Sowjetbürger moslemischer Abstammung sein –, dann weise die Umbesetzung in Kasachstan eindeutig darauf hin, daß sich die Sowjetmacht in Moskau bedroht fühlt.

Inzwischen wird die Nationalitätenfrage recht offen diskutiert, und die Bevölkerung wünscht Änderungen. Auf dem 8. Sowjetischen Schriftstellerkongreß im Juni 1986 beklagten sich viele Nichtrussen bitter darüber, daß ihre Muttersprachen in den Schulen und im öffentlichen Leben ihrer Heimatrepubliken immer mehr in den Hintergrund gedrängt würden. Sie appellierten an Moskau, diese Entwicklung rückgängig zu machen und damit den Demokratisierungsprozeß zu fördern.

KAPITEL 7

»ANTISOWJETISCHE PROPAGANDA IST IN AMERIKA ZU EINER GEWINNBRINGENDEN INDUSTRIE GEWORDEN«

Baku, die Hauptstadt von Aserbaidschan, wirkte auf mich teils arabisch, teils südeuropäisch, die Architektur war genauso gemischt wie die Bevölkerung. Jedes Gebäude war frisch gestrichen, und die verzierten Balkone, die Minaretts und Fassaden der alten Häuser waren wunderschön restauriert, was der ganzen Stadt ein Flair von Wohlhabenheit verlieh. Junge Aserbaidschaner, Armenier und Russen flanierten über die Straßen, führten die neueste europäische Mode vor und vertrieben sich ihre Zeit in geschmackvoll ausgestatteten Restaurants im orientalischen Stil oder in Diskotheken – wie es sie auch in den europäischen Hauptstädten gibt.

Baku ist durch die Ölindustrie reich geworden; die Bohrtürme in der Bucht von Baku kann man vom Flugzeug aus sehen. Bei einem Spaziergang entlang der Bucht stieg mir der starke Ölgeruch in die Nase, und ich hörte, daß Leute mit Bronchialleiden sowie Mütter mit Kindern, die an Keuchhusten leiden, täglich hierherkommen, um die heilsame Luft einzuatmen.

Baku bedeutet auf deutsch »Wind«, und in den Tagen, die ich dort verbrachte, machte die Stadt ihrem Namen alle Ehre. 260 Tage im Jahr bläst der Wind, und mich hätte interessiert, wie es den schönen, dunkeläugigen und dunkelhaarigen Einwohnerinnen Bakus mit ihrer herrlichen olivfarbenen Haut gelingt, ihren makellosen Teint und ihre eleganten Frisuren bei diesem Wind zu erhalten.

Aserbaidschan ist berühmt für die Langlebigkeit seiner

Bewohner. Der älteste wurde 167 Jahre alt, und er starb nicht einmal an Altersschwäche, sondern an den Verletzungen, die er sich bei Filmaufnahmen bei einem Sturz vom Pferd zuzog. In Amerika gibt es nicht annähernd so alte Menschen. Nach dem Bericht einer amerikanischen Zeitung wurde der älteste Amerikaner 116 Jahre. Was ist das Geheimnis dieses hohen Alters? Eine Frau erzählte mir, daß man bestimmte Kräuter essen müsse, die auf natürlichem, weder durch chemische Produkte noch durch Umweltverschmutzung verseuchtem Boden wachsen. Die mehr als Hundertjährigen Aserbaidschans leben in unberührten Gebirgsgegenden, essen Naturprodukte, gehen ihrer Arbeit nach und verschwenden keinen Gedanken an das Alter. Bei diesen Lebensbedingungen kennen sie weder Zeitdruck noch Streß. Dagegen muß die Mehrheit der Menschen in einer turbulenten Welt leben und sich täglich mit Schwierigkeiten auseinandersetzen.

Zu ihnen gehörte auch Rustam Ibragimbekow, ein bekannter aserbaidschanischer Bühnenautor und Vorsitzender des Verbandes der Filmschaffenden von Baku. Dieser stämmige Mann von Mitte Vierzig, dessen Art und Aussehen an Peter Ustinov erinnerten, empfing mich mit der für Baku typischen Herzlichkeit. Der Schreibtisch in seinem Büro war geradezu überladen mit Äpfeln, Birnen, Granatäpfeln, kandierten Nüssen und Nußkuchen, alles Delikatessen der Jahreszeit. Während meiner Gespräche machte ich mir im allgemeinen handschriftliche Notizen, anstatt ein Aufnahmegerät zu benutzen, weil ich dachte, meine Gesprächspartner würden auf diese Weise eher aus sich herausgehen. Aber damit fiel ich auf, denn ich bin Linkshänderin. Auch Rustam Ibragimbekow war – wie viele andere, die ich kennengelernt hatte – erstaunt, und viele meiner Gespräche begannen immer mit derselben Frage: »Wie können Sie mit der linken Hand schreiben?« Meine Antwort war dann immer die gleiche Gegenfrage: »Wie können Sie mit der rechten Hand schreiben?« Noch bis vor kurzem war es, wie vielen anderen Kindern auf der Welt, sowjetischen Schulkindern nicht erlaubt, mit der linken Hand zu schreiben. Inzwischen aber dürfen sie es, wie mir

Ibragimbekow erzählte, vorausgesetzt, die Lehrer haben die Zustimmung der Eltern eingeholt.

Unser Gastgeber war schon dreimal in den Vereinigten Staaten gewesen, und er legte Wert darauf zu betonen, daß alle drei Besuche privat von Amerikanern finanziert worden waren. Das war ungewöhnlich, denn Veranstaltungen, die in den USA normalerweise privat finanziert werden, wie Seminare, laufen in der Sowjetunion über die Regierung. Ibragimbekows Filmverband war eine Organisation, die jährlich zahlreiche Seminare abhielt. Bei diesen Veranstaltungen führten Filmregisseure ihre neuen Arbeiten vor, die dann gemeinsam diskutiert und bewertet wurden. Anschließend wurden Empfehlungen an die staatliche Organisation Goskino abgegeben, die darüber entschied, welche Filme in der Sowjetunion gezeigt werden durften.

Im Laufe der letzten Jahre hatte es bei den Mitgliedern der Filmverbände der einzelnen Republiken Unzufriedenheit über die Führung gegeben. Die Leitung fördere und verteidige die Arbeiten talentierter Künstler nicht ausreichend, hieß es, deren Schicksal in den Händen von Goskino läge. Die Mitglieder wollten, daß auch junge Regisseure eine Chance erhielten, aber die Verbandsführung setzte andere Prioritäten. Dadurch hatte die Qualität der Filme nachgelassen, und das Publikum war unzufrieden geworden. »Talent sollte nicht von den Launen einiger Offizieller abhängig sein. Als Verbandsmitglieder haben wir das Recht, unsere eigenen Ansichten vorzutragen, und die Offiziellen sollten auf uns hören und eine faire Entscheidung treffen«, meinte Ibragimbekow.

Die Unzufriedenheit hatte schließlich zu einer weithin gelobten und auch öffentlich bekanntgemachten demokratischen Aktion geführt. Im Frühjahr 1986 fand in Moskau – wie alle fünf Jahre – die Wahl des Vorsitzenden des Nationalen Filmverbandes statt, der 7000 Mitglieder umfaßt. Zum erstenmal war es keine reine Formalität, denn der Amtsinhaber wurde entthront und Elem Klimow, ein hervorragender Filmregisseur, trat an seine Stelle. Er war 53 Jahre alt. Sein durchgeistigtes Gesicht mit den traurigen Augen spiegelte seine privaten Sorgen wider. Er hatte seine Frau, die berühmte Filmregisseurin Larissa Schepitko, bei einem Autounfall verloren und Rückschläge in seiner Karriere einstecken müssen. Einige seiner Filme waren jahrelang nicht aufgeführt worden. Erst vor kurzem hatte man ihm wieder Gelegenheit gegeben, sein Talent zu zeigen. Einer seiner Filme erhielt einen Preis, und andere wurden auf internationalen Filmfestivals mit Lob bedacht. Im April 1987 gab es in London eine Klimow-Filmwoche, und seine Filme wurden vom Fernsehen gezeigt.

In seinem neuen Amt versprach Klimow, »sich für wirkliche Reformen einzusetzen, nicht nur für formale Änderungen wie sein Vorgänger«. Dafür sind Mut, Integrität und Ehrlichkeit notwendig, die Markenzeichen Klimows. Als Vorsitzender des sowjetischen Filmverbandes – eines professionellen Zusammenschlusses von Filmemachern – mußte er seine Kräfte mit der bekannt konservativen Goskino messen, die dafür verantwortlich war, daß seine Filme lange Zeit nicht gezeigt wurden.

Klimows Ziele waren bewundernswert. Im Juni 1986 beschloß er, alle Filme durchzusehen, die in den letzten Jahren nicht aufgeführt worden waren, und mit einem Beraterstab die auszuwählen, die gezeigt werden sollten. Ein Jahr später wurden viele dieser Filme in den Kinos gezeigt. »Die Hoffnung des neuen sowjetischen Films ruht auf jungen Regisseuren«, erklärte er, und er war entschlossen, diesen Leuten eine Chance zu geben.

Er wollte auch bessere Filme als bisher exportieren und das Image des sowjetischen Films im Ausland verbessern. Damals wurden zehnmal mehr amerikanische Filme in der Sowjetunion gezeigt als sowjetische Filme in den USA. Der Konflikt zwischen Klimows Forderungen, die Beschränkungen für Fernseh- und Kinofilme zu lockern, und der starren Opposition von Goskino dagegen löste sich schließlich zugunsten von Klimow. Sechs Monate später wurde der konservative Leiter von Goskino abgelöst. Kurz nach diesem begeistert begrüßten Ereignis wurde offiziell die Rolle Goskinos bei der Auswahl der Filme reduziert, obwohl Goskino noch die Macht hat, Empfehlungen des Filmverbandes abzulehnen.

Klimow beanstandete die Qualität ausländischer, vor allem amerikanischer, Filme, die in sowjetischen Kinos gezeigt wurden. Sie waren allein auf kommerziellen Erfolg und reine Unterhaltung ausgerichtet, doch das Publikum wollte, nach den Briefen der Zuschauer zu urteilen, etwas anderes, das es auch bald bekommen sollte.

1987 kaufte die Sowjetunion fast alle Fellini-Filme, und als erster wird »La dolce vita« vorgeführt werden. Danach sollen Formans Filme »Einer flog über das Kuckucksnest« und »Amadeus« gezeigt werden. »Wir werden die besten Filme der besten Regisseure der Welt zeigen«, erklärte Elem Klimow.

Rustam Ibragimbekow hat den amerikanischen Einfluß auf die sowjetische Filmindustrie nicht gern gesehen. Er hielt nichts davon, kommerziell erfolgreiche Sensationsfilme ohne tiefere Bedeutung zu produzieren, aber nicht alle waren seiner Meinung. Ein führender Filmdirektor aus Odessa hielt es für wichtig, auch Unterhaltungsfilme zu produzieren. Seiner Meinung nach wollten die Leute sich entspannen, wenn sie ins Kino gingen, und nicht immer mit tiefsinnigen Problemen zu tun haben. Wie auch andere Vertreter der Filmindustrie konnte er in kleinem Kreis sehr viel mehr amerikanische Filme sehen, als die Öffentlichkeit jemals zu Gesicht bekam, und er fand, daß sowjetische Filme kaum mit amerikanischen zu vergleichen waren, die sehr viel mehr Verbrechen und Gewalt zeigten. Bis heute gibt es diese Tendenz in sowjetischen Filmen nicht, weil das Publikum dagegen ist.

Sowjetische Filme sind nicht antiamerikanisch. In Amerika sei die antisowjetische Propaganda zu einer gewinnbringenden Industrie geworden, meinte Elem Klimow. Als Beispiele führte er »Rambo«, »Red Dawn« und »Rocky« an, die er als »intellektuelles Gift« bezeichnete. Hätten wir einige Monate später miteinander gesprochen, hätte er dieser Aufzählung sicher auch noch die Fernsehserie »Amerika« hinzugefügt.

Katja Lytschowa, Samantha Smith' russisches Gegenstück, hatte in Texas im Kabelfernsehen einen Teil von »Rocky« gesehen und war in Tränen ausgebrochen, wie ihre Mutter berichtete.

»Wie kann man nur die Sowjets in einem solchem Licht darstellen?« fragte Katja. »Wenn junge Leute in meinem Alter einen solchen Film sehen, glauben sie alles.« David Shipler äußerte in der *New York Times* vom 10. November 1985 ähnliche Bedenken: »Wenn die Sowjetunion einen Film über die Eroberung ihres Landes durch die Vereinigten Staaten produzierte, würden wir ihnen zu Recht vorwerfen, Hysterie, antiamerikanische Haßgefühle und internationalen Terrorismus zu schüren ... Wir hätten auch Grund, die Auswirkungen eines solchen Films auf die Bevölkerung zu fürchten, so wie wir uns jetzt Gedanken über den schädlichen Einfluß derartiger Unterhaltung auf junge Amerikaner machen sollten.«

Katjas Besuch dagegen hatte auf einige junge Amerikaner einen guten Einfluß. Als sie eine Schule in Washington, D.C., besuchte, sagte ihr der 13jährige Schulpräsident: »Bevor ich dich kennengelernt habe, dachte ich immer, daß die Sowjetunion etwas Böses sei, daß ihr alle Aggressoren mit imperialistischen Bestrebungen seid.« (Diese Worte erinnerten mich an die Bemerkung des 13jährigen Schuljungen in Irkutsk, daß Amerika ein kapitalistisches Land sei, und damit etwas Schlechtes.)

Der Druck der Propaganda war in den Vereinigten Staaten stärker als in der Sowjetunion. Der Chemieingenieur aus Baku, der ein Jahr an einem amerikanischen College studiert hatte, meinte: »Die Amerikaner glauben alles, was sie über uns hören, aber wir glauben nicht alles, was wir über sie lesen.« Ein Ingenieur in Leningrad erklärte: »Wenn Leute täglich einer Gehirnwäsche unterzogen werden wie die Amerikaner, fangen sie an zu denken, daß schwarz weiß ist und weiß schwarz. Wenn sie jeden Tag hören und lesen, daß die Russen schlecht sind, und keine anderen Informationen bekommen, fangen sie an, das zu glauben. Man kann nicht behaupten, daß die sowjetische Propaganda die Amerikaner ständig in schlechtes Licht setzt. Wir wissen, was Sie erreicht haben. Und Sie denken, daß es bei uns Gehirnwäsche gibt?«

Vielleicht hatten sie recht mit ihrer Auffassung, daß der Druck der Propaganda in den Vereinigten Staaten stärker war als in der

Sowjetunion. Dennoch würde kein Amerikaner glauben, er sei einer »Gehirnwäsche« ausgesetzt.

Ein Schriftsteller in Tallinn beklagte sich darüber, daß die Massenmedien beider Seiten die Situation übertreiben und Informationen in überzogener Form weitergeben. »Ein gebildeter Mensch sollte mehrere Informationsquellen benutzen.« Er hatte das Glück, in der Republik Estland zu leben, in der das finnische Fernsehen und Rundfunksendungen aus dem Westen empfangen werden können. »Wir leben in einer Welt, die von denselben Gesetzen, aber von verschiedenen Systemen beherrscht wird, und wir müssen lernen, gegenseitig Toleranz zu üben«, erklärte er.

»Die Propaganda in Amerika will den Bürgern die Vorstellung einimpfen, die Sowjetunion wolle die ganze Welt erobern«, sagte ein Filmregisseur in Odessa. Ich hielt ihm entgegen, daß seine Landsleute dafür von kapitalistischer Einkreisung lesen müßten. »Bis jetzt haben sowjetische Filme das amerikanische Volk mit Sympathie gezeichnet, weil die sowjetischen Künstler und ihre Führung es ablehnen, dieselbe Art von Filmen über die Amerikaner zu machen, wie sie die Amerikaner über die sowjetischen Menschen produziert haben. Wie lange können wir diese Situation noch hinnehmen? Einige Leute sind der Meinung, wir sollten Ihnen in der gleichen Weise antworten. Ich aber finde, daß wir eine an sich schon explosive Situation nicht noch verschärfen sollten. Wir müssen die Tür so lange wie möglich offenhalten, ohne Rücksicht darauf, wie Sie sich verhalten. Wenn wir das nicht tun, wäre das gefährlicher als eine Atomexplosion.«

Kurz nach diesem Gespräch lief ein sowjetischer Film mit dem Titel »Solo-Reise«, der wegen schlechter Kritiken jedoch nur in wenigen Kinos zu sehen war. Er zeigte Brutalität und Gewalt, was in sowjetischen Filmen ungewöhnlich ist. Die sowjetische Filmwelt hat sich damit zum erstenmal der Produktion eines »Rambo«-Films angenähert, ein Name, den einige Zuschauer auch dem Helden dieses Films gegeben haben. Während die Amerikaner die Russen immer als Bösewichte zeigen, pflegen die Russen normalerweise zwischen Guten und Schlechten zu unterscheiden. Der gute Amerikaner ist der Held, und die schlechten Amerikaner gehören zum CIA oder zum militärischen Bereich. Die Russen werden selbstverständlich als »gute Kumpels« mit Herz und Mitgefühl dargestellt.

Russen, die schon einmal in Amerika waren, haben ein klares Bild von der amerikanischen Haltung gegenüber der Sowjetunion. Ein Geophysiker war der Meinung, seine Landsleute seien zu besseren Beziehungen mit den Vereinigten Staaten bereit, aber die Amerikaner hielten solche Kontakte nicht für nötig. »Sie glauben nicht an die Aufrichtigkeit unserer Absichten und halten es für einen Propagandatrick, sich für gute Beziehungen einzusetzen«, sagte Frau Akopan von der armenischen Freundschaftsorganisation. »Der Dialog zwischen beiden Seiten ist für uns wichtig, aber ich habe das Gefühl, daß die Amerikaner ohne ihn leben können. Sie fühlen sich als Großmacht und behandeln uns als Menschen zweiter Klasse anstatt als Partner.« Und nach kurzem Nachdenken fügte sie hinzu: »In den Augen der Amerikaner sind wir entweder Sprachrohre der Regierung oder des KGB.«

Ein Amerikanist meinte: »Wir haben keine Angst mehr vor den Vereinigten Staaten. Wir haben nur Angst vor dem Krieg, der uns beide vernichten würde. Das wäre eine Folge von Reagans langfristiger Politik, uns zu unterminieren.« Dies klang wie ein Artikel in der *Iswestija,* der die Kernsätze der sowjetischen Position zusammenfaßt. »Wir brauchen keine militärische Überlegenheit. Wir können mit jedermann auf gleicher Ebene leben. Amerika möchte einen Frieden, der auf der amerikanischen Überlegenheit basiert und auf dem Recht zu diktieren. Diese Art Frieden ist nur einen halben Schritt vom Krieg entfernt.«

Nach den vielen Langstreckenflügen auf beengtem Raum genossen Gennady und ich den Luxus der Bahnreise von Baku nach Tbilisi. Wir hatten Karten für die »weiche Klasse«, die russische Bezeichnung für die erste Klasse, die Annehmlichkeiten wie lange, breite und feste Betten bietet, Kissen, die so schwer sind wie Sandsäcke, saubere Laken, warme Decken, Handtücher, eine Leselampe und einen massiven breiten Tisch für die Teetassen und den Tee, die zum Service gehören.

Wir bestiegen den Zug am späten Abend, und man wies uns ein Vierbettabteil zu. Da wir annahmen, daß es für uns allein war, breiteten wir uns aus. Gennady hatte nur wenig Gepäck, aber ich war beladen mit all den Geschenken, die ich unterwegs bekommen hatte. Wo sollte ich das runde gelbe Schaumstoffkissen mit dem Kordelbesatz und dem eingestickten, fröhlich lachenden Gesicht verstauen, das ich von der Schule Nr. 10 in Nowosibirsk bekommen hatte? Dann waren da noch die nahrhaften Süßigkeiten aus Baku, der armenische Kognak, kiloweise Bücher, kleine handgewebte Wandteppiche und vieles mehr. Eine der Annehmlichkeiten sowjetischer Bahnreisen ist, daß die Betten tagsüber nicht verschwinden, wie in europäischen Zügen, und die Menschen nicht gezwungen sind, bis zur Schlafenszeit Schulter an Schulter auf gepolsterten Bänken zu sitzen. Das hieß, daß ich auch die Betten über uns als Stauraum benutzen konnte.

Kaum hatten wir es uns gemütlich gemacht, als ein junger Mann und einige Minuten später ein zweiter uns ihre Platzresevierungen für unser Abteil zeigten. Ich begrüßte sie mit gequältem Lächeln, als ich jedoch ihr leichtes Handgepäck sah, war ich erleichtert. Der hilfsbereite und stets gutgelaunte Gennady bestand darauf, daß ich mich ausruhen sollte, während er alles umräumte. Gleichzeitig wies er auf die Vorteile hin, Reisegefährten zu haben. So kam ich zu einem außerplanmäßigen Gespräch.

Unsere Mitreisenden machten es sich bequem und zogen Hausschuhe an, was Russen auch beim Nachhausekommen machen. Diejenigen, die eine lange Reise vor sich haben, steigen auch in blaue Trainingsanzüge, die typische Tag-und-Nacht-Kleidung in Eisenbahnen. Nachdem sie sich vorgestellt hatten, begannen sie zu erzählen. Der 28jährige kleine dunkle Mann hatte eine Geschäftsreise nach Baku hinter sich, bei der er für seine Heimatstadt, die zwischen Baku und Tbilisi lag, Baumaterial bestellen sollte. Er hatte ein acht Monate altes Kind, und seine Frau arbeitete als Köchin in einem Kinderhort. Da ich wußte, daß Russen markenbewußt sind, fragte ich ihn nach seinen Jeans. Stolz zeigte er auf das Etikett auf der Gesäßtasche: »Gold Star«.

Der andere Mann, ein südländischer Typ, war aus Baku. Mit seinem schwarzen Schnurrbart, den dunklen Augen und der gebräunten Haut sah er sehr gut aus. In seinem Geschäftsanzug wirkte er seriös, und ich wäre nie darauf gekommen, daß er Polizeibeamter war. Er berichtete, daß er zunächst am liebsten in der Ölindustrie gearbeitet hätte, aber die Lehrgänge nicht geschafft habe. Dann wollte er Maschinenbau studieren, aber auch daraus sei nichts geworden. Und so sei er zur »Milizia« gestoßen und liebe seine aufregende Arbeit. Er jagte Diebe. War das nicht gefährlich? »Nein.« – Seine Opfer waren Männer, die zuviel getrunken und Autos aufgebrochen hatten.

Bei der Erwähnung von Alkohol berichtete der erste Mann, daß er in einer »trockenen« Stadt lebe, wo es seit Neujahr nur noch Bier gab, obwohl die Stadt wegen ihrer Weinkellereien bekannt war. Im Rahmen der Anti-Alkohol-Kampagne ist in einigen Städten der Verkauf von Wodka ganz verboten worden. Ich hatte das bereits in Irkutsk erlebt, wo vom einen auf den anderen Tag die Kunden in den »Weinhandlungen« (Spirituosenläden) und Restaurants von der Nachricht überrascht worden waren, daß es keinen Wodka mehr gab. Die Kellnerin war bereit gewesen, bei mir eine Ausnahme zu machen, doch ich hatte abgelehnt. Sie schlug dann vor, ich könnte doch an der Devisenbar im Hotel Wodka bestellen. In Moskau erzählten mir Freunde, daß sie fünf Stunden Schlange gestanden hätten, um alkoholische Getränke zu kaufen, und ich als Gast, zu dessen Ehren das geschehen war, hatte ein schlechtes Gewissen.

Der Polizist im Zug hatte vor einer Woche geheiratet und zeigte uns Fotos von seiner hübschen Braut. Eigentlich hatte er noch gar nicht heiraten und seine Freiheit aufgeben wollen, doch da er schon 28 Jahre alt war, hatte er das Gefühl gehabt, daß es seine Pflicht als Mann war, in diesem Alter zu heiraten.

Nun tat es ihm leid, jeden Abend um 20 Uhr zu Hause sein

zu müssen. »Das muß sein«, erklärte der erste Mann, »sonst macht sich Ihre Frau um Sie Sorgen.« Die Jungvermählten wollten bald ihre Flitterwochen in Moskau verbringen. Der Ehemann hatte nun Angst, das könnte langweilig werden. Er fuhr lieber allein nach Moskau, wie das letztemal, als er bei der Hochzeit eines Freundes war, zuviel getrunken und sich ungeheuer amüsiert hatte.

Dann erzählte er von seiner georgischen Braut, auf die er doch stolz war. Sie unterrichtete russische Literatur an einem Institut in Baku und sprach besser Russisch als Georgisch, was für eine Georgierin recht ungewöhnlich ist.

Bis zu diesem Augenblick hatten beide Männer wegen meines Akzents angenommen, ich sei Polin. Als ich jedoch meine batteriebetriebene Reiseschreibmaschine mit der englischen Tastatur hervorholte und zu schreiben begann, waren sie zunächst fasziniert, wie viele andere Mitreisende bei unseren zahlreichen Flügen. Woher die Maschine kam? Wieviel kostete sie? In welcher Sprache schrieb ich? Wo war ich geboren? Als ich erzählte, ich sei Amerikanerin, glaubten sie mir beide nicht. Gennady schlug vor, ich sollte meinen Paß zeigen, den sie aber nicht lesen konnten. Doch sie konnten mein russisch geschriebenes Visum lesen. Der Polizist hatte bisher nur Kontakt mit Amerikanern gehabt, wenn er in einem Wagen mit Blaulicht Touristenbusse begleitet hatte.

Was machte ich in der Sowjetunion? Nachdem sie die Antwort gehört hatten, wurden die Männer plötzlich vorsichtig. Als ich den ersten fragte, was er über Amerika wisse, änderte sich sein Ton, und er sagte kurz angebunden: »Nichts. Im Fernsehen sehe ich Berichte, aber sie haben nichts mit meinem Leben zu tun. Warum sollte ich mich dafür interessieren oder etwas über Amerika wissen? Ich werde niemals dorthin fahren. Menschen sind Menschen. Es gibt keinen Unterschied zwischen uns. In der ganzen Welt gibt es gute und schlechte Menschen« – eine Bemerkung, die ich oft hörte. In einer anderen Stadt hatte ein Landwirt dazu noch gesagt: »Wir sehen Menschen als Menschen. Sie arbeiten, lachen, lächeln, wollen gut leben und bessere

Bedingungen für kommende Generationen schaffen. Wenn man uns in Frieden läßt, können wir uns für diese gemeinsamen Ziele einsetzen.«

Sobald mein Mitreisender sich von dem Schock der Begegnung mit mir erholt hatte, sagte er lächelnd: »Ich werde keine Frage mehr beantworten, solange Sie schreiben.« Statt dessen begann er, mir Fragen zu stellen. Wieviel zahlte ich für mein Hotelzimmer? Als ich ihm den Preis zwischen 25 und 40 Rubel (80 bis 120 D-Mark) nannte, war er fassungslos. Warum mußte ich so viel zahlen, während es ihn nur zwei Rubel für eine Nacht kostete? Wieviel verdiente ich? Als ich erklärte, daß mein Verlag mir einen Vorschuß für mein Buch gezahlt habe und mein weiterer Verdienst vom Verkaufserfolg des Buches abhinge, sah er mich besorgt an: »Wie können Sie ohne ein regelmäßiges Einkommen leben?«

Den durchschnittlichen Arbeiter und die Angehörigen der älteren Generation, die wenig Reiseerfahrung und auch wenig Bildung hatten, interessierte das Leben im Ausland wenig. Eine typische Vertreterin dieser Kriegsgeneration war die Nachbarin der Sclocchinis in Irkutsk. Als sie mich begrüßte, lag ein herzliches Lächeln auf ihrem einfachen, vollen Gesicht, das von der Gartenarbeit gebräunt war. Auf ihrem Stück Land hinter dem Haus zog sie Kartoffeln, Tomaten, Gurken und andere Gemüse für die Wintermonate. Unsere Begegnung fand an einem Sonnentag im Juni statt, und sie trug ein ärmelloses Hauskleid mit Blumenmuster, das ihre nackten kräftigen Arme zeigte. Wie gewöhnlich war ich in mindestens einen dicken Pullover gewikkelt. 15 Grad machten für mich keinen Sommer.

Seit dem Tod ihres Mannes vor zwei Jahren lebte sie allein in dem karg eingerichteten Holzhaus. Diese freundliche und liebenswürdige Frau war dankbar für ihr gutes Leben. Sie erinnerte sich noch an die Zeit, in der ein Brotlaib ein Goldstück wert war. Heute hatte sie ein Haus, einen Garten und genügend zu essen. Sie zeigte mir ein Fotoalbum mit Bildern ihrer vier verheirateten Kinder und der Enkelkinder. Sie waren gesund, hatten Autos,

Datschas und modische Kleidung. »Was könnte ich mir mehr wünschen, um glücklich zu sein?« fragte sie. Sie sah regelmäßig fern und verfolgte die Nachrichten aus Moskau. Die Probleme der Welt draußen berührten sie nicht. Sie hatte ihr eigenes Leben, ihre Sorgen und Interessen wie Gartenarbeit, Kinder und Enkel.

Nur eines beunruhigte sie. Sie hörte immer nur von Katastrophen, die sich im Ausland ereigneten. »Warum hören wir nicht über Unglücksfälle bei uns?« fragte sie. Kürzlich war der Ehemann einer Freundin bei einem Flugzeugabsturz ums Leben gekommen, und ein Mörder war Amok gelaufen. Aber die lokale Presse hatte diese Vorfälle nicht erwähnt. »Davon wollen wir etwas hören«, sagte sie, »und nicht über eure Schwierigkeiten.« Einige Monate später sollten die Zeitungen des Landes diesem Wunsch nachkommen.

Auch in Taschkent zeigte das 58jährige Oberhaupt einer Bauernfamilie dieselbe Einstellung zur Welt draußen wie die Rentnerin aus Irkutsk. Der Mann war so mit dem Alltag beschäftigt, daß er keine Zeit hatte, an das Leben der anderen zu denken. Die Familie bestand aus dem Vater, zwei verheirateten Söhnen, einer unverheirateten Tochter und fünf Enkelkindern. Neben ihrer Arbeit auf der Kolchose bewirtschaftete die Familie ihr privates Fleckchen Erde. Erdnüsse, Rosinen und getrocknete Aprikosen, mit denen sie verführerisch den Tisch für mich deckten, waren Erzeugnisse dieses eigenen Gartens. Was sie nicht selbst verbrauchten, verkauften sie entweder an die Kolchose oder auf dem Privatmarkt.

Die Familie empfing mich in einem Raum, dessen Einrichtung eine sonderbare russisch-zentralasiatische Mischung war. Schöne Orientbrücken bedeckten die Wände und den Boden, auf dem wir uns niederließen. Dicke Seidensteppdecken waren in einer Ecke neben dem großen, typisch russischen Schrank mit Glastüren übereinandergestapelt, in dem das Familienkristall zur Schau gestellt war. Als ich fragte, wofür sie sparten, ergriff das Familienoberhaupt das Wort. Das Gespräch wurde auf usbekisch geführt und ins Russische übersetzt. Der Mann trug ein schwarzweiß kariertes Hemd und die traditionelle usbekische Filzkappe. Die Familie besaß bereits ein Auto, ein Tonbandgerät, Fernseher, und ein geräumiges und schönes eingeschossiges Haus. Bald würde der jüngste Sohn mit seiner Familie ausziehen, und man brauchte Geld für den Bau eines Hauses für ihn. Die unverheiratete Tochter wiederum mußte eine Aussteuer haben, und man müßte ihr eine Hochzeit ausrichten. Als ich fragte, wieviel das kostete, lachte der Vater nur.

Der Wohlstand der Familie beeindruckte mich, vor allem, wenn ich sie mit den Familien verglich, die ich in der Russischen Föderativen Republik besucht hatte. Doch ihr Lebensstil war typisch für die Menschen, die in dem fruchtbaren ländlichen Gebiet um Taschkent lebten, wie auch der Familienvorstand mir versicherte. Der Besuch bei einer weiteren Familie bestätigte diese Erfahrung. In Moskau kannte ich Familien, die viele Jahre für ein Auto gespart hatten, das bis zu fünf durchschnittliche Jahreseinkommen kosten kann. Hier dachte die Familie daran, ein kaum gefahrenes älteres Modell schon wieder durch ein neues zu ersetzen. »Wer gut leben will, muß gut arbeiten. In diesem Punkt sind wir und die Amerikaner gleich«, meinte der Landwirt aus Taschkent. All seine Informationen über die westliche Welt bezog er aus den sowjetischen Massenmedien, und ich war die erste Ausländerin aus dem Westen, die er kennenlernte. »Ich glaube, daß beide Völker in Frieden existieren, hart arbeiten und mit schönen Sachen gut leben wollen. Zwischen uns gibt es keinen Unterschied, außer der Sprache und dem System«, sagte er.

Was wir voneinander lernen könnten? Er bewunderte die Vereinigten Staaten wegen ihrer Technologie, besonders auf dem Gebiet kleinerer landwirtschaftlicher Maschinen, wegen ihres wissenschaftlichen Fortschritts und ihrer medizinischen Errungenschaften. »Die USA sollten aber lernen, mit Hilfe eines Systems wie des unseren, in dem Schulbildung und medizinische Versorgung frei sind, sich um ihre Armen und Obdachlosen zu kümmern«, meinte er. Wünschte der ältere Mann sich etwas? Er ersehnte sich für seine Enkelkinder, daß sie studieren und Ärzte und Ingenieure werden könnten. Hatte er Sorgen? Am meisten machte ihm zu schaffen, daß seine Familie auseinanderging. Er hätte sie am liebsten unter einem Dach behalten, aber nun zog schon ein Sohn aus. Er hoffte, wenigstens sein ältester Sohn würde sich an die Familientradition halten und so lange im Hause bleiben, wie der Vater noch lebte.

Im Gegensatz zu vielen seiner Landsleute hatte der Vater Polen und Ostdeutschland besucht, spürte jedoch kein besonderes Bedürfnis, nach Westeuropa zu reisen, da er glaubte, daß alle Länder ähnlich seien. Könnte er noch einmal ins Ausland reisen, würde er gern Indien sehen. Zweifellos war er von indischen Filmen beeinflußt, die in den Kinos gezeigt wurden.

Eine 75jährige Freundin in Moskau dagegen hatte eine kosmopolitische Einstellung, die sich vom Denken der Irkutsker Rentnerin und des Taschkenter Landwirts unterschied. Sie war für die Welt draußen aufgeschlossen. Als ich »Baba Nina« besuchte, begrüßte sie mich mit geröteten, geschwollenen Augen, die deutlich zeigten, daß sie traurig war. Hatte sie Streit mit ihrem Sohn? War jemand in der Familie gestorben? Sorgte sie sich um ihren Enkel, der seit 22 Jahren mit einem unheilbaren Herzfehler lebte? Innerhalb weniger Sekunden ging sie auf meine unausgesprochenen Fragen ein. »Hast du von der furchtbaren Tragödie gehört?« Da ich an etwas Persönliches dachte, schüttelte ich den Kopf. Sie wischte ihre Tränen ab und erzählte mir, daß sieben Amerikaner bei einem Start der Weltraumfähre am Vortag ums Leben gekommen waren.

Bei russischen Freunden hatte ich an diesem Abend den Fernsehbericht über die Katastrophe in den 9-Uhr-Nachrichten gesehen. Sie hatten mit Entsetzen, Unglauben, Mitgefühl und dann mit anhaltendem Schweigen reagiert. Da ich ihre tiefe Anteilnahme gesehen hatte, überraschte es mich nicht, daß sowjetische Kartographen sich wenige Tage später entschlossen, zwei Krater der Venus nach Christa McAuliffe und Judy Resnik zu benennen, den beiden amerikanischen Frauen, die beim Start ums Leben gekommen waren. Ein Journalist meinte: »Uns ist der Tod der amerikanischen Astronauten sehr zu Herzen gegangen. Wir durchlebten eine gemeinsame Trauer, wie aus allen Kommentaren, die in der Sowjetunion veröffentlicht wurden, hervorging.«

Während meiner Reisen einige Monate später erinnerten sich viele Menschen immer noch an die Challenger-Tragödie und äußerten ihr Beileid. Jeder wollte wissen, wie es zu einer solchen Katastrophe hatte kommen können. Ein Nowosti-Begleiter fragte mich, ob Prestigedenken eine wichtige Rolle bei der Entscheidung gespielt haben könnte, die Fähre zu einem Zeitpunkt abheben zu lassen, als noch Zweifel daran bestanden, ob sie überhaupt startklar war.

Normalerweise hatte Baba Nina nur wenig Zeit, sich hinzusetzen und mit mir zu reden, da sie so emsig mit ihrem Haushalt und der Betreuung ihres bettlägerigen Enkels beschäftigt war. An diesem Tag waren jedoch überraschenderweise in ihrer Wohnung keine Freunde und Verwandte anzutreffen. So zog sie einen Stuhl heran, öffnete eine Packung filterloser sowjetischer Zigaretten und begann, ihre Erinnerungen hervorzuholen. Sie erzählte mir von ihrer Jugend, als sie um fünf Uhr aufstehen mußte, um Wasser vom Brunnen zu holen, die Kühe zu melken und andere Arbeiten auf dem Bauernhof in der Ukraine zu erledigen. Doch sie beklagte sich nicht. »Wir führten ein gutes Leben, weil wir Freunde hatten«, sagte sie. »Und bei uns gab es keine Diskriminierung anderer Nationalitäten wie bei anderen Leuten.« Baba Nina war als Russin mit einem Juden verheiratet gewesen. »Man sollte jeden nach seinen Verdiensten beurteilen. Keiner sollte wegen seines Geburtsortes verurteilt werden«, meinte sie. »Ich mag dich, und es ist mir gleichgültig, wo du geboren bist.«

Es war kaum zu glauben, daß diese schmächtige, aktive 75jährige Frau mit dem kurzen braungefärbten Haar, den hellwachen Augen und dem alterslosen Gesicht ein großer Sportfan war. Vor wenigen Nächten erst hatte sie den Sieg eines Amerikaners bei einem internationalen Hochsprungwettbewerb am Fernsehen verfolgt. »Ich habe mich gefreut, als er gewonnen hat«, sagte sie. »Unsere Jungen können von ihm lernen.« Plötzlich wechselte sie das Thema. »Warum will Reagan Krieg?« fragte sie, weil sie dachte, ich, eine Amerikanerin, könnte die Regierungspolitik erläutern. Diese Frage hatte ich so oft gehört, daß ich nicht mehr überrascht war, wenn die Menschen dies wirklich glaubten. Meine Standardantwort lautete, daß Amerika nicht mehr den Krieg wünsche als die Sowjetunion, und das beschwichtigte sie etwas.

Aber Baba Nina wollte das Thema nicht fallenlassen. »Warum wollen Menschen einander töten?« fragte sie. »Naturkatastrophen wie das Erdbeben in Mexiko sind schrecklich genug«, sagte sie und wedelte aufgeregt mit ihrer Zigarette in der Luft umher. »In Amerika haben die Menschen nur das Interesse, Geld zu machen. Sie denken nur an sich.« Sie fegte in diesem Augenblick fast einen Stapel der *Prawda,* ihrer Hauptinformationsquelle, vom Tisch. Nach dem Zweiten Weltkrieg, so erläuterte sie, hatte sie mit zwölf anderen Menschen in dieser kleinen Dreizimmerwohnung gelebt. »Wir teilten alles, was wir hatten, und halfen einander. In einem Kollektiv bedeutet Freundschaft alles. Das ist es, was die Welt braucht.«

Das Telefon unterbrach uns. Eine Freundin erinnerte sie daran, daß irgend jemand am Vortag Geburtstag gehabt hatte. Als Baba Nina aufhängte, war sie verstört; sie hatte den Geburtstag vergessen. Ihr Gedächtnis ließ nach, ebenso ihre Sehkraft, und sie hatte allmählich Schwierigkeiten beim Lesen. Das einzige, was sie nicht vergaß, war ihre 84jährige Nachbarin, die kaum noch laufen konnte. Jeden Tag, bevor sie einkaufen ging, fragte sie ihre Nachbarin, was sie brauche. »Man ist kein Freund, wenn man nicht hilft, wenn der andere in Not ist«, sagte sie, indem sie ein gebräuchliches russisches Sprichwort zitierte.

Würde sie gern Amerika besuchen? »Ich möchte nicht ins Ausland reisen, selbst wenn ich die Möglichkeit hätte. Mein Land ist so riesig und großartig. Es gibt noch so viel, was ich nicht gesehen habe und so gern sehen würde . . . den Ural, Sibirien und sogar die Museen in Moskau. Aber ich habe so viel damit zu tun, mich um meine Familie zu kümmern, daß ich keine Zeit habe.«

KAPITEL 8

»DIE SOWJETUNION SOLLTE KEINE KOPIE DER WESTLICHEN DEMOKRATIEN WERDEN«

Dies war nicht mein erster Besuch im malerischen Tbilisi, und ich erinnerte mich vor allem an die großzügige georgische Gastfreundschaft. Und erneut wurde ich herzlich von Fremden aufgenommen, die schnell zu Freunden wurden. Als ich die Stadt verließ, hatte sich mein Status geändert. Ich war zu einer »Ehrenbürgerin« ernannt worden, was durch eine Medaille versinnbildlicht wurde, die mir der Nowosti-Korrespondent überreichte.

Die alte Stadt hat denselben Charme wie ihre gutaussehenden Männer mit ihrer südeuropäischen Erscheinung und ihren ausdrucksvollen dunklen Augen. Während meine Augen nicht von den Männern lassen konnten, erfreute sich mein Magen der georgischen Küche, die vor allem wegen ihrer besonderen Gewürze, Kräuter und Saucen bekannt ist. Ich konnte ihren Spezialitäten nicht widerstehen – wie »Hatschapuri« (einem Sauerteig, der mit besonderem geschmolzenem Käse und einem Ei in der Mitte bedeckt ist), »Satziwi« (Huhn in Nußsauce) oder Auberginen in den verschiedensten Zubereitungsarten.

Zum dienstlichen Teil meines Besuchs gehörte ein Gespräch mit Guela Tscharkwiani, dem Direktor der Georgisch-Amerikanischen Freundschafts-Gesellschaft. Er war ein eindrucksvoller Mann Ende Vierzig mit dunklem, welligem Haar. Sein ruhiges, selbstsicheres Auftreten zeigte, daß er schon viele Gespräche mit Ausländern geführt hatte. Hätte ich ihn unter anderen Umständen kennengelernt, hätte ich ihn für einen Harvard-Professor gehalten. Er war Amerikaspezialist.

Bis zu meiner Begegnung mit Tscharkwiani hatte ich das Thema Menschenrechte sehr vorsichtig behandelt, da ich bemerkt hatte, daß die meisten meiner Gesprächspartner nicht bereit waren oder sogar Angst davor hatten, darüber zu sprechen. (Das gilt für den April 1986, acht Monate bevor Sacharow aus seinem Exil in Gorki nach Moskau zurückkehren durfte.) In einer Schulklasse wechselte der Lehrer abrupt das Thema, obwohl die Schüler darüber reden wollten. In einer anderen Schule meinte ein Schüler, das Thema sei »zu heikel, um darüber zu reden«. Ein anderer ermahnte mich: »Sie können über alles sprechen, aber nicht über unsere Politik.«

Tscharkwiani jedoch hielt das Thema nicht für heikel und war bereit, seine persönliche Einstellung zu erörtern. »Wir meinen, daß die Sowjetunion keine Kopie der westlichen Demokratien werden sollte.« Vergleichbare Gespräche hatte ich mit Moskauern geführt, die nicht genannt sein wollten.

Ein führender Wirtschaftler meinte: »Es ist unmöglich, über Freiheit oder sogar Menschenrechte zu sprechen, ohne die grundlegenden Wünsche und Bedürfnisse der Menschen im Zusammenhang mit ihrem Leben und ihrer Geschichte zu sehen.« Als Beispiel führte er das Wahlrecht der Frauen an. In einigen Ländern hätten Frauen dieses Recht noch nicht, aber er sah dies nicht als Verletzung der Grundrechte oder gar ein Zeichen für eine undemokratische Gesellschaft an. Für die Frauen und die Gesellschaft in jenen Ländern sei dies schlicht unwichtig; sonst würden sie die Lage ändern. »Man muß einfach bedenken, daß man nicht die eigenen Einstellungen und Werte auf andere Gesellschaften mit unterschiedlichen Traditionen, Gesetzen und Bedürfnissen übertragen kann.«

Tscharkwiani sprach über die sowjetische Geschichte, vor allem über die letzten siebzig Jahre, und den Kampf um den Aufbau des Sozialismus, mit dem die Probleme der sozialen und wirtschaftlichen Ungerechtigkeit beseitigt werden sollten, die vor der Revolution bestanden hatten. Er erinnerte an die Härte des Lebens während des Krieges und in den Nachkriegsjahren, als die Menschen um alles kämpfen mußten, selbst um eine Scheibe

Brot. Nun, da sich die Lage endlich stabilisiert habe, sei es Zeit, die Menschen zusammenzuscharen und zu mobilisieren, um die Ideologie am Leben zu erhalten.

»Wir haben ein System, das funktioniert, doch es ist noch in der Entwicklung und wird niemals aufhören, sich weiterzuentwickeln«, sagte er. Dann wiederholte er, wofür sich Gorbatschow beim 27. Parteikongreß im März 1985 eingesetzt hatte: »Die Leistungsfähigkeit des Sozialismus wird in unserem Land nicht voll ausgenutzt. Wir ergreifen Maßnahmen, die auf eine Vertiefung des demokratischen Charakters des sozialistischen Systems zielen.«

Was bedeutete das? Tscharkwiani und andere betonten, daß ihre Vorstellung von Demokratie und Menschenrechten sich von der in den Vereinigten Staaten unterscheide. Sie alle erwähnten die Garantien für jeden Bürger, wie freie Ausbildung und medizinische Versorgung, ein Arbeitsplatz, eine Unterkunft – Garantien, die die amerikanische Regierung ihren Bürgern nicht gebe. Sie kritisierten auch die Verstöße der Vereinigten Staaten gegen die Menschenrechte, indem sie auf den Fall des Indianers Leonard Peltier, auf die Schwarzen und die Arbeiter hinwiesen.

Die Vereinigten Staaten beschuldigten die Sowjetunion, Zensur auszuüben, meinten sie, aber gäbe es die nicht auch in den USA? In seinem Interview mit der französischen kommunistischen Parteizeitung *L'Humanité* war Gorbatschow auf Fälle von Zensur in anderen Ländern eingegangen und hatte gesagt: ». . . die Besitzer von Zeitungen und Verlagen oder von ihnen beschäftigten Redakteure entscheiden, was veröffentlicht werden soll und was nicht.« Dies erinnerte mich an eine Diskussion in Jakutsk, bei der ein Student gesagt hatte: »Wie können Sie über Menschenrechte oder Zensur sprechen, wenn der Zeitungsverleger Rupert Murdoch einen Redakteur mit vierzigjähriger Berufserfahrung feuert, nur weil er nicht gut findet, was dieser schreibt?« Gorbatschow verteidigte die Zensur in der Sowjetunion mit den Worten: »Sie soll verhindern, daß Staats- und Militärgeheimnisse von der Presse veröffentlicht werden; außerdem soll jede Verherrlichung von Krieg, Gewalt, Grausamkeit und Pornographie ausgeschlossen werden. Es ist Sache der Massenmedien und der Verlage selbst, und ihrer Redaktionen und Räte, Werke zur Veröffentlichung auszuwählen, zu redigieren und zu kürzen.«

Viele sprachen auch von dem Recht eines jeden Amerikaners, alles zu sagen, was er denkt. Doch wozu soll dieses Recht gut sein, fragten sie, wenn keiner zuhört? Wenn Menschen demonstrierten, sollten sie auch etwas damit erreichen.

»Wir glauben, daß es auch eine Änderung geben sollte, wenn Menschen sich zu Wort melden, und solange wir die Grundlage für diese Änderung nicht geschaffen haben, sollte niemand das System unterminieren, um dessen Aufbau wir kämpfen. Wenn jemand versucht, diese Hoffnung auf die Zukunft zu untergraben, sollten wir dies nicht zulassen«, meinte Tscharkwiani.

Da ich wußte, daß er von Sacharow sprach, ohne den Namen zu nennen, dachte ich über die Reaktionen nach, die ich (im April 1986) erlebt hatte, wenn ich irgendwo im Land seinen Namen erwähnt hatte. Manchmal starrten die Leute mich eisig an, während andere kicherten, verlegen wurden oder die Blicke senkten. Ein Lehrer sagte – wenig überzeugend – zu mir: »Es geht ihm gut in Gorki. Andere wurden ins Gefängnis gesteckt dafür, daß sie ihr Land verrieten.«

Ohne daß sie Genaueres wußten, war den Leuten offiziell mitgeteilt worden, Sacharow habe die Politik der Regierung untergraben. Sogar Gorbatschow äußerte sich in seinem Interview mit *L'Humanité* nicht präzise. »Es ist allgemein bekannt, daß er (Sacharow) Handlungen beging, die nach dem Gesetz strafbar sind. Die Presse hat darüber mehr als einmal berichtet. Die Maßnahmen gegen ihn wurden in Übereinstimmung mit unserer Gesetzgebung ergriffen.«

Zehn Monate später, im Dezember 1986, rief Gorbatschow Sacharow in Gorki an, um ihm mitzuteilen, daß es ihm und seiner Frau freistehe, nach fast siebenjährigem Exil nach Moskau zurückzukehren. Dieser mutige Schritt zeigte, daß Sacharows Ideen nicht mehr im Widerspruch zur Regierung standen und daß die Grundlagen für Änderungen geschaffen worden waren.

Sobald ich bei meinen Reisen im April 1986 nach der Rolle der Dissidenten im Land fragte, antworteten mir Funktionäre, Ingenieure, Wissenschaftler, Lehrer oder Arbeiter, daß sie sich um diese Leute nicht kümmerten. Der Grund dieser Einstellung war, daß die Intellektuellen keine Verbindung zu den Massen hatten. »An der Kleidung könnte man kaum einen Arbeiter von einem Intellektuellen unterscheiden, doch sobald sie miteinander reden, sprechen sie zwei verschiedene Sprachen«, meinte ein Freund. Diese Bemerkung hörte ich nicht zum erstenmal. Die Kluft in der Verständigung isolierte die Dissidenten, die zu den Intellektuellen gehörten, schützte jedoch gleichzeitig das System. »Erst wenn demokratische Rechte gelten, werden die Intellektuellen eine wichtige Rolle spielen«, sagte ein Schriftsteller.

Da ausländische Journalisten nur wenig Zugang zu den breiten Massen hatten, die Dissidenten jedoch bereit waren, mit ihnen zu sprechen, wurde ihr Anliegen in die westliche Welt getragen und dort bekannter als im Lande selbst. Als Sacharow aus dem Exil zurückkehrte, sagte er: »Ich glaube, daß das Wort ›Dissident‹ etwas von seiner Bedeutung verlieren wird. Die Menschen äußern jetzt ihre Meinung freier, und das ist von Vorteil für unsere Gesellschaft.« Im Februar 1987 zirkulierte in Moskau eine Anekdote folgenden Inhalts: »Frage: Wer ist der letzte Dissident in der Sowjetunion? Antwort: Michail Gorbatschow, der härteste Kritiker im Lande.«

Wieviel Kritik kann hingenommen werden? Berichten zufolge erklärte Gorbatschow im Juni 1986 vor Schriftstellern: »Es kann keine Durchsetzung der Demokratie ohne *glasnost* [Offenheit] geben. Gleichzeitig ist aber eine Demokratie ohne Grenzen Anarchie« (*Newsweek,* 12. Januar 1987).

Ein sowjetischer Journalist bemerkte: »Was die *Prawda* heute schreibt und was die Menschen öffentlich sagen, wäre vor zehn Jahren noch Ketzerei gewesen. Das System hat sich geändert, seit Gorbatschow Generalsekretär geworden ist, und er hat Vorschläge für drastische Änderungen unterbreitet. Immer mehr wird offen diskutiert, und es gibt nur noch wenige heilige Kühe. Die Leute nehmen auf Parteiversammlungen kein Blatt mehr vor den Mund.« Und schon viele Monate vor Sacharows Rückkehr nach Moskau sagte er, dessen Bemerkung vorwegnehmend: »Es ist sogar schwer, heute Dissident zu sein, da jede Kritik erlaubt ist.« Offenheit zeigt sich in Zeitungsartikeln, und kritische Leserbriefe an die Zeitungen werden veröffentlicht. Kritik, die früher nur in den eigenen vier Wänden geäußert wurde, sei nun sogar auf Versammlungen an den Universitäten zu hören, berichtete ein Moskauer Hochschulprofessor.

Nicht nur Zeitungen befassen sich heute mit Themen, die einst tabu waren, auch die Theater betreten neuen Boden. Ein Artikel in der *Prawda* befaßte sich mit dem Stück »Scholom-Aleichem-Straße Nr. 40«, das die äußerst kontroverse Frage der jüdischen Emigration nach Israel behandelt. Die Stücke »Silberhochzeit«, das die Privilegien der Nomenklatura verurteilt, und »Diktatur des Gewissens« erhielten Beifall, weil sie heikle Themen behandelten. Die größere Vielfalt von interessanten Programmen im sowjetischen Fernsehen ist ebenfalls überall Gesprächsthema Nummer eins. Wenn ich früher meine Freunde besuchte, lief der Fernseher immer, aber er wurde mehr ignoriert, als daß man hinsah. Nun sitzen Familien in gespanntem Schweigen und verfolgen politische Diskussionen, die unterschiedliche Meinungen widerspiegeln.

Wenn die Betonung auch auf *glasnost* liegt, so vergißt doch keiner, daß sie in den Rahmen des Systems passen muß, ohne es zu zerstören. So sind zum Beispiel Kritik an der Führung, der Militär- und Außenpolitik weiterhin tabu. Wenn Gorbatschow auch offen von Opposition gegenüber seinem Programm spricht, so gibt es doch keine gedruckten persönlichen Angriffe auf ihn. Anders als in den Vereinigten Staaten, wo der Präsident oft von der Presse angegangen wird und Zielscheibe von Karikaturen ist, gilt in der Sowjetunion die Führung, das Politbüro, insgeheim oft die »Zaren« genannt, als unantastbar.

»In den Vereinigten Staaten geht offiziell die Macht vom Volke aus«, erläuterte ein Freund, »bei uns geht sie von der Führung der Sowjetunion aus.« In der Vergangenheit glaubten die Leute, nicht das Recht zu haben, die Entscheidungen der

Machthaber zu beeinflussen, und nahmen sie passiv hin. Für die ältere Generation war diese Haltung gleichbedeutend mit Stabilität und Ordnung, an die sie gewöhnt waren. Sie hatten nur eine Informationsquelle. Sie hatten einen festen, ihnen zugewiesenen Wohnort, sie hatten sichere Löhne, Regierungsgarantien. Die begrenzte Auswahl und die Festlegung vieler Lebensumstände gaben ihnen ein Gefühl der Sicherheit.

Als ich den Begriff »Watergate« erwähnte, hatten viele von ihm gehört, wußten jedoch nicht, was er bedeutete. Als ich es ihnen erklärte, schüttelten sie voll Verständnislosigkeit den Kopf, daß irgend jemand das Recht haben sollte, den Präsidenten zu kontrollieren. Nur Intellektuelle reagierten anders. Ein Professor in Moskau meinte: »Watergate demonstriert wahre Demokratie. Bei uns gibt es jedoch nicht die Tradition, die uns erlauben würde, unsere Führung zu kontrollieren.« Ein anderer sagte: »Unsere Obrigkeit hat das Recht zu tun, was sie will, und die Verfassung auszulegen, wie sie will. Das Wort Rechenschaft gibt es im Russischen nicht.« Als Chruschtschow gezwungen wurde, sein Amt aufzugeben, hieß die offizielle Verlautbarung, er sei pensioniert worden.

Einige Intellektuelle kritisieren den mangelnden Respekt der amerikanischen Medien vor dem Präsidenten während des Watergate-Skandals. Pawel Melnikow, der Direktor des Permafrost-Instituts in Jakutsk, war zu jener Zeit in Amerika und meinte: »Der Freiheit müßten auch einige Grenzen gesetzt werden. Der Präsident ist der gewählte Vertreter der Mehrheit, und er sollte respektiert werden, solange er Präsident ist. Ihn mit Schimpfwörtern zu belegen, während er Präsident ist, ist beleidigend und erniedrigend. Sie tun dies nicht nur vor ihrem eigenen Volk, sondern vor der ganzen Welt.«

Kritik an der Führung der Sowjetunion wird nur in der Form politischer Anekdoten geduldet, die vor allem in intellektuellen und höheren politischen Kreisen die Runde machen. Zur Zeit Breschnews wurden viele Anekdoten über ihn erzählt, aber Gorbatschow genießt so viel Ansehen, daß es nur milde Scherze über ihn gibt, in denen er »Generaldissident« oder »Herr Mineralsekretär« genannt wird – eine Anspielung auf seine Anti-Alkohol-Kampagne. »Die Russen haben nur wenig Erfahrung mit Demokratie«, meinte ein Leningrader Schriftsteller. »Sie suchen nach Wegen, sich freier und verständlicher auszudrücken. Das Volk hat ein wirkungsvolles Mittel, die politische Anekdote, gefunden. Das ist unsere Freiheit des Wortes und der Meinungsäußerung.« Einige beliebte Komiker, die regelmäßig auf dem Bildschirm erscheinen, erzählen Witze über das Leben. Zum Beispiel: Zwei Leute unterhalten sich, und einer beschwert sich über die »Defizite«, die Versorgungsengpässe. Der andere sagt: »Warum beschwerst du dich? Wir essen Dinge, die es nicht zu kaufen gibt. Wir tragen Kleider, die nicht in den Geschäften sind, jeder stiehlt, und das Land wird reicher und reicher.«

Was wußten die Menschen über das politische System in Amerika? Sehr wenig. Einige hatten etwas über ein Zweiparteiensystem gehört, kannten jedoch nicht den Unterschied zwischen den Parteien. Ein Student räumte ein, daß durch den Wettbewerb zwischen verschiedenen Meinungen bessere Ideen entstehen könnten. Als ich dem Aeroflot-Angestellten in Jakutsk von unserem Zweiparteiensystem erzählte und von der Stärke einer Demokratie, in der das Volk die Wahl hat und seine Kritik äußern kann, lachte er nur: »Wir wissen, wie das ist mit zwei Kandidaten und deren Rolle, verschiedene Standpunkte zu vertreten. Sie machen Versprechungen zu Fragen von brennender Wichtigkeit; wenn sie jedoch an der Macht sind, machen sie etwas anderes oder vertreten schließlich beide dieselbe Position.«

Was wußten sie über die Präsidentenwahl? Eine Leningrader Dozentin für Parteigeschichte bezweifelte die Freiheit des amerikanischen Volkes, seine Präsidenten zu wählen: Die Politiker nutzten und manipulierten die Gefühle der Wähler, ohne daß diese es bemerkten. Einer, der häufig nach Amerika reist, sagte: »Die Menschen denken nur, daß sie frei sind. Ihnen werden ein Image und überzeugende Worte verkauft, und sie glauben daran. Sie sind Gefangene der Werbung, sogar beim Verkauf der Präsidentschaft, und sie können sich diesen Einflüssen nicht entziehen. Sozialer Druck schränkt ebenfalls eure Freiheit ein. Wenn ihr wirklich frei wäret, könnte ein Mensch mit politischen Zielen doch zugeben, daß er Atheist ist.«

Jeden Abend sehen die Zuschauer im sowjetischen Fernsehen Gruppen, die gegen die Politik Präsident Reagans demonstrieren. Das hinterläßt den Eindruck, daß die Mehrheit gegen ihn ist. Deshalb fiel es ihnen nach der Wiederwahl Reagans schwer, daran zu glauben, daß es eine freie Wahl gibt.

Kritisch äußerten sich die Sowjetbürger auch über die Art der Freiheit, die in Amerika praktiziert wird. Ein junger Mann meinte: »Ich kann nicht verstehen, daß Ihre Führung in Ihrem Land nicht Disziplin und Ordnung aufrechterhalten kann. Denken Sie nur an die Kriminalität und das Drogenproblem.« Ein anderer war empört über die antisowjetische Stimmungsmache, die in den Vereinigten Staaten erlaubt sei. Er sprach von Gruppierungen, die während der Olympischen Spiele in Los Angeles 1984 sowjetische Athleten töten wollten. »Wie können die Vereinigten Staaten solche Aktivitäten dulden? Ihr reagiert erst, wenn ein Verbrechen begangen wurde, und dann ist es zu spät. Unsere Regierung würde nicht zulassen, daß so etwas geschieht.«

Freiheit heißt für jeden etwas anderes. Ein Chemiker, den ich in Baku traf, sagte: »Der eine meint, daß ihm etwas mehr zusteht, und ein anderer ist mit den Beschränkungen zufrieden. Einer hat größere Erwartungen und der andere geringere, das hängt davon ab, was man liest oder sieht, und von den Kontakten, die man hat.« Ein Student meinte: »Freiheit heißt, was wir nicht tun können. Ihr könnt demonstrieren, alles sagen und schreiben, was ihr wollt, ohne Angst vor Bestrafung. Eure Zeitungen sind daran interessiert, die Fakten zu veröffentlichen. Wenn die eine Zeitung nicht über die Wahrheit berichtet, wird es eine andere tun. Ihr könnt verschiedene Informationsquellen benutzen und eure eigenen Schlüsse ziehen. Nichts ist verboten.«

Ein Intellektueller war der Meinung: »Wir definieren Freiheit als das Recht, ohne Behinderung zu reisen. Wir wollen unseren eigenen Lebensstil wählen und unseren Wohnort. In der Sowjetunion ist alles gleichförmig. Jedes Wohnhaus sieht aus wie das andere. Jede Zwei- oder Dreizimmerwohnung hat denselben Zuschnitt. Die Gehälter sind festgelegt, je nach dem Beruf.« Er sprach sich für die Freiheit der Individualität aus, die wir im Westen als selbstverständlich hinnehmen, während die sowjetische Verfassung die Gleichheit betont.

Der Schüler einer Klasse in Nowosibirsk sprach von dem Mangel an grundlegenden Verbrauchsgütern. »Erst wenn diese Probleme gelöst sind, können wir an Freiheit glauben oder darüber diskutieren« – ein Gedanke, dem viele zustimmten. Doch ein Jahr später wurde trotz der immer noch vorhandenen Defizite über Demokratie gesprochen, allerdings betonte Gorbatschow die dringende Notwendigkeit, den Markt mit einer reichen Auswahl von Produkten guter Qualität zu füllen.

Ein Filmregisseur in Tbilisi beendete ein Essen mit einem Toast, dem sich seiner Meinung nach die Mehrheit im Land anschließen würde: »Ich hoffe, daß früher oder später eine Zeit kommen wird, in der ich und meine Familie unsere Reisepässe nehmen und ohne Probleme, Verzögerungen und Schwierigkeiten ins Ausland reisen können.« So definierten er und viele andere die Freiheit. Für sie war das Recht auf freie Wahl und Mobilität wichtiger als Redefreiheit, wie die Amerikaner sie ausüben. Ein Intellektueller jedoch korrigierte diesen Eindruck, indem er sagte: »Manche Leute begreifen nicht, daß sie nicht das Recht zum Reisen bekommen werden, solange sie nicht die Meinungsfreiheit und freie Wahlen haben.«

KAPITEL 9

»SOWJETISCHE JOURNALISTEN SIND ZU ZAHM UND ZU TAKTVOLL«

Schon immer wollte ich Odessa besuchen, eine Stadt, mit der ich die Vorstellung von blühendem kulturellem und intellektuellem Leben verband – und von jüdischem Humor. Zu meiner Enttäuschung mußte ich feststellen, daß dieser Ruf aus der Vergangenheit stammte und nichts mehr mit der Gegenwart zu tun hat. Heute ist Odessa vor allem eine Handelsstadt und ein Seehafen mit einer Bevölkerung, die in der Nachkriegszeit zugezogen war, um in den neu erbauten industriellen Anlagen und in den medizinischen und pädagogischen Instituten zu arbeiten. Als ich die romantischen Straßen mit den Häusern aus dem 19. Jahrhundert entlangging, erinnerten mich Tafeln daran, wo einige der bekanntesten Komponisten, Schriftsteller und Künstler des Landes gelebt hatten.

Erst als ich Odessa verließ, um zu unserem nächsten Ziel zu fahren, traf ich einen Menschen von der Art, wie ich sie gesucht hatte, einen, der hier geboren war. Es war Wolodja, unser Fahrer, der uns von Odessa nach Kischinew brachte – derjenige, der mir davon erzählt hatte, wie unglücklich jüdische Freunde sich fühlten, die emigriert waren. Er war ein freundlich aussehender Mann von 49 Jahren mit einem liebenswürdigen Gesicht. Er hatte einen 16jährigen Sohn und eine 23jährige Tochter, die tagsüber in der Erfassungsstelle der Armee arbeitete und abends Jura studierte. Sie hoffte, in dem Büro, in dem sie jetzt arbeitete, eine Stelle als Anwältin zu bekommen.

Wolodja erinnerte sich an die Kriegsjahre: die 69tägige Belagerung durch Nazitruppen und die schwere Zerstörung der Stadt. Freunde haben im Krieg von den Katakomben aus als Partisanen gekämpft. Ihre Aufgabe war, die Bevölkerung mit brutalen, aber wirksamen Methoden vor dem Hungertod zu retten. Sie steckten Nadeln in die Gelenke der Pferde der Deutschen. Die Tiere lahmten und wurde erschossen, so erhielten die Verhungernden Nahrung. Welche Gefühle hat Wolodja heute gegenüber den Deutschen? Obwohl sie seinen Vater umgebracht haben, wiederholte er, was schon Baba Nina gesagt hatte: »Ich beurteile einen Menschen nicht nach seiner Nationalität oder seinem Geburtsland. Ich beurteile jeden nach seinen Verdiensten als menschliches Wesen.«

Da er wußte, wie stark mich Odessa interessierte, erzählte mir Wolodja mit Freude von seiner Geburtsstadt. Seit dem großen Exodus der Juden nach Israel und Amerika zu Beginn der siebziger Jahre hatte sich der Charakter der Stadt gewandelt. »Doch eine Sache bleibt«, sagte er. »Können Sie meinen Akzent heraushören? Ich bin ein Ukrainer, aber ich spreche mit einem starken jüdischen Akzent wie die anderen, die von hier stammen.« Das ließ mich an den russischen Eisverkäufer an einer Straßenecke in Odessa denken, dessen Tonfall mir sehr vertraut vorkam. Er klang wie Brooklyn-Akzent auf russisch. Und da war die alte Ukrainerin in dem Hotel-Laden, die mir Mickey-Mouse-Abzeichen verkaufte. Als ich meinte, so etwas hätte ich in Moskau noch nie gesehen, fragte sie mich mit stark jüdischem Akzent: »Glauben Sie, daß Moskau der Nabel der Erde ist?«

Bis 1981 hatte es in Odessa jährlich ein »Humor-Festival« gegeben, das jedoch »wegen Rowdytums« abgesetzt wurde. Da ich wußte, daß die besten Komiker des Landes aus Odessa kommen, wurmte es mich, daß ich keinen einzigen Witz aus Odessa kannte. Wolodja gab darauf folgenden zum besten: »Zwei Nachbarinnen stecken den Kopf aus dem Fenster und unterhalten sich. Sophia sagt zu Sara: ›Bist du krank? Ich sah früh am Morgen den Arzt aus deiner Wohnung kommen.‹ ›Nein‹, antwortet Sara. ›Aber warum schreist du das so laut auf dem Hof herum? Ich wohne direkt neben dir. Vorgestern sah ich frühmorgens einen Offizier aus deiner Wohnung kommen. Das bedeutet doch auch nicht, daß der Krieg begonnen hat.‹«

Statt die Sophias und Saras in Odessa zu treffen, lernte ich zufällig Pawel kennen, einen 28jährigen Fabrikarbeiter. Mein zuständiger Nowosti-Führer berichtete mir von einer Touristengruppe, die für eine Reise nach Amerika zusammengestellt wurde. Ich hatte von russischen Touristengruppen gehört, die nach Asien, in den Nahen Osten und nach Europa fuhren, aber noch von keiner, die nach Amerika reiste. Ob ich gern jemand von ihnen kennenlernen würde? Pawel war der einzige, der zu erreichen war, und er willigte ein, mich ein paar Stunden später in meinem Hotel zu treffen.

Ein großer, blonder, jungenhaft aussehender Mann betrat mein Hotelzimmer, und an seinem ernsten Gesicht ohne jedes Lächeln erkannte ich, daß ihn etwas bedrückte. Nach wenigen Minuten wußte ich die Antwort, doch zunächst wollte ich etwas über ihn erfahren. Pawel war im Alter von vier Jahren nach Odessa gekommen und hatte zehn Schuljahre absolviert. Nach dem zweijährigen Wehrdienst in der Armee hatte er angefangen, in einer Schirmfabrik zu arbeiten. Er wurde als Dreher ausgebildet und arbeitete in der Schicht von 8 bis 16.30 Uhr. Nach der Arbeit fuhr er nach Hause in die Wohnung, in der er mit seiner Großmutter und Mutter lebte, die Näherin in einer Fabrik war. In seiner Freizeit besuchte er eine Fremdsprachen-Abendschule und freute sich, mit mir, der ersten Amerikanerin, die er kennenlernte, etwas Englisch üben zu können. Er war aktiver Komsomolze und Parteikandidat. Das hieß, daß er eine einjährige Probezeit durchstehen mußte, bevor er aufgenommen wurde. Als Parteimitglied erwartete man von ihm, daß er anderen in Verhalten und Arbeit ein Vorbild sei. Er hatte auch freiwillige Arbeit im politischen und staatsbürgerlichen Bereich zu leisten. Mir war allerdings auch bekannt, daß viele Parteimitglieder ihre Position dazu nutzten, ihre Karriere zu beschleunigen und sich Privilegien zu sichern.

Wenn man sich auf den ersten Eindruck verlassen kann, dachte ich, dann war der kurzgeschorene Pawel ein Modellkommunist. Er trank nicht und war nicht geschieden. Im Gegensatz zu seinen Altersgenossen war er auch noch nicht verheiratet und hatte damit auch keine Eile. Er hatte ein Auto, was darauf schließen ließ, daß er ein guter Arbeiter war und entsprechend verdiente.

Nachdem wir die Förmlichkeiten beendet hatten, brach aus Pawel hervor, was in ihm vorging: »Was für ein Recht hatte Amerika, Libyen zu bombardieren und unschuldige Menschen zu töten?« Dieselbe Frage wurde mir am nächsten Tag in einem Fernsehinterview gestellt. In beiden Fällen antwortete ich vorsichtig: Ich hielt mich in der Sowjetunion auf, als sich der Angriff ereignete, und war vollständig auf die sowjetischen Medien angewiesen. Bevor ich eine angemessene Antwort geben könnte, müßte ich andere Quellen hören.

Hätte ich mit amerikanischen Freunden gesprochen, wäre ich offener und aufrichtiger gewesen. Sobald ich von der Bombardierung Libyens gehört hatte, rief ich einen ausländischen Journalisten in Moskau an, um Näheres zu erfahren. Ich hörte genug, um dieses Vorgehen zu verurteilen, und war entsetzt darüber, daß die überwiegende Mehrheit der Amerikaner es befürwortete. Ich wollte jedoch nicht, daß diese Gedanken im sowjetischen Fernsehen oder in den Zeitungen zitiert würden. Meine Zurückhaltung beim Beantworten einer Frage glich der Vorsicht, die meine Gesprächspartner im ganzen Land an den Tag legten. Auch sie wußten, daß sie zitiert würden. Der Unterschied lag darin, daß sie mit Folgen rechnen mußten, während ich nur ein schlechtes Gewissen wegen der Illoyalität gegenüber meinem Land haben würde.

Der Bombenangriff beschäftigte jeden. Wenn ich mich mit Leuten auf den Straßen von Odessa unterhielt, war er das Hauptthema. Wenige Tage später hörte ich zu, als ein Wissenschaftler in Kischinew das Thema aufgriff: »Amerika behauptet, ein gesetzestreues Land zu sein. Wie können Menschen, die sich an Gesetze halten, machen, was ihr in Libyen gemacht habt? Das verstößt gegen internationales Recht. Wie kann ein Land die Auslegung von Gesetzen ändern, sie selbst in die Hand nehmen und dieses Verhalten rechtfertigen? Wenn Menschen ihre Schuld nachgewiesen wird, können sie bestraft werden. Nur weil Ronald Reagan sagt, daß in Libyen ansässige Terroristen für den Bombenanschlag auf eine Diskothek in West-Berlin verantwortlich sind, heißt das doch noch nicht, daß das stimmt. Selbst wenn er den Beweis liefern könnte – was er nicht getan hat –, so rechtfertigte das noch nicht einen Bombenangriff auf unschuldige Menschen. Was würde geschehen, wenn jede Nation beschließen würde, sie hätte aus Eigeninteresse, das Ronald Reagan ›Selbstverteidigung‹ nannte, das Recht, ein anderes Land zu bombardieren?«

»Wie kann man mit Terroristen umgehen, die jedes Recht mißachten?« hielt ich dagegen. Er schlug Wirtschaftsblockaden und den Einsatz von Interpol vor. Ich fragte ihn, ob die Sowjetunion Libyen nach den Vorfällen auf den Flughäfen von Wien und Rom verurteilt habe. Sowjetische Zeitungen hätten berichtet, antwortete er, daß »angeblich Terroristen aus Libyen die Täter« seien. Wäre die Sowjetunion denn in der Lage, fragte ich weiter, trotz ihrer politischen Interessen Gaddhafis Verhalten zu verurteilen – er blieb die Antwort schuldig.

Im März 1987 begann die Sowjetunion eine Kampagne, um westliche Staaten davon zu überzeugen, daß auch sie gegen den Terrorismus sei und bereit sei, mit anderen bei dessen Bekämpfung zusammenzuarbeiten. Den Beweis ihrer Absichten könnte sie damit erbringen, daß sie Einfluß auf den libyschen Staatschef ausübte, seine mutmaßliche Hilfe für Terroristen zurückzuziehen.

Wie viele andere war auch der Wissenschaftler aus Kischinew der Meinung, daß die Sowjetunion wieder engere Beziehungen zu Israel herstellen sollte, damit durch einen Dialog die Probleme der Palästinaflüchtlinge und der Terroristen gelöst werden könnten. Doch das wäre schwierig wegen der sowjetischen Interessen in der arabischen Welt. Am Ende waren wir uns beide darüber einig, daß internationale Maßnahmen gegen den Terrorismus ergriffen werden müßten – ohne Rücksicht auf Grenzen und politische Interessen. Viele andere meiner Gesprächspartner konnten sich allerdings unter Terrorismus nichts vorstellen, weil es ihn in der Sowjetunion nicht gibt.

Nachdem der künftige Amerikareisende Pawel sich über Libyen etwas beruhigt hatte, erhitzte er sich erneut, als er über den Auszug aus einem Buch sprach, der in der Monatszeitschrift *Auslandsliteratur* erschienen war. Da ich deren Redaktion in Moskau kennengelernt hatte, wußte ich, daß diese populäre Publikation mindestens zwei Millionen Leser hatte. Die Redakteure meinten, es gebe in Amerika keine solche Veröffentlichung, die Bücher ausländischer Autoren übersetze und sie in einer Zeitschrift veröffentlichte. Sie übersetzten jedoch nicht jedes Buch. *Auslandsliteratur* brachte ältere und zeitgenössische Gedichte, Geschichten und Bücher sozialkritischen Inhalts. Bei diesen Kriterien geschieht es oft, daß sowjetische Leser ausländische Autoren lesen, die im Ausland selbst kaum bekannt sind. Der Auszug, den Pawel gelesen hatte, stammte von einem japanischen Autor namens Takasi Kako, und er empfahl mir, ihn auch zu lesen.

Ich folgte seinem Rat und verstand, warum er plötzlich Vorbehalte hatte, die Vereinigten Staaten zu besuchen. New York wurde als »Dschungel« beschrieben, wo man nicht wußte, wann man überfallen würde. In den öffentlichen Bedürfnisanstalten, in der Sauna oder der Untergrundbahn? Über allem hingen unerfreuliche Gerüche, und überall liege der Müll verstreut. Am Fuße der Luxusgebäude schliefen Penner. Homosexuelle hingen in öffentlichen Toiletten herum. Hinter den Fassaden der Bauten aus Glas, Stahl, weißem Beton sei nichts zu erkennen. Direkt daneben aber gebe es schmutzige, verfallene Lagerhäuser. Gegenüber einem stinkenden Fischmarkt habe ein Mann gesessen und Whisky getrunken. Der japanische Journalist unterhielt sich mit einem Polizeibeamten in einem sauberen weißen Hemd mit einer kugelsicheren Weste. Der Polizist sagte ihm, jeder könne hier tun, was er wolle. Der Journalist war beunruhigt. Er konnte sich nicht beruhigen. Jeder könnte ihn erschießen.

Kako berichtete auch über seinen Besuch in einem Sexshop, wo er immer wieder ein Geldstück nachzahlen mußte, um pornographische Filme zu sehen. Alle Variationen sexueller Beziehungen wurden vorgeführt. Er fand das furchtbar. Der Schreiber betonte die Kontraste in New York. Man blicke auf und sehe Gebirge aus Glas und Stahl, dann schaue man hinunter auf Schmutz, Slums, Armut und Reichtum, Schönheit und Häßlichkeit, Altes und Neues, Obdachlose, Alkoholiker, Arbeitslose, Drogenabhängige, Abfall und Müll.

New York sei bekannt als Stadt des Verbrechens, und vor seiner Ankunft hätten ihm seine Freunde Ratschläge gegeben, wie er sich schützen könne. Er besichtigte auch das New Yorker Leichenschauhaus, wo täglich hundert Tote eingeliefert wurden, die Hälfte Opfer von Gewaltverbrechen.

Nach dem Besuch in New York fuhr er nach Miami, wo die alten Menschen versuchen, ihre Jugend wiederzugewinnen. Ihre gefärbten Haare und ihre maskengleichen, gelifteten Gesichter hätten genausowenig zu ihrem Alter gepaßt wie die jugendlichen Kleider, die sie trugen. Sie hätten keine Würde. Pawel zog es vor, die Eindrücke ausländischer Journalisten von Amerika zu lesen, da die sowjetischen Journalisten seiner Meinung nach zu zahm und taktvoll sind. In gewisser Weise hatte er recht.

Im Wartezimmer meines Zahnarztes entdeckte ich kurz nach der Rückkehr aus der Sowjetunion eine englischsprachige Ausgabe der *Prawda* vom Frühjahr 1986, die inzwischen in viele Sprachen übersetzt und im Ausland verkauft wird. Auf der ersten Seite stand ein Artikel mit der Überschrift »Bitte lächle – du bist ein Amerikaner!« von Wladimir Suchoi. Der Schreiber war gerade nach New York gekommen, und dies war sein erster Artikel. Ich führe ihn als Beispiel dafür an, was die Russen in der sowjetischen Zeitung mit der höchsten Auflage über die Amerikaner lesen können.

Bitte lächle – du bist ein Amerikaner!
Heute veröffentlichen wir den ersten Artikel unseres neuen Sonderkorrespondenten in den Vereinigten Staaten, Wladimir Suchoi:

»Liebe Amerika oder scher dich raus« – diesen Spruch las

ich an meinem ersten Tag in diesem Land auf der Heckscheibe eines Autos. Er übermittelte nicht nur eine wörtliche, sondern auch eine visuellc Botschaft. Die Wörter »scher dich raus« waren mit dicken schwarzen Balken unterstrichen.

Ich dachte darüber nach, was ich machen sollte, wenn ich das Land nicht lieben könnte? Mein Herz gehört bereits einem anderen Land, anderen Städten und anderen Menschen. Doch ich kann Amerika nicht einfach verlassen, weil ich hierhergekommen bin, um darüber zu schreiben und seine Feier- und Werktage den Lesern dieser Zeitung zu schildern.

Wer weiß, vielleicht verliebe ich mich später einmal in dieses Land und seine großartige werktätige Bevölkerung und seine weiten, offenen Flächen. Ja, das könnte später einmal passieren.

Wieviel Reisende und Seeleute auch über dieses Land berichtet haben, wieviel auch immer in Büchern darüber geschrieben wurde, jeder Neuankömmling muß es für sich selbst entdecken.

»Ein Amerikaner zu sein ist eine Ehre«, »Lächle, lächle, du bist ein Amerikaner«, »Amerika – allein das Wort nimmt dir den Atem«. Der Werbespruch »das großartigste Land der Welt« steht überall – an den Hauswänden, an Zeitungsständen, auf den Zeitungsseiten, auf Bildschirmen und sogar auf den Papierkörben. Amerikaner müssen jeden Tag daran erinnert werden, daß ihr Land das großartigste der Welt ist. Dem Durchschnittsamerikaner wird ständig gepredigt, daß er in einem »zauberhaften Land« lebt – in dem malerischsten, dem schönsten, dem großartigsten und dem demokratischsten auf der ganzen weiten Welt.

»Ich habe immer daran geglaubt, daß die geographische Lage dieses gesegneten Landes nicht zufällig ist«, sagte der Chef des Weißen Hauses zu seinen Landsleuten. »Dieser gewaltige Kontinent liegt zwischen zwei Ozeanen, so daß jeder, der im entferntesten Teil der Welt lebt und nach Freiheit dürstet, unser Land leicht finden kann.«

Die hochgehaltenen amerikanischen Träume sind: immer

fit, jung, schön und unwiderstehlich zu sein; in der Lage zu sein, alles zu kaufen, was man sich wünscht; davon überzeugt zu sein, daß Gott einen mehr liebt als irgend etwas anderes; den Vogel des Glücks in der Hand halten. Und zu lächeln, immer zu lächeln. Von ihrer Kindheit an leben die Bewohner von Washington, New York, Chicago und Philadelphia in einer Traumwelt. Der wohlhabende Amerikaner ist der Wohlhabendste in der ganzen Welt; amerikanische Wolkenkratzer sind die höchsten; der »American way of life« ist der ausgeklügeltste und vernünftigste; alles ist super, umwerfend, wundervoll und herrlich.

Man wirft sein Auge auf eine Anzeige und erfährt, daß das größte Glück einen gleich um die nächste Ecke erwartet. Man schaut nach und sieht einen Supermarktgiganten. Alles klar.

Broadway – so steht es in Neon auf einem der Häuser – ist die größte Straße der Welt. Die Stadt Reno in Nevada, so behauptet die Werbung in einem Reisebüro, ist die größte der kleinsten Städte der Welt.

Am Morgen entnimmt man dem Bildschirm, daß es die »sauberste Luft der Welt« in Alaska gibt, und beim Abendessen liest man in einer Zeitung, daß man dieselbe Luft in Colorado, Idaho und Vermont findet. Und so geht es weiter.

Die wichtigste Aufgabe eines Amerikaners ist es, Geld zu machen. Ohne Geld kann er kaum leben. Geld macht man an der Börse in Wallstreet, in den Chefetagen der Monopole und in Banken und Konzernen. Auch von den Arbeitslosen erwartet man natürlich, daß sie auf ihre Weise Geld machen, und es gibt jetzt über acht Millionen von ihnen im Land. Viele haben rund um die Uhr Posten an den Straßenkreuzungen der Großstädte bezogen, um jeden Augenblick an den Wagen, die an der Ampel halten, um Geld betteln zu können.

Die Obdachlosen (deren Zahl sich auf etwa drei Millionen beläuft) betteln darum, als wandelnde Plakate für die größeren Geschäfte, Restaurants und Cafés herumlaufen zu dürfen. Musiker spielen an den Straßenüberführungen des Broadway. Auch sie machen Geld. Und es ist durchaus möglich, daß jemand diese »Einkünfte« besteuern will. Denn der Präsident selbst hat vorgeschlagen, daß auf die Arbeitslosenunterstützungen eine Steuer erhoben werden soll.

Der größte Traum eines Amerikaners ist, sein eigenes Geschäft zu haben: so viel Geld zu machen wie irgend möglich; jeden zu übertreffen; reich zu werden; einen starken Wagen zu haben und ihn zu fahren (ein Aufkleber auf einer Stoßstange heißt: Das wahre Leben beginnt bei 150 Meilen in der Stunde).

Als die Vereinigten Staaten geboren wurden, gab man den Amerikanern großartige Versprechungen mit auf den Weg. Der Verfasser der Unabhängigkeitserklärung, Thomas Jefferson, schrieb: »Die Menschen sind gleich geschaffen, und der Schöpfer gab uns besondere unveräußerliche Rechte auf Leben, Freiheit und das Streben nach Glück.« Die Verfassung ist 86mal ergänzt worden, aber keiner hat jemals das Recht auf Glück angetastet.

Viele Amerikaner glauben tatsächlich, daß es für sie von oben zu ihrem ständigen Gebrauch heruntergeschickt worden ist. Wie gutgeschlagene Sahne muß das amerikanische Glück dick und leicht gesüßt sein.

Das amerikanische Streben nach Glück gleicht dem Wettlauf eines höchst ungeduldigen Volkes. Sie müssen alles sofort haben. Im Vergleich zu europäischen Traditionen, die im Lauf der Jahrhunderte gewachsen sind, haben sich die amerikanischen Traditionen sehr schnell entwickelt.

Niemand möchte in diesem Land auf irgend etwas warten. Fußgänger laufen bei Rot über die Straße, und Autofahrer sind daran gewöhnt. Ein Priester erteilt die Absolution direkt im Auto oder am Telefon: Jemand möchte seine Seele sofort retten. Das ist so normal geworden wie die Sofortbildfotografie und die Schnellreinigung.

Die Träume des offiziellen Amerika: Land und Meere zu beherrschen, zu regieren, die Geschicke der Welt zu lenken, in den Weltraum zu fliegen und den Kosmos ebenfalls zu beherrschen.

Die weltbekannte Nähmaschinengesellschaft Singer hat

angekündigt, daß sie ihre Nähmaschinenfertigung einstellen und auf die Produktion von militärischer elektronischer Ausrüstung umsteigen wird. Der leuchtende Stern des amerikanischen Films, Elizabeth Taylor, hat den Kongreß aufgefordert, die Mittel für den Kampf gegen die tödliche Krankheit Aids zu erhöhen.

Der Inhaber einer mächtigen Baufirma, Donald Trump, hat die Absicht, New York – zu seinem eigenen Ruhm – das höchste Gebäude der Welt zurückzugeben. Er will ein gewaltiges Bauwerk von 509 Metern Höhe in der City errichten.

Die heutigen Amerikaner scheinen die Sowjetunion wieder völlig neu zu entdecken. Sie zeigen sich an vielen Aspekten des Lebens in unserem Lande interessiert. Sie sehen den Film von den Freundschaftsspielen in Moskau. Sie sehen auch die zwölfteilige Fernsehserie »Genossen« über die Sorgen, Freuden und Hoffnungen des sowjetischen Volkes. Obwohl sich über den Inhalt manchmal streiten läßt, ist er nicht verzerrend.

Nach den Genfer Verhandlungen haben sowjetische Theatergruppen Tourneen durch das Land begonnen. In Washington gab es sogar eine Ausstellung mit Gemälden aus den Museen von Moskau und Leningrad. Kulturelle und sportliche Kontakte werden verstärkt, was helfen kann, den Eisernen Vorhang von Haß und Mißtrauen gegen alles, was als sowjetisch gilt, aufzuziehen.

Doch die sowjetisch-amerikanischen Beziehungen bestehen nicht nur aus kulturellen und sportlichen Kontakten, so wichtig diese gegenwärtig auch sind. Die Beziehungen zwischen der UdSSR und den USA sind verantwortlich für lebenswichtige Fragen von Krieg und Frieden – von Abrüstung und gegenseitiger Sicherheit.

Ja, viel hängt davon ab, wie das offizielle Amerika jetzt reagiert. Kann es nüchtern und ohne Vorurteil die Welt draußen beurteilen? Eine schwierige Frage.

»Die USA haben offensichtlich gelernt, sich selbst zu verstehen«, bemerkte der mexikanische Autor Carlos Fuentes auf eine *Time*-Umfrage am Vorabend des hundertjährigen Geburtstages der »Miss Liberty«, der Freiheitsstatue.

Aber sie verstehen andere immer noch nicht besonders gut...

W. Suchoi, New York

Pawel gab mir kaum Gelegenheit, Fragen zu stellen, weil er selbst so viele hatte, von denen ich etliche nicht beantworten konnte. Er wollte etwas über verschiedene religiöse Sekten hören, den Grund für den Massenselbstmord in Guyana, über die Mormonen und ob sie ihre eigenen Polizeikräfte hätten, über Drogen und Verbrechen, die Waffenlobby, Arbeitslosigkeit, Punks, Rassenprobleme. Waren nicht die nationalen Quoten für die verschiedenen Einwanderergruppen auch eine Form von Diskriminierung? Wie war es möglich, unausgebildeten Japanern, Arabern und Chinesen zu erlauben, das Land zu betreten?

An Gott zu glauben war für ihn ein alberner Aberglaube, und er konnte nicht verstehen, wie die Menschen Jesus Christus als Gott betrachten konnten. Für ihn war der Buddhismus ein vernünftiger Glaube, da er dem Menschen half, die Wahrheit zu finden. Warum mußte man vor Gericht auf die Bibel schwören, und warum mußten Atheisten das auch tun? Ich war von seinem umfangreichen Wissen beeindruckt und fragte ihn nach seinen Informationsquellen. Ich nahm an, daß er ausländische Rundfunksendungen wie die *Deutsche Welle* und *Radio Free Europe* hörte. Nach eigenen Angaben besaß er jedoch keinen Kurzwellenempfänger, aber er las sowjetische Veröffentlichungen und Bücher, die jedem zugänglich waren, der mehr über die Vereinigten Staaten wissen wollte.

KAPITEL 10

»LEBEN FÜR DIE SEELE UND NICHT FÜR DEN GELDBEUTEL«

Bei der vierstündigen, 189 Kilometer langen Fahrt von Odessa nach Kischinew, der Hauptstadt der Moldauischen Sowjetrepublik, konnte ich die üppige ukrainische Landschaft genießen. Wolodja zeigte auf Felder, die von Weinbergen in Apfelgärten umgewandelt wurden – eine Folge der Anti-Alkohol-Kampagne, die sich nach einer Meldung der sowjetischen Nachrichtenagentur TASS vom Dezember 1986 positiv auswirkte. Mit dem zurückgehenden Verkauf von Alkohol sind im vergangenen Jahr nach Angaben des Statistischen Zentralamtes die Kriminalität um 25 Prozent, die Straßenunfälle um 20 Prozent und das unentschuldigte Fernbleiben vom Arbeitsplatz um 30 Prozent gesunken.

Gleichzeitig erlebte jedoch die Produktion von »Samagon« (hausdestilliertem Wodka), der bislang nur in den Dörfern gebrannt worden war, auch in den Städten einen Boom. Der Preis für Wodka und die Zeit, die man beim Kauf fürs Schlangestehen veranschlagen mußte, ermutigte die Leute, zur Heimproduktion überzugehen. Doch Schwarzbrennen ist illegal, und 1986 wurden 130 000 Menschen wegen dieses Vergehens belangt.

Alkoholismus war seit Jahrzehnten ein Problem im Land, und heute werden in den Zeitungen Möglichkeiten zur Lösung dieses Problems diskutiert. Es wurde sogar darüber berichtet, daß Alkoholiker, die keinen Wodka kaufen konnten, Eau de Cologne tranken. Alkoholismus hat mit dem Mangel an Freizeiteinrichtungen, mit den Arbeitsbedingungen, der Versorgungslage und den schlechten Dienstleistungen zu tun. Jedesmal, wenn Handwerker in unserer Wohnung Reparaturen ausführten, hatten sie von uns eine Flasche Wodka erwartet. Auch ihre Landsleute zahlten auf diese Weise für Dienstleistungen. Seit Wodka teuer und knapp ist, ist nun der »Samagon« die Währung, in der Hilfeleistung entgolten wird.

Wolodja berichtete uns, daß trockener Wein und Sekt noch immer in dem Gebiet erzeugt wurden, durch das wir gerade fuhren. Doch die Produktion des billigen Portweins mit dem Namen Bormotuha, bei Alkoholikern beliebt, war gestoppt worden. Eine Flasche Bormotuha sei soviel wie eine halbe Flasche Wodka, sagte Wolodja, und nach ein paar Flaschen würden die Alkoholiker »aufsässig«. Die Leute würden ermutigt, alkoholfreie Getränke zu kaufen, doch bisher seien sie für den Durchschnittsbürger noch zu teuer oder gar nicht auf dem Markt.

Der Zustand der Straße machte einige Strecken unpassierbar und zwang uns, Umwege durch Dörfer zu nehmen. Bei dem offensichtlichen Kontrast zwischen Stadt- und Landleben kam mir der Gedanke, daß nicht nur Kilometer, sondern auch Jahrzehnte beide trennten. Fließendes Wasser, Toiletten im Haus, Telefone, Gas- oder elektrische Heizungen und gepflasterte Straßen gab es in vielen Dörfern nicht. In der Sowjetunion lebt ein Drittel der Bevölkerung auf dem Land, und ein Fünftel aller Arbeitskräfte ist in der Landwirtschaft beschäftigt. Eine sowjetische Statistik von 1983 über die Ausstattung von Stadtwohnungen zeigte, daß 32 Prozent kein fließendes warmes Wasser hatten, 23 Prozent kein Gas, 19 Prozent kein Bad in der Wohnung, 12 Prozent keine Zentralheizung, 11 Prozent waren nicht an die Kanalisation angeschlossen und 9 Prozent hatten überhaupt kein fließendes Wasser. Eine Statistik für die ländlichen Wohnbereiche gab es nicht. Die Lebensmittelversorgung auf dem Land war auf das Notwendigste und auf das, was die Leute in ihrem eigenen Garten ernteten, beschränkt. Fleisch, Butter und Käse wurden nicht in den Geschäften verkauft und konnten nur direkt von den Bauern bezogen werden, die Nutzvieh hielten.

Schätzungsweise zwei Millionen sowjetischer Touristen besuchen täglich die Hauptstadt, um dort einzukaufen. Sie räumen die Läden leer, worüber sich viele Moskauer beklagen. Eine Freundin, die in einer Kleinstadt außerhalb Moskaus geboren war, empfand größeres Verständnis für die Bedürfnisse dieser Besucher als diejenigen, die in der Hauptstadt geboren und aufgewachsen waren. In einer Metro war sie Zeugin gewesen, wie einer alten Frau vom Land, die mit Taschen voller Waren beladen war, alles aus der Hand fiel. Anstatt ihr zu helfen, beschimpften die Leute sie, und nur meine Freundin kam der Alten zu Hilfe: »Was für ein Recht habt ihr, denen Vorwürfe zu machen, die vom Land hierherkommen, um einzukaufen? Sie haben nichts, und ihr lebt von ihrer Arbeit«, hielt sie den Beschimpfungen entgegen.

Die Unzulänglichkeit der Versorgung auf dem Land ist die Quelle vieler Anekdoten. So fragt zum Beispiel jemand: Wie versorgt man ein so großes Land mit Waren? Antwort: Das ist einfach. Wir schicken alles nach Moskau, und die Leute holen es sich selbst in die anderen Landesteile.

Ein Rätsel: Was ist lang, grün und riecht wie eine Wurst? Antwort: Ein aus Moskau abfahrender Zug mit sowjetischen Touristen. (Wurst ist eine Mangelware auf dem Land, und jeder, der nach Moskau kommt, kauft, soviel er kann.)

Ich führte die ungerechte Verteilung auf die zentrale Wirtschaftsplanung zurück, von einer kleinen Gruppe von Experten erwartet man, daß sie erfolgreich die Rohstoffe im ganzen Land verteilt. Wolodja sah das anders. Er meinte, daß der Transport das Hauptproblem sei. Lastwagen brachen wegen der schlechten Straßen zusammen, und die Produkte verdarben, was einem Verlust von 25 bis 30 Prozent im Jahr entspreche. Eine der Prioritäten müßte eine Verbesserung der Straßen sein. Nach längerem Nachdenken über das Thema gab er murmelnd zu, daß wohl auch die Vorratshaltung und die Weiterverarbeitungsmethoden unzulänglich seien und ebenfalls zu Verlusten führten. Er schloß damit, daß alles so ineinander verflochten sei, daß es schwierig sei, zu entscheiden, wo man beginnen müsse, um die Lage zu verbessern.

Nur ein Straßenschild ließ erkennen, daß wir von der ukrainischen in die moldauische Republik an der rumänischen Grenze kamen. Als wir uns der Hauptstadt Kischinew näherten, beeindruckte mich die moderne und abwechslungsreiche Architektur. Nach der Uniformität und Düsternis der sowjetischen Nachkriegsarchitektur war mir dieser reizvolle Wechsel willkommen. Später hörte ich, daß Kischinew als Modellstadt für architektonische Experimente im Land gilt. Die Zerstörungen während des Krieges und das schnelle industrielle Wachstum hatten zu einer Bauexplosion geführt und Gelegenheit gegeben, der Stadt ein neues und strahlendes Gesicht zu geben.

Die Stadt hat viele begabte Menschen angezogen, wie zum Beispiel Dr. Bersuker, den ich sofort mochte. Seine warmen braunen Augen beeindruckten mich bei der Begrüßung so, daß ich kaum merkte, daß er englisch mit mir sprach.

Bersuker ist ein hochqualifizierter Wissenschaftler Mitte Fünfzig, wie ich vermutete. Sein gewelltes Haar begann, grau zu werden und sich zu lichten. Seine Frau war gepflegt und attraktiv und verbrachte die meiste Zeit damit, uns mit köstlichem, selbstgemachtem Wein, eingemachten Kirschen, Apfelkuchen und Gebäck zu füttern. Sie arbeitete an einem Institut für Haushaltsinnovation. Da ich eine Menge Kocherfahrungen in den Küchen meiner Moskauer Freundinnen hinter mir hatte, machte ich ihr verschiedene Vorschläge für arbeitsparende Geräte, die im Lande produziert werden könnten, um das Leben der Frauen zu erleichtern.

Die Wohnung der Bersukers war im Vergleich zu anderen, die ich besucht hatte, üppig ausgestattet. Es gab Kristall, Antiquitäten, Silber, wunderschöne Gemälde und Orientteppiche, perfekt restaurierte alte Möbel und überall Bücher. Diese Umgebung stand im Kontrast zu Bersukers bescheidener Herkunft. Er stammte aus einer armen, kinderreichen Familie. Sein Vater war Zimmermann, und das Geld hatte hinten und vorne nicht gereicht. Er war das jüngste und das einzige Kind, dem die Möglichkeit zu einer besseren Ausbildung geboten wurde. Er wurde schließlich ein anerkannter Wissenschaftler, dessen

Bücher im In- und Ausland veröffentlicht worden sind. Während seiner Jugend war es sein Traum, nach Amerika, in das Land des Überflusses, zu gehen. Dieser Traum wurde Wirklichkeit, und nach seiner letzten Reise im Jahr 1982 war er mit gemischten Gefühlen, die zwischen Bewunderung und Enttäuschung schwankten, zurückgekehrt.

Was war der amerikanische Traum? »Bei unserem ersten Fünfjahresplan waren die Vereinigten Staaten das Vorbild in aller Welt, dem wir folgen wollten. Ihr wart unser Leitstern. Wir betrachteten die USA als Land großartiger Leistungen«, sagte ein Lehrer. »Wir waren von euch fasziniert, da ihr neue Lebensformen, eine neue Literatur hattet und ein anderes Volk wart. Wir bewunderten eine Fähigkeit, neue Dinge auszuprobieren, während ihr eure Traditionen am Leben erhieltet«, meinte eine Physikerin. »Amerika ist ein Land, in dem man alles, was man will, kaufen kann«, sagte ein 15jähriger.

»Was uns fehlt, ist euer Leistungsvermögen, was wir nicht haben, sind eure Fähigkeiten«, meinte ein Universitätsstudent. »Wenn junge Leute sagen, daß alles in Amerika wundervoll ist, ist dies ihre Art des Protestes gegen die einseitige Information, die sie erhalten. Es ist ihre Art des Protestes gegen die Untauglichkeit ihres eigenen Systems, von dem sie genug haben«, meinte ein Journalist.

»In uns ist die mythologische Erwartung, daß in den Staaten sich jeder Traum erfüllt. Sie sind das Heilige Land, in dem jede Erwartung realisiert werden kann. In der Sowjetunion machen wir die Regierung für unser Versagen verantwortlich und meinen, daß wir unter anderen Bedingungen erfolgreich sein könnten. Es wäre realistischer, wenn wir uns selbst die Schuld geben würden, denn es liegt ja an den Menschen, die Situation zu verbessern«, sagte ein Soziologe. »Wir verherrlichen Ihr Land und machen es besser als es ist. Diejenigen, die mit hohen Erwartungen hingefahren sind, kamen enttäuscht zurück. Es ist nicht das perfekte Land, das sie sich ausgemalt haben. Aber ich muß zugeben, daß Amerika bemerkenswert ist, und ich kenne niemanden, der es nicht besuchen möchte«, meinte ein Ingenieur.

Bersuker war überwältigt von dem Wettbewerbsklima, der

hohen Produktion und der Leistungsfähigkeit. Auch das sowjetische Ideal sei Leistungsfähigkeit, sagte er, eine Qualität, die im täglichen Leben fehle. Als ich noch in Moskau lebte, gewöhnte ich mich an die Tatsache, daß kaum irgend etwas außer der Metro richtig funktionierte. Unser Aufzug war regelmäßig defekt, und es dauerte Tage, bis Ersatzteile kamen. Im Sommer mußten wir mindestens einen Monat ohne warmes Wasser auskommen, wenn die Rohre gereinigt wurden. Als ich einen elektrischen Samowar gekauft hatte und ihn wieder zurückbrachte, da er undicht war, sagte die Verkäuferin, das sei bei allen so. Milchbehälter waren nicht fest verschlossen. Schlangen bewegten sich unnötig langsam vorwärts. Neu errichtete Wohnhäuser hatten solche Mängel, daß schon nach einem Jahr größere Reparaturen notwendig wurden. Und so weiter.

Als einen weiteren Unterschied zwischen Amerikanern und Russen sah Bersuker die »geistigen Werte«. »Das ist das Leben, das nicht direkt mit Einkommen und materiellen Gütern zusammenhängt. Es ist das Leben für die Seele und nicht für den Geldbeutel.« Er fand es im Lesen, in Musik, Theater, Diskussionen über Weltereignisse, im Rezitieren von Gedichten unter Freunden. In Kischinew sind nach Bersukers Worten alle fünf Theater stets bis auf den letzten Platz mit einem Publikum gefüllt, das von Fabrikarbeitern bis zu Wissenschaftlern reicht. Das ist nach seiner Erfahrung in Europa nicht der Fall. In Instituten und Fabriken gebe es sogar Gesellschaften für Buchliebhaber, erwähnte er. Geistige Werte spielten eine große Rolle in der Entwicklung eines jeden Sowjetbürgers, wurde mir oft berichtet, und das hinge nicht von der Bildung des Betreffenden ab. Jeder, der für andere zu leiden vermag, tiefes Mitgefühl für die Probleme des Nächsten empfindet und großzügig ist, zeigt diese »geistigen Werte«. Ein Schriftsteller umschrieb sie als »innere Werte«, Dinge, über die man nicht unbedingt spricht, an die man eher denkt. »Es ist Selbsterforschung und der Versuch, seinen Platz in der Welt zu finden«, fügte er hinzu. Um die »geistigen Werte« in sich zu entwickeln, muß sich jeder sowjetische Schüler mit den Arbeiten ausländischer Autoren befassen und fremde Sprachen lernen. »Wenn man Amerikaner fragt, was sie über die Sowjetunion wissen, sagen sie meist, daß sie nichts wissen. Es macht ihnen nichts aus, das zuzugeben, und sie sind nicht neugierig darauf, mehr zu lernen«, meinte Bersuker.

Eine Umfrage der *New York Times* vom September 1985 unterstreicht seine Ansicht. Von den Befragten hatten 82 Prozent nie ein Buch über die Sowjetunion gelesen, und 28 Prozent waren der Ansicht, beide Länder hätten im Zweiten Weltkrieg auf verschiedenen Seiten gekämpft, während weitere 16 Prozent darüber nichts wußten.

»Die Amerikaner leben selbstgefällig in ihrer eigenen begrenzten Welt, unberührt von der Welt draußen«, sagte Bersuker weiter. Als Beispiel führte er seine Erfahrung an der Universität in Iowa an, an der er Vorlesungen gehalten hatte. Bevor er sich an die Studenten wandte, wurde ein Informationspapier verteilt, auf dem stand, wer er war und woher er kam. Hinter dem Wort Kischinew stand in Klammern »eine Stadt zwischen Kiew und Odessa«. »Wie ist das möglich, daß die Amerikaner nicht wissen, daß Kischinew die Hauptstadt einer der fünfzehn Sowjetrepubliken ist? Hier wäre es peinlich, wenn ein Student zugeben müßte, daß er nie von Iowa gehört hätte.«

Mit Erleichterung hatte der Wissenschaftler bei seinen Reisen in Europa festgestellt, daß die isolationistische amerikanische Einstellung und dieser Mangel an Interesse an der Welt außerhalb der eigenen nicht typisch für die westliche Welt war. In Frankreich imponierten ihm die Menschen mit ihrem Wissen und ihren Fragen über die Sowjetunion. Doch das ist schließlich nicht überraschend bei der Lage und Geschichte dieses Landes.

Der Wissenschaftler sah noch andere Unterschiede zwischen Amerikanern und Sowjetbürgern, die er in Zusammenhang mit dem Ziel der Leistungsfähigkeit brachte. Als Beispiel führte er die Wissenschaft an, wo die Amerikaner Spezialisten, die Russen jedoch Generalisten mit einer breiten Wissensgrundlage seien. Ein Geophysiker, der einige Monate lang mit Amerikanern gearbeitet hatte, meinte: »Wenn ein Amerikaner sein Fachgebiet kennt, ist sein Wissen unbestreitbar, und er strebt Perfektion an.

Gleichzeitig verfügt er wahrscheinlich nur über eine begrenzte Kenntnis von anderen Dingen, die mit seinem Gebiet nur am Rande zu tun haben, und er muß sich mit einem anderen Spezialisten beraten. Für die wissenschaftliche Genauigkeit ist es gut, aber nicht für die Entwicklung eines zusammenhängenden Systems, bei dem es nötig ist, zu wissen, wie die Teile ins Ganze passen.«

Bersuker bewunderte die Flexibilität und die Möglichkeit eines jeden in Amerika, innovatorisch zu sein, ohne daß die Bürokratie ihm Steine in den Weg legte. Ihn beunruhigte jedoch das Ergebnis: »Leistungsfähigkeit um ihrer selbst willen. Was bleibt vom menschlichen Wesen und seinem sozialen Bewußtsein? Fragt irgend jemand, was das Ziel der Leistungsfähigkeit ist? Geht es um mehr Brot, einen besseren Lebensstandard, mehr Verbrauchsgüter? Wenn man ein oder zehn Hemden hat, wieviel braucht man, bis man genug hat? Ich sehe ein, daß materieller Wohlstand wichtig ist, aber als einziges Ziel reicht er nicht. Er sollte ein Mittel sein, um zu einem reicheren geistigen Leben zu kommen.«

Seine Worte erinnerten mich an die einer Lehrerin in Tbilisi, die einige Schulen in New York besucht hatte: »Mir tun die jungen Leute in den Vereinigten Staaten leid, deren geistiges Leben leer ist. Wir studieren Shakespeare und Longfellow und andere amerikanische und englische Dichter, lernen einiges von ihrer Dichtung auswendig. Doch das wird in eurem Schulsystem nicht verlangt.«

Als eine Schulklasse aus Amerika ihre Schule in Tbilisi besuchte, baten die Schüler die jungen Amerikaner, Gedichte, die sie kannten, zu rezitieren. Nach langem Nachdenken sprach einer einen Psalm aus der Bibel. Andere junge Sowjetbürger, die amerikanische Touristen und Sportler kennengelernt hatten, waren ähnlich enttäuscht von der geringen Kenntnis der Amerikaner über ihre eigene wie die sowjetische Literatur. Und wieder fiel mir die Bemerkung des Taxifahrers ein: »Wir wissen soviel mehr über euch als ihr über uns.« Sogar John F. Kennedy sei sich der Versäumnisse Amerikas bewußt gewesen, merkte ein Journalist an und zitierte den amerikanischen Präsidenten: »Wir haben uns über das intellektuelle Potential der Russen getäuscht. Wir irrten uns über den Grad ihres Unwissens über unsere Länder und Kulturen.«

Während meiner Jahre in Moskau beeindruckte mich, wieviel die Russen lesen. Das trifft nicht nur auf die Intellektuellen zu, sondern auch die einfachen Arbeiter. Beim Schlange stehen, in der Untergrundbahn, in Bussen und Taxis – die Menschen lesen immer. Gute Bücher waren Kostbarkeiten und wie die Konsumgüter »Defizite«. Als offizieller Grund für die Buchknappheit wurde Papiermangel angegeben, und schwer käufliche Bücher erreichen auf dem schwarzen Markt astronomische Preise. Die neue Verlagspolitik soll einen besseren Ausgleich zwischen Angebot und Nachfrage schaffen.

Kultur hatte unter den Interessen der Menschen einen hohen Stellenwert. Ausstellungen eigener und ausländischer Künstler zogen Massen an, und die Karten der meisten Theateraufführungen waren ausverkauft. Ein Abend, an dem russische Dichtung rezitiert wurde, galt bei meinen Freunden als besonderes Ereignis. Nach Meinung einer Moskauer Freundin erzeugt nicht nur die Erziehung die »geistigen Werte« und das Verlangen, gebildet zu sein. Eine Rolle spielen nach ihrer Auffassung auch die Eintönigkeit des Lebens und der Mangel an Unterhaltung. Während einige tränken, würden andere aus Hunger nach Information lesen. »Das ist in den Vereinigten Staaten nicht nötig, wo die Menschen täglich mit Informationen überfüttert werden und interessantere Zerstreuungen haben, als ein Buch über die Sowjetunion zu lesen«, meinte sie. Wenn die Videos sich im Land verbreiteten und die Schulen Computer hätten, fürchtete eine Lehrerin, würde die jüngere Generation weniger lesen und ihre Wertvorstellungen würden sich ändern. »Ist es im Westen nicht schon so?«

KAPITEL 11

»DIE FRAUEN SOLLTEN WENIGER EMANZIPIERT SEIN«

Sowjetische Besucher in den Vereinigten Staaten sind überrascht, wieviel beide Länder voneinander unterscheidet. So war Bersuker zum Beispiel verblüfft, daß die Geschäfte frisches Gemüse verkauften, wenn noch Schnee lag. Zu Hause sei frisches Gemüse im Winter selten, und die Leute lebten dann von Konserven. Er war auch erstaunt darüber, daß er von einem abgelegenen Ort in New Jersey mit New York telefonieren konnte und eine direkte und klare Verbindung erhielt. In der UdSSR kostet das Telefonieren von einer Stadt zur anderen nicht nur viel Zeit, sondern die Verbindung ist auch häufig so schlecht, daß jeder Teilnehmer schließlich in den Hörer brüllt, ohne noch viel zu verstehen.

Die Leute fragten mich, warum es in den USA nicht mehr Fußwege gebe? Warum besuchten die Nachbarn einander nicht zu Fuß, anstatt mit dem Auto zu fahren? Warum gibt es in den kleinen Städten so viele Kirchen? Warum haben die Mitglieder einer Familie getrennte Bankkonten? In der Sowjetunion wird alles Ersparte zusammengelegt, und normalerweise ist die Frau für das Budget und die Aufteilung des Geldes verantwortlich.

Schockiert waren Amerika-Besucher aus der Sowjetunion über die Berichterstattung in den Boulevardblättern. Solche Zeitungen gibt es in der Sowjetunion nicht. Dort gehören alle Zeitungen dem Staat und geben die offizielle Meinung wieder. »Warum gehört die erste Seite dem Verbrechen, die zweite einer Prominentenscheidung und die dritte dem Sex?« fragte eine

Russin mich indigniert. Dann kritisierte sie die angeblich freieren sexuellen Beziehungen in den Vereinigten Staaten, die von Silvio Sclocchini bestritten wurden. Seiner Meinung nach gab es in der Sowjetunion mehr Untreue bei verheirateten Paaren, die oft ihre Ferien getrennt verbrächten.

Pornographie, Sexläden und Sexshows waren abstoßend und faszinierend zugleich für die Bewohner eines Landes, wo diese Art Unterhaltung gesetzlich verboten ist. Zu vulgären Graffiti in den Untergrundbahnen in Philadelphia und New York meinte ein Russe: »Die Regierung sollte so etwas verbieten.« Andere störte der Schmutz auf den New Yorker Straßen und daß die Leute in den Kinos während der Vorstellung aßen und alle Abfälle auf den Boden warfen.

Die aufgezählten Pluspunkte Amerikas spiegeln das wider, was den Russen zu Hause fehlte: zum Beispiel Hochhäuser, moderne Autobahnen, Schnellimbiß-Restaurants, höfliche Bedienungen, Supermärkte mit gefüllten Regalen und einem reichen Warenangebot, keine Schlangen, keine »Defizite«. Der Beruf meiner Gesprächspartner färbte oft ihre Interessen und Ansichten. Ärzte stellten zum Beispiel fest, daß beide Länder dieselben Feinde – Krebs und Herzkrankheiten – bekämpften, daß die Vereinigten Staaten jedoch technisch weiter fortgeschritten seien. Die Krankenhäuser seien makellos und gut ausgestattet. In der Sowjetunion leiden die durchschnittlichen Krankenhäuser unter dem Mangel an Medikamenten, Personal und Hygiene.

Gleichzeitig wurden das Trinken als sowjetisches und der Drogenkonsum als amerikanisches Problem eingestuft. Die Situation hat sich heute geändert. Die intensive Anti-Alkohol-Kampagne hat in der Sowjetunion bereits zu einem Abklingen des Alkoholismus geführt. Aber nun sind Drogen ein Anlaß zu starker Besorgnis in der Sowjetunion. Im Januar 1987 begann ein Feldzug gegen die Rauschgifte, zur selben Zeit wurde bekannt, daß 46000 Sowjetbürger als drogenabhängig registriert sind. Im Vergleich dazu schätzt allerdings die US-Regierung, daß 500000 Amerikaner drogenabhängig sind und eine unbekannte Zahl in

Millionenhöhe gelegentlich Rauschmittel benutzt (*Herald Tribune* vom 7. Januar 1987). Verstöße gegen das Drogengesetz werden in der Sowjetunion streng geahndet. Wer einem anderen eine Haschischzigarette anbietet, kann mit einer Haftstrafe von bis zu fünf Jahren rechnen, wer Drogen zubereitet, kauft und besitzt oder weitergibt, dem droht Gefängnis bis zu zehn Jahren.

Sowjetische Ärzte bemängeln die Einstellung amerikanischer Mediziner, »Geschäft sei Geschäft«. »Wie kann man einen Kranken aus geschäftlichen Gründen ausbeuten?« fragte ein Arzt. Er sah auch die Schwächen seines eigenen Systems, wo die medizinische Versorgung zwar offiziell kostenlos ist, ein Patient jedoch für eine bessere Behandlung das medizinische Personal bestechen muß und wo Medikamente aus dem Westen knapp sind. »Warum haben die amerikanischen Ärzte mehr Interesse daran, reich zu werden, als human zu sein?« wollte der Arzt wissen.

Schriftsteller haben andere Interessen – wie zum Beispiel Michail Tschernjonok, ein Verfasser spannender Romane, der mich in Nowosibirsk mit einer amerikanischen Ausgabe seines Buches »Die Wette verlieren« (»Losing Bet«) begrüßte. Während er sich mit mir unterhielt, streichelte er den Einband und die Seiten seines Buches. Er war stolz auf dessen Aufmachung, vor allem auf die kräftigen, auffallenden Farben des Umschlags. Und dann die Qualität des Papiers. Es beeindruckte ihn, daß eine ganze Seite einem Verzeichnis aller seiner Werke gewidmet war. Auf dieser wie auf der Titelseite war noch viel freie Fläche. Für ihn waren das wichtige Einzelheiten, da in der Sowjetunion wegen des Papiermangels eine solche Platzverschwendung nicht erlaubt war.

Tschernjonok war begeistert darüber, daß die amerikanische Fassung in voller Länge, ohne Kürzungen oder Änderungen, veröffentlicht worden war. In den sozialistischen Ländern hatte er andere Erfahrungen gemacht. Er wollte wissen, wieviel man mir für das Buch, an dem ich schrieb, zahlen würde. Ich berichtete ihm das, was ich schon dem Mann im Zug erzählt hatte: daß ich einen Vorschuß bekäme und dann auf die Ergebnisse des Verkaufs warten müßte. In seinem Fall machte es keinen Unter-

Antonina Chlebuschkina, die Leiterin des Taschkenter Waisenhauses, mit Bildern ihrer Kinder.

Wjatscheslaw und Natalia Saweljew in Leningrad mit ihren acht Kindern.

Frauen in der Sowjetunion: Die Regisseurin und Schauspielerin Galina Woltschek . . .

. . . und die Schriftstellerin Natalja Baranskaja, die vor allem mit ihrem Buch Eine Woche wie jede andere *bekannt geworden ist.*

Pawel, ein 28jähriger Fabrikarbeiter aus Odessa.

Eine Arbeiterin aus der Ölindustrie in Baku mit der Autorin.

Wladimir Posner, sowjetischer Rundfunk- und Fernsehkommentator.

Jegor Jakowlew, Chefredakteur der Moskowskije Nowosti, *einer der wichtigsten Stimmen der neuen Politik der Offenheit (glasnost).*

Der Chefingenieur eines Leningrader Unternehmens, Beispiel für das junge Management in der Sowjetunion.

Der international angesehene Wissenschaftler Dr. Bersuker und seine Frau in ihrer Wohnung in Kischinew.

Rustam Ibragimbekow, Bühnenautor und Vorsitzender des Filmverbandes in Aserbaidschan (ganz rechts).

Der 53jährige sowjetische Filmregisseur Elem Klimow, der neue Sprecher der Filmschaffenden.

Auf der Ulitza Arbatskaja in Moskau entfaltet sich abends das Leben: ein junger Maler porträtiert Passanten . . .

. . . und junge Leute sammeln sich, wo es eine Gitarre und etwas zu singen gibt.

Die jungen Leute von Moskau bis Sibirien sind westlich orientiert:
Silvio und Lida mit ihrer Schwiegertochter Tanja in deren Wohnung.

Junge Mädchen auf den Straßen Moskaus.

schied, ob sein Buch sich verkaufte oder nicht. Er bekam zum Beispiel 9000 Rubel (32 000 Mark) für die erste Auflage, die immer bei 100 000 Exemplaren lag. Für die zweite Auflage erhielt er weniger, zum Beispiel 3500 Rubel. Als Mitglied der Schriftstellergewerkschaft konnte er auch durch Vorträge oder eine Teilzeitarbeit Geld nebenher verdienen.

Einer der Nowosti-Führer bewunderte, wie leicht mir das Lächeln fiel. »Was die Amerikaner charakterisiert, ist ihr Lächeln. Wir sind nicht daran gewöhnt, so schnell zu lächeln«, sagte er. Wenige Wochen später stand das amerikanische Lächeln im Mittelpunkt eines Gesprächs mit Galina Woltschek, der Leiterin des Sowremennik-Theaters in Moskau. Bevor ich Frau Woltschek, die auch Schauspielerin ist, traf, hatte ich sie in der Rolle der Martha in Edward Albees Stück »Wer hat Angst vor Virginia Woolf?« gesehen. Sie war überragend, und ich bewunderte und mochte sie schon vor unserer Begegnung.

Sie ist eine breitgebaute, kräftige Frau Ende Vierzig mit einer starken physischen Ausstrahlung. Ihre stämmige Figur lenkte nicht im mindesten von ihrer Wirkung ab. Sie ist dynamisch, aufregend und humorvoll. Wenn sie mit ihrer tiefen Stimme lachte, mußte ich automatisch mitlachen. Was sie auch sagen mochte, ich mußte sie begeistert anlächeln, selbst wenn sie Abfälliges über Amerikaner, die immer lächeln, sagte.

Galina Woltschek hatte 1979 drei Monate in Houston (Texas) gearbeitet, wo sie bei dem Stück »Die Staffel«, das vom Zweiten Weltkrieg handelt, Regie führte. »Wenn ein Mensch nur eine Woche in Amerika verbringt, wird er atemlos. Zuerst bewunderte ich alles, doch nach einer gewissen Zeit begann ich, die Dinge zu analysieren«, sagte sie. Am ersten Tag fragten Leute sie, wie es ihr gehe, und sie sagte: »Gut.« Nach einer Weile bemerkte sie, daß jeder diese Frage mit dem Wort »gut« beantwortete. Hatte keine Frau Streit mit ihrem Mann oder ein krankes Kind zu Hause? Zerbrach niemand seine Lieblingskristallvase? Sie fragte ihren Fahrer Tony, warum jeder immer nur sagte, es gehe ihm gut. »Wir können auch weinen, aber wenn wir das tun, dann bei unserem Psychoanalytiker, und dann ist anschließend alles wieder gut«, antwortete er ihr.

Dann machte sie ein Experiment. Wenn Leute sie fragten, wie sie sich fühle, sagte sie: »Gut« und erzählte dann, daß ihr Mann gerade gestorben sei. Niemand wußte, wie er sich verhalten sollte.

»›Gut‹ zu sagen ist keine Maske in Amerika. Es ist einfach eine Methode, psychisch zu existieren«, meinte sie. Als ein Fotograf Bilder von ihr machte, waren einige häßlich, andere lebendig oder hübsch oder lächelnd. Die Bilder, die er für die Öffentlichkeit aussuchte, waren die lächelnden. »Wir haben keine Angst, unsere Gefühle zu zeigen oder über etwas zu sprechen, was uns ärgert. Ich kann mitten in der Nacht nach einem heftigen Streit mit meinem Mann unangemeldet zu einer Freundin gehen, und sie wird mich trösten. Der Amerikaner benimmt sich, als sei er immer in Ferien. Die ganze Atmosphäre bestärkt diesen Eindruck. Die Wände sind weiß, um einen beruhigenden Hintergrund zu schaffen. Nichts darf die Psyche aufwühlen.« Galina Woltschek trug oft Schwarz – wie an dem Tag, an dem wir uns kennenlernten, und das paßte gut zu ihrer dunklen Haut. In Amerika, fand sie, neigten die Menschen dazu, helle oder leuchtende Farben als Zeichen der Hoffnung zu tragen. Sie sähen auch lieber Musicals als psychologische Stücke, um sich in ihrer »Es-geht-mir-gut«-Mentalität zu bestärken. In der Sowjetunion bevorzugten die Zuschauer Stücke, die sie zum Denken und Überlegen anregten. Wenn die Zuschauer zu den Proben ins Theater kämen, zeigten ihre Gesichter und Bewegungen, was für einen Tag oder eine Nacht sie hinter sich hätten. Einige seien düster, andere aufmüpfig oder traurig. »Keiner versucht, seine Probleme zu verbergen, und die meisten fühlen sich besser, wenn sie darüber gesprochen haben.«

Einer der bezeichnenden Unterschiede zwischen den Ländern liegt in der Rolle der Frau. »Im Westen kämpfen die Frauen für ihre Rechte, während wir schon gleichberechtigt sind«, sagte Natalja Baranskaja. Diese sowjetische Autorin wurde bekannt durch ihre Schilderung des harten Lebens der sowjetischen Frau in ihrem Buch »Eine Woche wie jede andere«. Ich war Gast in ihrer spärlich möblierten Wohnung, in der das Auffallendste neben der Autorin die Büchersammlung war. Natalja Baranskaja ist von mittlerer Größe und trägt ihre mehr als siebzig Jahre mit Würde. Als ich sie bat, sie fotografieren zu dürfen, meinte sie, sie sei zu alt, um fotografiert zu werden. Ein italienischer Fotograf hatte vor vielen Monaten ein Bild von ihr gemacht und ihr Abzüge geschickt. Vor Schreck darüber, daß eine »95jährige« sie aus den Fotos anblickte, hatte sie geschworen, nie wieder ein Bild von sich machen zu lassen. Da ich über kein Talent und keine Erfahrung im Fotografieren verfügte, konnte ich ihr ruhigen Gewissens versichern, daß sie niemals die Fotos zu sehen bekommen würde. Als sie Strähnen von grauem Haar aus ihrem Gesicht strich und sie in ihren Knoten steckte, legte ich dies als Zeichen aus, daß sie sich hatte erweichen lassen, und machte einen Schnappschuß.

Es dauerte lange, bis Frau Baranskaja bereit war, die Lage der Frauen zu erörtern. Immer wieder versicherte sie, auf diesem Gebiet keine Expertin zu sein. Lieber sprach sie über ihre sowjetischen Lieblingsregisseure und deren Filme. Sie las gern, und in ihrer Kindheit war Mark Twain ihr Lieblingsautor gewesen. Dann wurde Hemingway ihr Idol, gefolgt von Steinbeck und Thornton Wilder. Vor nicht langer Zeit hatte sie für sich selbst ein Faulkner-Jahr veranstaltet, in dem sie nur seine Werke las und sich mit seinen Bildern umgab. Einer von Truman Capotes Romanen hatte sie veranlaßt, ein Buch zu schreiben, das von den Verlagen abgelehnt worden war. Als sie das erwähnte, wurde ihr freundliches, lebendiges Gesicht bitter. Warum hatte man ihre Manuskripte abgelehnt? Ein Lektor hatte so viele Korrekturen vorgeschlagen, daß sie ihm erklärt hatte, er müsse unbedingt als Koautor erscheinen. Ein anderes Mal wurde ihr mitgeteilt, sie müsse ein paar Jahre warten wegen der »Schlange« von Manuskripten, die noch vor ihrem kamen. Die Schriftstellerkarriere von Frau Baranskaja hatte recht spät in ihrem Leben begonnen. Sie hatte erst vor siebzehn Jahren, nach ihrer Pensionierung von ihrer Stelle im Puschkin-Museum, mit dem Schreiben begonnen.

Frau Baranskaja rühmte die Weisheit von Federico Fellini, dem italienischen Filmregisseur, der gesagt hatte, daß Freiheit und Gleichheit der Frauen nicht unbedingt bedeuteten, daß sie Männerarbeit verrichten müßten. Frauen hätten ihre eigene Sphäre und Fähigkeiten, und das müsse berücksichtigt werden. Das Prinzip der Gleichberechtigung ist in der sowjetischen Verfassung verankert, was in der Praxis gleicher Lohn für gleiche Arbeit bedeutet. Eine Arbeiterin aus Baku behauptet, in Amerika erhielten die Frauen 60 Prozent des Lohnes, den Männer für die gleiche Arbeit bekommen. Obwohl ich die genauen Zahlen nicht kannte, konnte ich nicht glauben, daß ihre Angaben auf dem neusten Stand waren. Auf der anderen Seite beklagten sich meine Moskauer Freundinnen, daß Männer größere Beförderungs- und Aufstiegschancen im selben Beruf hätten. Die sowjetischen Frauen nahmen das hin mit der Überlegung, daß sie nicht nur Verdienerinnen waren, sondern auch Mütter und daß sie, und nicht die Männer, zu Hause blieben, wenn ein Kind krank war.

Der aufreibende Tagesablauf läßt einer sowjetischen Frau nicht viel Zeit, über sich selbst oder ihre Rechte nachzudenken. Neben ihrer Vollzeitbeschäftigung, dem Einkaufen und dem ein- bis zweistündigen täglichen Schlangestehen muß sie sich um den Haushalt und die Familie kümmern. Soziologen haben geschätzt, daß eine Frau wöchentlich 35 Stunden mit Hausarbeit und Kinderbeaufsichtigung verbringt. Dagegen haben Männer 50 Prozent mehr Freizeit als Frauen, aber sie verbringen nicht mehr Zeit mit Lesen oder bei kulturellen Veranstaltungen als Frauen.

Die sowjetischen Frauen haben keine Haushaltsgeräte, die ihnen das Leben erleichtern könnten. Die Küche einer Stadtfamilie enthält als Grundausstattung: fließendes warmes und kaltes Wasser, ein Spülbecken, einen Gasherd und einen Kühlschrank. Geschirrspülmaschinen sind unbekannt, und Waschmaschinen sind so einfach konstruiert, daß sie kaum Zeit sparen. Staubsauger sind sehr schwer, und viele Frauen ziehen den Gebrauch eines Handfegers vor. Sowjetische Besucher amerikanischer Küchen betrachten diese als »Traum jeder sowjetischen

Hausfrau«. Die elektrischen Geräte, das schnelle und wirtschaftliche Einkaufen, tiefgekühlte Fertiggerichte, Zustelldienste für Lebensmittel und Haushalts-Reinigungsmittel sind ein Luxus, den die sowjetische Frau nicht kennt. Sie mag politisch emanzipiert sein und die gleichen Rechte wie ein Mann genießen, doch ich bin der Auffassung, daß ihr physisches und materielles Wohlergehen ignoriert wird und sie nicht, wie die amerikanische Frau, von schwerer körperlicher Arbeit emanzipiert ist.

Wie unterscheidet sich die sowjetische Ehefrau von einer westlichen? »Das wichtigste für eine Frau ist, ihrem Mann das Gefühl zu geben, daß er die Nummer eins ist«, meinte Frau Baranskaja. »Wenn sie die Zügel in die Hand nehmen will, muß sie das behutsam tun. Sie muß leise und gleichzeitig weich und fest sein. Die Frau hat die Aufgabe, dem Mann das Gefühl zu geben, er ist das Familienoberhaupt.« Der Mann sei zu Hause der »Pascha«, meinte eine Freundin, und eine andere: »Wir behandeln unsere Ehemänner gern wie Teddybären und verwöhnen sie mit Vergnügen.«

Was erwartet die sowjetische Frau von ihrem Mann? Außer daß er sie versteht, daß er nicht trinkt? Er sollte ihr beim Einkaufen helfen und sich um die Kinder kümmern, wenn sie Hausarbeit macht oder ihrem Beruf nachgeht. Man kann an Werktagen und Wochenenden oft Väter mit Kinderwagen in den Parks sehen. Silvio in Irkutsk war begeistert von seiner russischen Frau, die so anders war als die amerikanischen Frauen, die er kannte. Sie war ihm völlig ergeben und traf keine Entscheidung, ohne ihn vorher gefragt zu haben. »Amerikanische Frauen treffen selbst ihre Entscheidungen und sind unabhängiger«, meinte er. Die russische Frau sei dankbar, einen Ehemann zu haben, und finde sich mit seiner Untreue, seinem Saufen und möglicherweise auch Schlägen ab, was nur wenige amerikanische Frauen hinnehmen würden.

Die sowjetische Frau arbeitet, weil die Familie vom Verdienst eines einzigen Gehaltsempfängers nicht leben kann. Sie verwaltet auch das Familienbudget, und das bedeutet häufig, daß der Ehemann nur ein Taschengeld erhält. Sie ist von ihm weder finanziell noch als »Ernährer« der Familie abhängig. Das Konzept »Das ist meins und das ist deins« gibt es nicht. Alles ist »unseres«.

Während russische Männer amerikanische Frauen wegen ihres attraktiven, entspannten Aussehens bewunderten, hielten russische Frauen dagegen, es sei nicht überraschend, daß Amerikanerinnen so gut aussähen. Ihr Leben sei leichter, und sie hielten ihre eigenen Bedürfnisse für wichtiger als die des Ehemannes oder der Kinder. In der sowjetischen Familie nimmt die Frau lange alles hin und würde alles für ihre Familie opfern. Sie ist auch nie zu alt, um eine wichtige Rolle im Leben zu Hause zu spielen. Wenn beide Eltern arbeiten, zieht die pensionierte »Babuschka« die Vorschulkinder groß, während in Amerika oft die Mutter diese Rolle übernimmt.

Ich hörte viele russische Bemerkungen über die älteren Leute in den westlichen Touristengruppen. In der Sowjetunion würde diese Altersgruppe zu Hause die Kinder hüten, während ihre Kinder reisten. Frau Baranskaja äußerte die Hoffnung, daß eine Verbesserung der Lebensbedingungen auch das Leben der Frauen leichter machen und daß sie mehr Zeit für sich selbst und ihre Aufgabe als Mutter haben könnte. Die Theaterleiterin Galina Woltschek wünschte sich, daß die Frauen etwas weniger emanzipiert wären und die Männer mehr mittragen würden. Sie stand damit nicht allein. Meine Freundinnen in Moskau denken genauso.

KAPITEL 12

»ICH BIN MIT EINER POSITIVEN EINSTELLUNG NACH AMERIKA GEFAHREN, ABER . . .«

Diejenigen, die Amerika besucht hatten, waren viel kritischer als andere, die nur darüber gelesen hatten. Eine Moskauer Freundin hatte drei Monate in New York verbracht und brannte darauf, mit mir über ihre Eindrücke zu sprechen. Ich kam ausgeruht und fröhlich in ihrer Wohnung an, nachdem ich ein erfreuliches Erlebnis in der Metro gehabt hatte. Zum erstenmal war ich während der Hauptverkehrszeit in der Moskauer Metro weder herumgestoßen noch zusammengepreßt worden. Ein Jugendlicher mit rosigen Wangen hatte mir seinen Sitz angeboten – wegen meines Gähnens oder wegen meines Alters? Auf jeden Fall hatte ich vermutet, daß er bei der nächsten Station aussteigen würde. Zu meiner Überraschung stand er immer noch in der Bahn, als ich zwanzig Minuten später ausstieg.

Als ich das vertraute zehnstöckige Hochhaus betrat, schenkte mir die Rentnerin, die immer in der düsteren Kammer neben dem Aufzug saß und die eintretenden und hinausgehenden Leute beobachtete, keine Beachtung. Sie war verantwortlich für Ordnung und Sauberkeit in dem Gebäude und befand offensichtlich meine Anwesenheit nicht als bedrohlich. Der Sopran eines Nachbarhundes, der verlockende Duft der kochenden Kohlsuppe und der durchdringende Geruch nach Katzen empfingen mich jedesmal, wenn ich auf der obersten Etage den Aufzug verließ. Das Klingeln der Türglocke überraschte meine Freunde. Sie waren an meine »Russianisierung«

gewöhnt, die bedeutet, daß Pünktlichkeit die Ausnahme und nicht die Regel ist. Doch an diesem Tag war ich auf die Minute genau.

Als ich die schwarze gepolsterte Wohnungstür öffnete, fühlte ich mich in der gewohnten Unordnung gleich wieder zu Hause. Eine kohlschwarze Katze und eine andere mit einem schwarzen Schnurrbart berochen mich und stellten Hundegeruch fest, den ich aus Deutschland mitgebracht hatte. Wie immer waren die Garderobenhaken an der Korridorwand überladen mit den Kleidungsstücken der vier Familienmitglieder, darunter ein Durcheinander von Stiefeln und Schuhen. Ich ließ meinen Mantel auf einen Stuhl fallen, vermehrte den wirren Haufen um meine Stiefel und zog die Hausschuhe an, die ich immer bei mir trug. Walenta küßte mich, nachdem sie sich vergewissert hatte, daß ich nicht im Türrahmen stand. Weil sie wie viele Russen abergläubisch war, befürchtete sie, es würde Unglück bringen.

Da ich feststellte, daß sie abgenommen hatte, fragte ich sie, ob ihr das Essen in Amerika nicht geschmeckt hatte. In den sieben Jahren, die wir einander kannten, hatte sie immer mit einem Übergewicht von vierzig oder fünfzig Pfund gekämpft, die sie bei einer Größe von 1,60 Metern kaum verbergen konnte. Jede Diät, die ich ihr vorgeschlagen hatte, war auf ihr theoretisches Interesse gestoßen, doch da sie das Essen liebte, geriet sie nie in die Phase der praktischen Erprobung. Aber ihre Fülle beeinträchtigte ihre Schönheit nicht. Mit ihrer weißen Samthaut, den dunklen gefärbten Haaren und den faszinierenden blaugrauen Augen erinnerte sie mich an Elizabeth Taylor. Niemand hätte geglaubt, daß sie schon fünfzig war.

Walenta war gerade aus New York zurückgekehrt, wo sie einige Monate bei den Vereinten Nationen als Dolmetscherin gearbeitet hatte. Ich war neugierig auf ihre Erfahrungen, doch damit mußte ich warten, bis der russischen Gastfreundschaft Genüge getan war. Nachdem der Wohnzimmertisch mit meinen Lieblingshappen gedeckt worden war, setzten sich Walenta, ihr Mann, der Sohn, die Schwiegertochter und ich nieder zu einem Abend in englischer Sprache.

»Ich bin mit einer positiven Einstellung nach Amerika gefahren, kam jedoch mit einer anderen Meinung zurück«, begann Walenta. »Früher war ich unserer Propaganda müde.« »Man muß einfach eine Art Grundlage zum Auswählen haben«, sagte ihr Ehemann Sascha ruhig.

»Ich war darauf vorbereitet zu denken, daß alles genau umgekehrt sei«, antwortete sie. Bei der Beschreibung der Probleme in Amerika versuchten die Massenmedien nicht, sie in irgendeinen Zusammenhang zu stellen, und die Erklärungen waren eher propagandistisch als informativ. Das Ergebnis war eine typische Reaktion wie bei Walenta.

Während ihrer Tätigkeit als Professorin für amerikanische Literatur an der Moskauer Universität hatte Walenta sich viel mehr mit Amerika befaßt als die meisten der Russen. Ihre Dissertation hatte sie über F. Scott Fitzgerald geschrieben und dadurch Zugang zu vielen ausländischen Veröffentlichungen und Büchern gehabt, die ringsum gehäuft, verstreut oder ordentlich aufgestapelt lagen. Einige gehörten Sascha, einem schlanken Mittfünfziger mit beginnender Glatze, dessen unscheinbares Äußeres und bescheidenes Auftreten nur wenig über seine Position verrieten. Er war ein hervorragender Wirtschaftsexperte und Autor und gehörte zum Führungsgremium der Gewerkschaftsorganisation. Er hatte mit seiner Frau vier Jahre in Genf gearbeitet. Mit seinem Wissen und seiner Kenntnis der deutschen, französischen und englischen Sprache wurde er oft eingeladen, an internationalen Kongressen in der ganzen Welt teilzunehmen.

Als Walenta nach New York gekommen war, hatte sie zunächst jede freie Minute vor dem Fernseher in ihrem Hotelzimmer verbracht. Sie hatte auch einige Fernsehzeitschriften mit nach Hause gebracht, die von ihren Kindern und Freunden wie Bücher verschlungen wurden. In Moskau hatte sie drei Kanäle zur Auswahl, aber Programme wurden häufig von allen Sendern wiederholt, und die Sendungen endeten um Mitternacht.

In New York konnte sie mehrere Filme bis zum Morgen sehen. »Was mir gefällt, ist eure Freiheit, alles freimütig im Fernsehen zu diskutieren«, sagte sie. Als sie davon sprach, fiel mir ein Gespräch mit einem Freund über einen *Prawda*-Artikel ein. Er beanstandete die Art, wie die sowjetischen Abendnachrichten Amerika und auch innenpolitische Themen behandelten. Jedermann hätte genug davon, hieß es, die Demonstrationen der Arbeits- und Obdachlosen in Amerika zu sehen. Und es hinge ihnen zum Halse heraus, immer wieder Berichte über die sowjetischen Errungenschaften zu sehen, die ihr Leben nicht besser machten. Walenta war beeindruckt von den amerikanischen Fernsehberichten über die Obdachlosen. »Die Behörden hätten es verhindern können, daß über solche strittigen Themen diskutiert wird«, meinte sie.

Andere Probleme dagegen, fand sie, sollten nicht unbedingt veröffentlicht werden. Die Demonstration der Homosexuellen für ihre verfassungsmäßigen Rechte waren für sie ein Schock. In ihrer Heimat galt Homosexualität als Verbrechen, wenn es auch nur äußerst wenige Verfahren gab, und öffentlich gesprochen wurde schon gar nicht darüber. Zum erstenmal wurde dieses Thema im März 1987 in der Presse erwähnt. Ein Journalist schrieb, daß Homosexualität weiterhin als Verbrechen betrachtet werden sollte, um eine Ausbreitung von Aids zu verhindern, und daß sie durch Erziehung und Aufklärung ausgerottet werden könnte.

Walenta war auch empört darüber, daß im Fernsehen das Sterben eines krebskranken Mannes und die Reaktion seiner Familie gezeigt wurden. In der Sowjetunion ist der Tod eine private Angelegenheit, über die man nicht mit Fremden spricht.

Da sie aus einer von der Werbung unberührten Welt kam, in der es zwar politische, aber keine kommerziellen Slogans gibt, ärgerte sie sich darüber, daß jede Fernsehsendung alle paar Minuten von Kaufangeboten unterbrochen wurde. »Ihr seid Gefangene der Werbeindustrie«, brach es aus ihr heraus. »Wie könnt ihr einen aufwühlenden Moment in einem Programm mit Werbung unterbrechen?« Ohne Werbung, erläuterte ich ihr, gäbe es keine Programme. Im Gegensatz zum sowjetischen Fernsehen, das vom Staat finanziert und gestaltet wird, sei das amerikanische privat.

Walenta mochte das offene und lässige Benehmen der Amerikaner. »In diesen speziellen Eigenschaften sind wir einander ähnlich«, meinte sie und begann sogar, Sympathie für Reagan zu empfinden. Nachdem 1986 seine Neujahrsansprache vom sowjetischen Fernsehen gesendet worden war, verwandelte sich diese einst satanische Figur plötzlich für einige in einen freundlichen, netten Mann. »Mit dem könnte ich einen trinken«, sagte ein Moskauer Taxifahrer zu mir, was ein Zeichen für große Anerkennung ist.

Ein sowjetischer Journalist, der Amerika kannte und eine Zeitlang in Genf gelebt hatte, meinte: »Er sieht gut aus und wirkt auf dem Bildschirm überzeugend. Wenn er sagt, daß er die Inflation bekämpft und das Defizit sinkt trotzdem nicht, dann können ihn die Journalisten deswegen herunterputzen, seine Anhänger würden ihn aber verteidigen und sagen, er versuche doch alles.«

»Auch wir sind offenherzig«, sagte Walenta, »aber nicht unbedingt, wenn wir auf fremden Boden verpflanzt werden. Mit dir kann ich freimütig sprechen, weil ich dich kenne und dir vertraue, aber so würde ich nicht mit einem Fremden sprechen.«

Walenta war von einem Vorfall beunruhigt, der sich in ihrer Bekanntschaft ereignet hatte. Ein amerikanischer Korrespondent, der über das Alltagsleben der Russen in New York berichtete, hatte sein Kamerateam vor dem sowjetischen Konsulat postiert. Als russische Frauen von einem Einkaufsbummel zurückkamen, beladen mit allen möglichen Tüten, versuchte er, sie anzusprechen, aber sie eilten vorüber und nahmen keine Notiz von ihm. Auch ein sowjetischer Diplomat, den er anhalten wollte, lief weg. Anderswo wäre dies ein unbedeutender Vorfall gewesen. Doch Walenta hielt ihn für bezeichnend. »Der Reporter war unfair. Die Amerikaner verstehen unsere Lebensbedingungen nicht«, meinte sie.

Die Frauen, die es abgelehnt hatten, gefilmt zu werden, konnten die Preise in den großen Kaufhäusern nicht bezahlen, und es war ihnen peinlich, daß sie nur in Billigläden einkaufen konnten. Walenta gab dann zu, daß sie ihr Geld vor allem für »TV dinners« herausgeworfen hatte. Ihr einziger Versuch, Geld zu sparen, war ein Reinfall. Bei einem Straßenhändler hatte sie einen Sony-Walkman für zehn Dollar gekauft, mußte aber bei ihrer Rückkehr nach Moskau feststellen, daß er defekt war.

Die sowjetischen Diplomaten im Ausland erhalten nur ein niedriges Gehalt – gemessen an den jeweiligen Lebenskosten –, und die Russen, die ins Ausland reisen dürfen, bekommen auch nur niedrige Reisekostenzuschüsse. Deshalb reisten Künstler, die im Rahmen des Kulturaustauschs zu einem kurzen Besuch nach Deutschland kamen, meist mit Koffern voller Vorräte an. Sie wollten ihr bescheidenes Taschengeld nicht für Essen verschwenden. Einige brachten sogar Wodka und Kaviardosen mit, in der Hoffnung, sie verkaufen und so die eigene Kaufkraft verbessern zu können.

Der erwähnte Diplomat hätte seine Stelle riskiert, wenn er auf das Interview eingegangen wäre. Interviews und offizielle Begegnungen mit Nichtsowjets müssen genehmigt werden. Aus eigener Erfahrung kennen wir andere Beschränkungen, die die sowjetische Regierung ihren Vertretern im Ausland auferlegt. Private Einladungen werden im Westen ausnahmslos abgelehnt, selbst von Freunden, die in Moskau unsere Gäste gewesen waren.

Ein russischer Diplomat erzählte uns bei einer offiziellen Begegnung nach einigen Drinks: »In Moskau sind wir viel freier als im Westen, wo wir wie in einem Gefängnis leben.« Warum gibt es solche Beschränkungen? Sowjetische Diplomaten fürchten, von ausländischen Geheimdiensten kompromittiert oder entführt zu werden; sogar die Ehefrauen dürfen nicht allein einkaufen gehen.

Walenta konnte ganz gelöst über ihre Eindrücke in New York und die Amerikaner reden, da sie sich auf Heimatboden befand und sicher fühlte. New York war für sie ein faszinierendes Erlebnis: »Es ist reich, verschwenderisch, prahlerisch, zeigt alles, was es zu bieten hat, aber es ist kein Ort zum Leben, da es keine Seele hat.« Ihre einzigen persönlichen Kontakte mit Amerikanern hatte sie beim Einkaufen. Dort fand sie sie fleißig und höflich und war vor allem beeindruckt von der Ordnung und Sauberkeit in den Geschäften.

Als Walenta den Arbeitseifer in Amerika pries, unterbrach Sascha sie mit dem Hinweis, daß die Menschen dort in einer Wettbewerbsgesellschaft lebten, eine Vorstellung, die den meisten Russen fremd ist. Allgemein sei anerkannt, erklärte er in seiner sanften Art, daß der Lebensstandard im Westen viel höher als in der Sowjetunion sei. Die Sowjetbürger würden auch ein besseres Leben vorziehen, doch dann müßten sie dafür arbeiten, und das könnte bedeuten, daß sie Garantien aufgeben müßten, die sie als selbstverständlich hinnähmen.

Ich berichtete ihnen vom Gespräch mit einem Moskauer Taxifahrer, dem sein Leben gefiel und der stolz auf sein Land war, wie viele Russen. »Die Dinge laufen hier gut«, meinte er. »Ausbildung und Medizin sind frei. Wir können kostenlos in ein Sanatorium gehen. Unser Essen ist billig. Die Regierung kümmert sich um uns, aber Ihre Regierung kümmert sich nicht um Sie. Sehen Sie sich die armen und hungrigen Arbeitslosen an, die sich für ihr Essen anstellen müssen.« Wie so viele andere konnte er nicht verstehen, daß es in einem so wohlhabenden Land Arme und Obdachlose gab.

In der Sowjetunion lebten die Menschen am Rande des Existenzminimums, erläuterte Walenta, aber selbst die Ärmsten hätten ein Dach über dem Kopf. »Ihr lebt, als wärt ihr nicht der Hüter eures Bruders. Ihr behandelt die Obdachlosen, als seien alle Faulpelze. Es ist bequem, sich das so zurechtzulegen. Dann ist man die Verantwortung los. So etwas könnte in der Sowjetunion nicht geschehen. Wir können uns beim Schlangestehen streiten oder unhöflich miteinander umgehen, wenn jedoch jemand in Schwierigkeiten ist, auch ein Fremder, kümmern wir uns um ihn.«

Die Verbundenheit der Menschen untereinander habe einen historischen Grund, meinte Sascha. Die meisten Russen lebten erst seit ein oder zwei Generationen in der Stadt. Früher hätten sie als Bauern in ländlichen Gemeinschaften gelebt, wo sie in enger Nachbarschaft ein Leben, in dem alle gleich viel galten, geführt hätten. Die Mitglieder der Gemeinschaft beobachteten einander, und wenn einer mehr als die anderen oder gar zuviel hatte, wurde er kritisiert. Ausschlaggebend waren die Rechte des Kollektivs und nicht die des Individuums. Jeder Mensch hing von dem anderen ab, und jeder war auf das Individuum angewiesen. Auch heute kann es noch vorkommen, daß jemand gegenüber einem Fremden, der ein auffallendes Kleidungsstück trägt, eine abschätzige Bemerkung macht: »Sie meinen wirklich, daß Sie gut aussehen in dem Rock?«

»Keiner geht hier unbeachtet vorbei, während man in Amerika einem ausgefallenen Kleidungsstück oder der Nacktheit von irgend jemandem keine Aufmerksamkeit schenkt«, sagte Walenta. Mir fiel dieser prüfende Blick vor allem in der Metro auf, wo die Menschen ihr Mißfallen nie verhehlten.

Gorbatschows Parteiprogramm ziele darauf ab, erläuterte Sascha, durch die Wiederbelebung alter Werte soziale Gerechtigkeit zu schaffen. Die Leute hätten ihre Vorurteile gegen diejenigen mit Geld, vor allem wenn es auf illegalem Weg erworben wurde, nicht abgelegt. Deswegen habe Gorbatschow eine Kampagne gegen die Korruption eingeleitet. Das sowjetische Denken ändere sich zur Zeit, und neue Einstellungen entwickelten sich. Wenn ein Mensch hart arbeite, müsse er für seine Anstrengung belohnt werden. Wenn ein Mensch schlecht arbeite, müsse er entlassen werden. Vor zwei Jahren habe es solche Maßstäbe noch nicht gegeben.

Die Sowjetunion und Amerika, fuhr Sascha fort, seien unterschiedlich orientiert. Persönliche Motivation und Individualität bestimmten das amerikanische Verhalten, während in der Sowjetunion der Gemeinschaftssinn noch eine wichtige Rolle spiele. Einer meiner Gesprächspartner wies mich darauf hin, daß ich immer von »meinem Land« sprach, während die Russen von »unserem Land« redeten. »Man sollte nicht vergessen«, sagte er, »daß das Wort Kommunismus von Kommune stammt.« Er räumte allerdings ein, daß auch in der Sowjetunion sich ein Wandel vollziehe, hin zu einer modernen, städtischen Gesellschaft.

Heutzutage werden in der Sowjetunion 30 Prozent der Ehen geschieden. In Leningrad und Moskau erreicht diese Quote sogar

50 Prozent. Einer der Gründe für die hohe Scheidungsrate liegt darin, daß es keine Alternative zur Heirat gibt. Die große Wohnungsnot und moralischer Druck erlauben einem Paar nicht, eine Beziehung erst einmal auszuprobieren. Die Schriftstellerin Natalja Baranskaja erklärte mir: »Sie lieben einander, wollen miteinander schlafen und heiraten, in der Überzeugung, das sei das Größte im Leben. Nach ein paar Monaten aber sind die Flitterwochen vorbei« – und das erste Kind ist unterwegs.

Nach der Hochzeit leben die jungen Leute bei den Eltern, die dazu neigen, die Freiheit ihrer Kinder einzuengen. Das führt dazu, daß die jungen Menschen keine Verantwortung oder Unabhängigkeit lernen und Schwierigkeiten haben, eine dauerhafte eheliche Gemeinschaft aufzubauen. Zwischen 1970 und 1983 ist die Scheidungsrate um 40 Prozent gestiegen, was ein Korrespondent der *Literaturnaja Gaseta* jedoch nicht als negativ wertete: »Nach der ersten unglücklichen Liebe werden sie nach etwas anderem als nur einem Bettpartner Ausschau halten«, meinte er. »Sie werden sich einen geistigen Partner suchen, mit dem sie eine gemeinsame Welt der Gefühle, Gedanken und Kommunikation entwickeln können.«

Nicht nur die Scheidungsrate ist in den Städten höher. Es entsteht auch eine generelle Entfremdung, und der Gemeinschaftssinn geht verloren. Als Beispiel führte Walenta an, daß sie schon seit zehn Jahren in ihrem Wohnhaus lebten und erst sehr wenige Nachbarn kannten. »Je mehr Freiheit ein Mensch hat«, fügte Sascha hinzu, »desto mehr Entfremdung gibt es.« Dies wird auf die Dauer die Gesellschaft verändern.

KAPITEL 13

»WIR WISSEN VON AMERIKA NUR, WAS UNSERE MASSENMEDIEN BERICHTEN«

Die Architektur macht Leningrad zu einer der großartigsten Städte der Welt. Wegen des italienischen Einflusses nennen es einige das Venedig des Nordens. Die zweitgrößte Stadt der Sowjetunion trug früher den Namen St. Petersburg nach ihrem Gründer Peter dem Großen. 1914 erhielt sie den mehr russisch klingenden Namen Petrograd (»Grad« heißt auf deutsch »Stadt«). Zehn Jahre nach dem Tod Lenins wurde sie ihm zu Ehren Leningrad genannt.

Bei sieben Terminen in anderthalb Tagen blieb wenig Zeit für Stadtbesichtigungen, außer durchs Autofenster. Die achte Begegnung war außerplanmäßig, wie das Gespräch im Zug. Es ergab sich mit einem Taxifahrer, der uns aus einem Vorort Leningrads in die Innenstadt brachte. Es war Mitternacht, und ich war erschöpft. Meine Reise sollte bald zu Ende gehen, und ich beklagte mich bei Gennady, daß ich nicht genug Kontakt mit der Arbeiterklasse gehabt hatte. Viele von denen, die ich kennengelernt hatte, waren Intellektuelle, die schon im Ausland gewesen waren. Sie hatten keine Hemmungen oder Mühe, sich mit einem Ausländer zu unterhalten.

»Warum sprechen Sie nicht mit diesem Mann?« regte er an. Ich saß hinter dem Fahrer, sah nur seine Mütze von hinten und wußte nicht, wie ich anfangen sollte. Wie immer half mir Gennady aus der Verlegenheit. Er stellte mich als amerikanische Journalistin vor, die darüber schrieb, was Russen über Amerika und die Amerikaner denken.

»Wird sie mich zitieren?« fragte eine zögernde Stimme. Nach einer langen Pause meinte der Mann: »Wir Russen reden über Politik lieber in unserer eigenen Küche. Wenn ein Ausländer, vor allem ein Amerikaner, dabei ist, den wir nicht kennen oder dem wir nicht trauen, ist es, als ob in uns ein Zensor sitzt.« Ein Jahr später hätte er vermutlich weniger Hemmungen gehabt. Als er das sagte, dachte ich daran, wie sorgfältig ich selbst Antworten auf die Fragen der Russen formulierte, um Amerika nicht in schlechtem Licht erscheinen zu lassen. Der Taxifahrer sagte weiter: »Wir wissen von den Amerikanern nur, was unsere Massenmedien berichten. Warum sollte ich Sie damit langweilen, was ich im Fernsehen sehe? Das ist klar: Ich möchte es mit meinen eigenen Augen sehen. Ich will damit nicht sagen, daß ich den Massenmedien nicht glaube, aber es ist sehr übertrieben.« Dieser Auffassung waren alle, mit denen ich gesprochen hatte.

Dann überraschte er mich, wie so viele einfache Leute, mit seinem Wissen über die Vereinigten Staaten. Er wußte zum Beispiel, daß Franklin D. Roosevelt als einziger amerikanischer Präsident viermal gewählt worden war. Er sprach von Kittyhawk, dem Bürgerkrieg und Hemingway. Er schwärmte von den tollen Modellen und der Technik der amerikanischen Autos. »Sobald man hier ein Auto kauft, muß man damit beginnen, es auf eigene Kosten zu reparieren«, meinte er.

Der Taxifahrer hatte uns an diesem Abend bei einer wenig typischen russischen Familie abgeholt. An die russische Durchschnittsfamilie mit einem oder vielleicht zwei Kindern gewöhnt, war ich sprachlos, als mich acht Kinder zwischen zehn Monaten und 16 Jahren an der Tür der Vierzimmerwohnung empfingen. Neben ihnen standen die jugendlich wirkenden, lächelnden Eltern im Alter von 37 und 35 Jahren. Wjatscheslaw, kurz Wladik, und Natalja Saweljew führten mich in ihren kleinen, einfach möblierten Wohnraum, in dem eine Couch, einige Sessel, eine Nähmaschine und ein Bücherregal mit zerlesenen und abgegriffenen Büchern standen. Der ziemlich schüchtern wirkende Wladik entschuldigte sich bald und verschwand mit einigen der Kinder in ein anderes Zimmer.

Er überließ der fröhlichen und lebhaften Natalja das Gespräch. Das zehn Monate alte Kind saß brabbelnd auf ihrem Schoß, während zwei weitere Kinder dabeistanden und mich anstarrten. Andere kamen ab und zu herein und verschwanden wieder, um in den Schlafzimmern zu spielen, von denen eines wie ein Turnraum ausgestattet war. Gummireifen, Seile und eine Schaukel hingen von der Decke, und auf der anderen Seite standen Etagenbetten und Schränke. Natalja trug ein Hauskleid und Hausschuhe, und ihr Gesicht zeigte keine Spur von Erschöpfung, was ich bei einer Mutter von acht Kindern vermutet hätte. Glänzende braune Locken umrahmten ihr grobgeschnittenes, aber sympathisches Gesicht. Ihrer Figur waren die vielen Schwangerschaften nicht anzusehen, wahrscheinlich weil die Familie gesundheitsbewußt lebte.

1981 hatte sie mit anderen Müttern kinderreicher Familien einen Vortrag über die Erziehung gesunder Kinder gehört. Der Arzt hatte ihnen empfohlen, die »Walroß-Methode« anzuwenden, was ihnen Mißbilligung und Kritik von ihren Nachbarn eingetragen hatte. Rasche Temperaturwechsel gehörten zu den Ratschlägen, zum Beispiel Baden in eiskaltem Wasser und winterliche Dauerläufe im Freien mit entblößtem Oberkörper. Leichte Kleidung und Barfußlaufen im Haus gehörten auch zu der Methode. In diesem Augenblick fiel mir auf, daß das Baby nur eine Windel anhatte und die Kinder Sommerkleider trugen. Das war ungewöhnlich, da die Russen eher dazu neigen, ihre Kinder viel zu warm anzuziehen. Das Ergebnis der Walroß-Methode sei, so verkündete Natalja stolz, daß ihre Kinder gesünder seien als andere.

Die Familie hatte auch noch andere Interessen. Einer der Jungen war Hochspringer, ein anderer Judo-Fan, und die älteste Tochter beteiligte sich an Schwimmwettkämpfen. Sie liebte auch klassische Musik, vor allem Mozart, obwohl sie keine besondere Musikausbildung hatte, wie die Mutter berichtete. Das zehn Monate alte Kind war kurz nach seiner Geburt ins Wasser gelegt worden, und Natalja demonstrierte, wie es schwimmen konnte. In ihrer Freizeit las Natalja gern, vor allem Science-fiction-Literatur, die ihr Mann in der Werkbücherei auslieh.

Natalja hatte im Alter von achtzehn Jahren geheiratet, nachdem sie ihren zehnjährigen Schulbesuch und einen anschließenden Ausbildungslehrgang als Krankenpflegerin abgeschlossen hatte. Ihre erste Stelle hatte sie auf einer Entbindungsstation, und das hatte sie ermutigt, selbst eine große Familie zu gründen. In den vergangenen Jahren hatte sie zwischen den Geburten Urlaub genommen und so die Vergünstigungen genutzt, die einer Mutter gewährt werden. Im siebten Monat trat sie den bezahlten Mutterschaftsurlaub an und war berechtigt, ihr volles Gehalt bis zwei Monate nach der Entbindung zu beziehen. In den folgenden zehn Monaten bekam sie monatlich 35 Rubel. Nach dieser Zeit konnte sie unbezahlten Mutterschaftsurlaub nehmen, aber ihr Arbeitsplatz wurde für sie freigehalten.

Wenn ihr Jüngstes anderthalb wird, will sie es in die Tageskrippe des Werks geben und an ihren Arbeitsplatz zurückkehren. Sie verdiente monatlich über 200 Rubel, während ihr Mann als Fließbandarbeiter in einer Fabrik für elektrische Schaltanlagen im Monat 500 Rubel bekam. Da mir klar war, daß es für eine zehnköpfige Familie schwer ist, von 700 Rubel im Monat zu leben, fragte ich sie nach Regierungs- oder Werksunterstützung.

Natalja trug die »Ruhm-der-Mutter«-Nadel, die nach der Geburt des siebten Kindes verliehen wird und mit einer finanziellen Unterstützung verknüpft ist. Weil die Geburtenrate sinkt, ermutigt die Regierung Mütter, mehr Kinder zur Welt zu bringen, indem sie ihnen besondere Dienstleistungen, finanzielle und sonstige Vergünstigungen gewährt.

Natalja konnte sich nicht genau erinnern, wieviel sie erhalten hatte, schätzte aber, daß es etwa 20 Rubel monatlich für jedes Kind unter fünf Jahren waren. Nach der Geburt eines jeden Kindes hatte sie 120 Rubel erhalten. Das Werk hatte der Familie außerdem Fahrräder, Geschirr, Gläser und Geld geschenkt. Eine andere Familie im selben Wohnhaus hatte zehn Kinder, und der Mutter war von der Regierung die »Mutterheldin«-Medaille überreicht und vom Werk ein Kleinbus mit zehn Sitzplätzen zur Verfügung gestellt worden. Natalja und Wladik hofften sehr darauf, eines Tages auch so einen Wagen zu bekommen. Außerdem hatten sie ein Grundstück am Rande Leningrads erhalten, auf dem sie eine Datscha bauen und ihr eigenes Gemüse ziehen wollten.

Nach der Geburt ihres siebten Kindes war Natalja allein ans Schwarze Meer gereist, und ihr Mann konnte später nach Bulgarien fahren. Da die Familie so groß war, hatten sie kaum die Möglichkeit, gemeinsam die Ferien zu verbringen. Nur kurze Reisen waren möglich, so waren sie einige Tage zusammen in Tbilisi und an der Ostsee gewesen, während Nataljas Mutter die Kinder gehütet hatte.

Wie funktioniert eine so große Familie? Die Kinder halfen einander beim Anziehen und bei den Hausaufgaben. Sie übernahmen auch Haushalts- und Küchenarbeiten. Natalja zeigte mir den schriftlich festgelegten Tagesplan und erklärte mir, wer täglich das Einkaufen übernahm, die anderen in die Schule brachte, die Wäsche machte oder andere Aufgaben erledigte.

Wladik unterbrach uns mit der Aufforderung, in die Küche zu kommen. Eine Weltkarte hing an einer Küchenwand. Auf der Fensterbank zogen die Kinder in einem Blumenkasten Schalotten und zeigten mir voll Stolz die Früchte ihrer Bemühungen. Ein von den Kindern zubereitetes Abendbrot erwartete uns am großen Küchentisch. Wurst, Brot, Käse und – als Höhepunkt – eine frischzubereitete Sülze waren schnell aufgegessen.

Als wir anfingen, uns über Amerika zu unterhalten, erzählte mir der Junge aus der fünften Klasse, er wisse, wo New York liege und Washington, D. C. Er zeigte mir beide Städte auf der Karte. Die Kinder hatten in der vierten Klasse begonnen, Englisch zu lernen, und ein Mädchen sagte das Gedicht »Why Do You Cry, Willie?« auf. Als ich nach der Bedeutung fragte, errötete es, und ein anderes Kind sprang ein: »Sie ist eine schlechte Schülerin, aber ich weiß, was das heißt.«

Die Schulkinder wußten außerdem, daß Reagan der US-Präsident ist, und sie beschrieben aufgeregt eine Parade mit Clowns, die sie im Fernsehen gesehen hatten. Ihrer Meinung nach hatte sie auf den Straßen New Yorks stattgefunden.

Auf Natalja hatte ein Artikel Eindruck gemacht, den sie kürzlich in der *Literaturnaja Gaseta* über eine amerikanische

Dichterin gelesen hatte, die nach Mexiko gegangen war, weil sie die amerikanische Politik gegenüber Nicaragua und Kuba ablehnte. Obwohl diese Frau einen amerikanischen Paß hatte, erzählte Natalja voll Staunen, wollte sie nicht in ihr Land zurückkehren. »Jedes Land hat seine Probleme«, meinte sie und begann dann, Amerika aus ihrer Sicht zu beschreiben. »Es ist ein riesiges, reiches Land mit einem guten Klima. Die Natur ist schön. Man kann dort leichter leben als in den nördlichen Regionen der Welt. Sie haben eine gute Ernte und keine Dürrezonen wie die Sowjetunion. Bei Ihnen gibt es genug Nahrung für jeden. Sie haben nie Naturkatastrophen wie Überschwemmungen oder Erdbeben erlebt. Sie haben alles und sollten sich darauf konzentrieren, die Bedürfnisse Ihres Volkes zu befriedigen, wie die der Armen und Arbeitslosen.« (Wie oft ich diese Bemerkung gehört hatte!) »Warum kümmern Sie sich so viel um andere Länder, obwohl sie auf der gegenüberliegenden Seite des Globus liegen? Sie haben genug damit zu tun, sich um Ihr eigenes Land Gedanken zu machen.«

Es war spät geworden, und einige Kinder wurden zu Bett geschickt. Nur eines kehrte in die Küche zurück, um dort seine Zähne zu putzen. »Bist du hier richtig?« fragte Natalja ruhig und setzte das Gespräch fort.

Wladik war die meiste Zeit ferngeblieben und hatte sich mit den Kindern beschäftigt. Als er dann an den Küchentisch kam, um etwas Ruhe zu haben, fing ich an, ihn zu belästigen. Wie stellte er sich das Leben eines Arbeiters in den Vereinigten Staaten vor? Er wußte, daß alle gut lebten, doch dann fiel ihm eine Reagan-Rede ein, in der dieser gesagt hatte, daß dreißig Millionen Menschen jeden Abend schlafen gingen, ohne etwas gegessen zu haben. Ich vermutete, daß er von den Obdachlosen und Arbeitslosen sprach, und fragte ihn, wieviel Prozent der Leute seiner Ansicht nach ohne Beschäftigung waren. Er nannte die damals richtige Zahl von 8 Prozent. Andere Gesprächspartner hatten sogar bis auf 30 Prozent getippt.

Der bislang zurückhaltende Wladik erzählte nun, daß er fernsah, Radio hörte und viel las, um informiert zu sein. Er sprach von dem Zusammenhang zwischen Kriminalität und Arbeitslosigkeit in Amerika. Wenn Menschen arbeitslos wären, meinte er, verwahrlosten ihre Kinder und könnten so kriminell werden. Er schlug Berufsausbildungsprogramme vor, die den Jugendlichen und Farbigen Arbeit sichern könnten. Wladik wußte auch, daß die Untergrundbahnen in New York mit einer Spezialfarbe eingesprüht wurden, um den Graffiti-Sprayern das Handwerk zu legen. Er erwähnte die hohen Lebenshaltungskosten in den USA und wies stolz darauf hin, wie viele andere Sowjetbürger auch, daß seine 63-Quadratmeter-Wohnung einschließlich Strom und Wasser weniger als zwanzig Rubel kostete.

Er würde gern nach Amerika reisen, um zu sehen, wie die Leute dort lebten. »Wir waren Alliierte während des Krieges, und ich hoffe, daß wir auch für die Zukunft ein gemeinsames Fundament finden.« Bevor dies geschehen könne, fuhr er fort, müßten allerdings die Macht des militärisch-industriellen Komplexes eingeschränkt und einige seiner Pläne aufgegeben werden. Da er wußte, wie profitorientiert Amerika war, war er sicher, daß eine Möglichkeit gefunden werden könne, die Leute umzuschulen und ohne wirtschaftliche Einbußen an anderer Stelle einzusetzen. »Sie sind flexibel und einfallsreich und können sich schnell auf neue Bedingungen einstellen. Ich bin sicher, daß sie eine Lösung für diese Probleme finden werden, wie sie sie auch für andere gefunden haben.«

KAPITEL 14

»DIE JUNGEN LEUTE SIND ALLE VERZOGEN«

Tallinn sah einer deutschen Stadt sehr ähnlich, was nicht verwunderlich ist. Die Stadt blickt auf eine Geschichte wechselnder dänischer, deutscher und schwedischer Eroberungen zurück, die eine Bevölkerung hinterlassen hatten, in der Blonde und Blauäugige nicht selten sind. Tallinn ist die Hauptstadt der kleinsten Sowjetrepublik Estland und hat 1,5 Millionen Einwohner.

Im Gegensatz zu anderen Städten, die ich besucht hatte, herrschten in Tallinn Sauberkeit und Ordnung. Als ich einfach so eine Straße überqueren wollte, faßte mich unser Nowosti-Führer am Arm und ermahnte mich: »In Moskau können Sie vielleicht über die Straße gehen, wo Sie wollen, hier muß man sich an die Vorschriften halten.« Und er führte mich zu einem Fußgängerüberweg. Wir waren auf dem Weg zu einer kleinen Bar, in der junge Leute um große runde Tische standen und Glühwein tranken. Hätten sie nicht Estnisch gesprochen, hätte man wetten können, daß diese Jeans-und-Pullover-Generation aus meiner Nachbarschaft in Köln stammte.

Die Sauberkeit der Stadt fiel nicht nur in den Straßen und Geschäften ins Auge, sondern auch in den öffentlichen Toiletten, die in anderen Landesteilen wegen ihrer mangelhaften Hygiene berüchtigt sind. Eine russische Freundin, die von einer Europareise zurückgekehrt war, schwärmte von den makellosen öffentlichen Toiletten dort, die geruchlos waren und sogar Toilettenpapier bereithielten. Früher war wegen des Papiermangels Toilettenpapier sofort aus allen öffentlichen Einrichtungen verschwunden, und die Menschen hatten stundenlang Schlange gestanden, wenn es diese Mangelware irgendwo zu kaufen gab. Ein Jahr später war Toilettenpapier zumindest in Moskau kein Defizit mehr.

Tallinn war auch wegen seiner »Wodka-Linie« bekannt, einer Fähre, die am Wochenende zahllose Finnen in die Stadt brachte, die allerdings eher Sauftouren als Stadtbesichtigungen im Kopf hatten. In ihrer Heimat hinderten sie Preise und Restriktionen daran, ihrer Schwäche für alkoholische Getränke nachzugeben. Aber die Sowjetunion zeigt sich ihren nahen Nachbarn mit harter Währung gegenüber aufgeschlossen.

Estland grenzt an Finnland, und dieser Umstand erlaubt Teilen der Republik, sich täglich ins finnische Fernsehen einzuschalten, Dallas auf dem Bildschirm zu sehen und überhaupt eine andere Sicht der Weltereignisse mitzuerleben. Eine liberalere Atmosphäre gestattet den Estländern auch, westliche Literatur zu lesen, die zwar ins Estnische, aber nicht ins Russische übersetzt wird, weil die Zensoren dort strenger sind.

Wie ich gewünscht hatte, war ich während meiner Reise vielen unterschiedlichen Menschen begegnet – Alten und Jungen, Akademikern und Arbeitern. Und in Tallinn hatte ich darum gebeten, mit einem frischverheirateten Paar sprechen zu können. Unser Nowosti-Führer spürte mit der Hilfe eines Kaufhausdirektors ein junges Ehepaar für mich auf. Ein junges Mädchen aus der Fortbildungsabteilung für Führungskräfte hatte gerade geheiratet und Urlaub genommen. Unser Führer erreichte sie schließlich zu Hause und überredete sie, in einer ruhigen Studentenkneipe mit mir zusammenzutreffen. Tina und Peter Schuting waren schwedischer Abstammung, was weder ihr Äußeres noch ihr Name verbargen. Sie waren beide blond, blauäugig und sehr zurückhaltend. Beide waren 23 Jahre alt.

Als wir uns zum erstenmal trafen, erschienen sie mir schüchtern. Sie sprachen zögernd und gaben knappe Antworten, und es war schwer, zu ihnen Kontakt zu finden. Später merkte ich, daß sie sich nur etwas schwer mit der russischen Sprache taten. Tina hatte an der Universität Wirtschaftswissenschaften studiert, und

Peter war im fünften Jahr am Polytechnischen Institut eingeschrieben. In zwei Monaten sollte er sein Examen machen und dann auch seine Dissertation abgeschlossen haben.

Wie die überwiegende Mehrzahl der jungen Sowjetbürger hatte er keine Sorge um einen Arbeitsplatz. Er war bereits am Institut für Kybernetik vorgemerkt, wo es mehr Arbeitsplätze gab als Bewerber. Zur Zeit lebte das Paar noch bei Peters Eltern. Ende des Jahres würde es jedoch in eine Genossenschaftswohnung ziehen, die beide Elternpaare finanzierten. Peters Vater arbeitete in einer Fabrik, und seine Mutter war Mikrobiologin, während Tinas Vater in der Landentwicklung tätig war und ihre Mutter als Buchhalterin.

Die Anzahlung für die 50 Quadratmeter große Zweizimmerwohnung betrug 3000 Rubel, und die restlichen 7000 Rubel mußten in einem Zeitraum von 25 Jahren abgestottert werden. Mit Tinas monatlichem Gehalt von 200 Rubel und Peters Anfangseinkommen von 150 Rubel konnten sie die monatlichen Raten zahlen, ohne die Eltern um weitere Hilfe bitten zu müssen. Peter hatte auch die Aussicht auf eine Gehaltserhöhung von 100 Rubel, sobald er seinen Doktor gemacht hatte.

Tina und Peter konnten sich glücklich preisen, Eltern zu haben, die ihnen eine Wohnung kaufen konnten. Die meisten jungen Paare müssen Jahre warten, bis ihnen eine staatliche Wohnung zugewiesen wird oder sie eine genossenschaftliche Wohnung kaufen können, selbst wenn sie Geld haben. Eine Genossenschaftswohnung ist für viele ein teurer Traum, wie für ein anderes Paar, das ich in Tallinn kennenlernte. Diese jungen Leute hatten keine Eltern mit Geld oder Beziehungen, die eine Wohnung auftreiben oder finanzieren konnten. Acht Jahre lebte dieses Paar schon mit zwei Kindern auf 20 Quadratmetern und stand auf der Warteliste für eine staatliche Wohnung.

Wofür würden Peter und Tina sparen, wenn sie im Herbst in ihre neue Wohnung zögen? Möbel standen auf der Wunschliste an erster Stelle, dann ein Farbfernseher und schließlich ein Auto. Da ich wußte, daß sie regelmäßig im finnischen Fernsehen amerikanische Filme sahen, fragte ich mich, ob ihre Vorstellungen vom Leben in Amerika anders waren als bei denen, die nur sowjetisches Fernsehen kannten. Tina und Peter wußten viel mehr über das Leben in den USA, aber ihre Ansichten glichen denen, die ich schon im ganzen Land gehört hatte. Sie glaubten nicht, daß »Dallas« das Durchschnittsleben in Amerika repräsentierte, und sprachen von dem Einfluß, den das Geld auf den Lebensstil hatte. Das sei in Rußland nicht so, da die Auswahl an Konsumgütern begrenzt sei. Selbst wenn ein Mensch mehr verdiene, könne er sich damit nicht mehr Bequemlichkeit oder Luxus leisten, um sein Leben anders zu gestalten.

Wie stellten sie sich ein junges Paar in Amerika in ihrem Alter vor? Wie sahen sie dessen Probleme, Erwartungen, Ziele? Peter und Tina waren der Meinung, daß es Gemeinsamkeiten gab in ihrem beiderseitigen Wunsch, eine gute Stelle und genug Geld zu haben, um angenehm leben und gleichzeitig unabhängig sein zu können. In der Praxis sieht das allerdings anders aus. Während ein Amerikaner sich selbst um eine Stelle bemühen muß, wird dem Sowjetbürger ein Arbeitsplatz zugewiesen, und er wird höchstwahrscheinlich bis zu seiner Pensionierung mit geringen Gehaltserhöhungen in derselben Position bleiben. Nur durch gute Beziehungen und mit Glück kann er eine bessere Stelle finden. Wenn die Arbeit langweilig ist, wird er sowenig wie möglich tun, weil er weiß, daß dies weder sein Gehalt noch die Sicherheit seines Arbeitsplatzes gefährdet.

Ein junger Arzt in Irkutsk mißbilligte das Prinzip, daß ein guter und ein schlechter Arbeiter das gleiche Gehalt beziehen. »Niemand sollte dafür belohnt werden, daß er seine Hände in den Schoß legt«, meinte er. Als Beispiel nannte er Verkäuferinnen, die bekanntlich unhöflich, gleichgültig und faul seien, aber dennoch ihr Gehalt bekämen und manchmal sogar einen Bonus. Diese schlechte Behandlung hatte ich oft in Moskauer Geschäften erlebt und mich so hilflos gefühlt wie alle anderen, deren Beschwerden noch mit Unverschämtheiten beantwortet wurden. »Gibt es faule Menschen in den Vereinigten Staaten?« fragte mich der Arzt. »Wenn sie nicht ordentlich arbeiten, können sie entlassen werden«, antwortete ich, und er nickte zustimmend.

Viele, die ich kennenlernte, waren jedoch nicht seiner Auffassung. Wenn ich meinte, daß ein Mensch entlassen werden sollte, wenn er seine Arbeit nicht gut macht, hörte ich Proteste. Das Kollektiv sei dafür verantwortlich, einen Arbeitsscheuen zu erziehen, meinten meine Gesprächspartner. Arbeitslosigkeit war für die Sowjetbürger ein Problem des Westens, und jeder schreckte zurück vor dem Gedanken, sie könne auch in der Sowjetunion Einzug halten, wo es keine Arbeitslosenunterstützung gibt.

Wohin ich auch fuhr, hörte ich die Klagen junger Menschen, daß die Erwachsenen ihnen nicht trauten oder sie nicht ernst nahmen. Wenn sie kreative oder neue Ideen hatten, gab man ihnen keine Chance, sie auszuprobieren, weil sie zu »unerfahren« seien. Wenn sie Dinge verbessern wollten, würgten die konservativen Bürokraten, die um ihre Macht fürchteten, jede Initiative ab. Zu Hause wollten die jungen Leute als Erwachsene behandelt werden, aber die Eltern behinderten ihre Entwicklung. Ein Moskauer Journalist nannte es »Infantilismus«, wenn Eltern ihren Kindern nicht erlauben, erwachsen zu werden, und sie weiter wie Kinder behandeln.

Ich habe das auch bei Freunden beobachtet. Das Kind ist der Mittelpunkt zu Hause. Bei Tisch erhält es das beste Essen und ist in der Familie am besten gekleidet. Eltern wollen, daß ihre Kinder ein besseres Leben haben, als sie selbst hatten, und dabei verwöhnen und verziehen sie sie. Ein neugeborenes Kind wird in den ersten Monaten seines Lebens in viele Tücher gewickelt, daß es sich nicht verletzen kann. Es wird meist auch übermäßig dick angezogen, damit es sich nicht erkältet. Es bekommt, was es will. Das fängt mit Keksen und Spielzeug an und geht bis zu teurer modischer Kleidung, einem Tonbandgerät und vielleicht sogar einem Auto und einer Wohnung. Eltern bringen zahllose Opfer, um die Wünsche ihrer Kinder zu befriedigen, die kein Ende zu nehmen scheinen. Eine Redewendung besagt sogar, »Eltern unterstützen ihre Kinder, bis diese pensioniert werden«. Ich kannte eine Putzfrau, die eine zweite Stelle als Schwesternhelferin in einem Krankenhaus angenommen hatte, damit sich ihre Tochter genausogut kleiden konnte wie ihre Freunde. Und diese Mutter war keine Ausnahme.

Zu Hause werden die Kinder davor bewahrt, sich die Hände schmutzig machen zu müssen. Mütter entschuldigen ihre Tochter oder ihren Sohn, die nicht im Haushalt helfen, damit, sie selbst können es ja doch besser. Wenn die Kinder heiraten, zwingt die Wohnungsnot sie meistens, weiterhin bei den Eltern zu wohnen, die sie auch dann noch verhätscheln und ihnen jede Verantwortung abnehmen. Ich erlebte in russischen Familien, wie eine Mutter ihren Sohn vor dessen Frau wegen schlechter Tischmanieren tadelte und ihm dann erklärte, wie er sich in seinem Eheleben verhalten müsse. Zugleich hatte sie die Mutterpflichten der Schwiegermutter an sich gerissen, unter dem Vorwand, die junge Frau sei zu unerfahren und verantwortungslos, um sich selbst um ihr Baby zu kümmern.

Kein Wunder, daß die jungen Russen die amerikanische Jugend wegen ihrer Reife, Welterfahrenheit und Unabhängigkeit bewundern. Eine russische Schülerin zeigte sich davon beeindruckt, daß amerikanische Eltern ihre Kinder ermutigen, Teilzeitjobs anzunehmen. Sie hatte gelesen, daß selbst die Kinder wohlhabender Eltern arbeiteten, und fragte, ob das wahr sei. Als ich das bestätigte, meinte sie: »Das ist ein Beispiel, dem wir folgen sollten. Hier denken die jungen Leute nicht darüber nach, wieviel Mühe es kostet, das Geld zu verdienen, das sie ausgeben.« Als ich Jugendlichen erzählte, wie ich freiwillig als Teenager in Krankenhäusern und mit jugendlichen Straffälligen gearbeitet hatte, waren sie erstaunt.

Die Arbeitsgesetze in der Sowjetunion erlauben Jugendlichen unter sechzehn nicht zu arbeiten, und diejenigen, die über sechzehn sind, lehnen niedrige Arbeit ab, bei der sie nur Pfennigbeträge verdienen. »Die Bezahlung ist so gering, daß es die Mühe nicht lohnt«, meinte ein Student. Ein anderer fragte, warum er studieren und daneben noch einen Job haben sollte. »Das würde meine Gesundheit ruinieren.«

Obwohl die meisten Studenten während ihres Studiums handwerkliche Arbeit leisten müssen, betrachten sie nach dem Studienabschluß solche Arbeit als ehrenrührig. Sogar Eltern war es peinlich zuzugeben, daß ihre Kinder Teilzeitjobs in einem Postamt oder als Kellnerin übernommen hatten. Wenn der Nachwuchs eine angesehene Arbeit hatte, etwa bei einer Zeitung, hatten die Eltern allerdings nichts dagegen. Doch an solche Jobs kommt man ohne Beziehungen nicht heran.

Ein Vater schlug zwar tapfer vor, die Kinder sollten, sobald sie verheiratet sind, auf sich selbst gestellt sein, um Unabhängigkeit und Verantwortung zu lernen, machte sich aber gleich Sorgen, daß die Familie auseinanderbrechen würde. Das Zusammenleben sei vor allem für die Älteren gut. Dabei fiel mir ein, was mir Freundinnen erzählt hatten. Eine war unverheiratet, die andere lebte in einer unglücklichen Ehe. Aber beide wünschten sich Kinder, um im Alter nicht allein zu sein.

Während die Eltern ihre Kinder nach Strich und Faden verwöhnen, beklagen sie sich doch darüber, daß diese ungehorsam, desinteressiert und respektlos seien. Ein 86jähriger Armeegeneral in Odessa meinte: »Früher lebten wir sehr ärmlich. Wir hatten nichts. Nun haben wir viel, und die jungen Leute sind verzogen. Sie sind zwar patriotisch und wissen mehr als ich in ihrem Alter – sie haben eben mehr Bildung. Aber sie stellen höhere Ansprüche und wollen große Dinge.«

Die Einstellung zum Geld ist in beiden Ländern unterschiedlich. Während Sparen in Amerika Tradition ist, haben die Sowjetbürger die Gewohnheit, alles auszugeben, was sie haben, und notfalls bei Freunden zu borgen. Die Bezahlung ist viel niedriger, und die unsichere Versorgungslage zwingt die Leute, für seltene Waren alles Geld auszugeben, wenn sie plötzlich einmal auftauchen. Ihr Einstellung: Was man heute nicht kauft, gibt es morgen nicht mehr. Außerdem braucht sich niemand Sorgen zu machen, daß er verhungert, da die Preise für Grundnahrungsmittel niedrig sind. So werden zum Beispiel Brot, Zucker, Eier und andere Grundnahrungsmittel zu den Preisen von 1954 verkauft, und Fleisch, Butter, Milch und Käse zu den seit 1962 gültigen Preisen, obwohl die Erzeugerpreise sich seither verdoppelt haben. Im Sommer 1987 tauchten Gerüchte auf über Preiserhöhungen bei subventionierten Lebensmitteln. Mit diesen niedrigen und stabilen Preisen für Lebensmittel, Gebrauchsartikel und tägliche Dienstleistungen soll erreicht werden, daß sie für jeden erschwinglich sind. Gleichzeitig bleiben die Löhne in vielen Gegenden niedrig. Waren mit überhöhten Preisen, für die Leute mit Durchschnittseinkommen Monate sparen müssen, sind Kleidungsstücke, Schuhe und sogenannte »Luxusobjekte«. Die Mieten haben sich seit 1928 nicht geändert und beanspruchen schätzungsweise drei bis vier Prozent des Familieneinkommens. Öffentliche Verkehrsmittel und Kinderartikel sind auch nicht teuer.

Peter und Tina wußten im Gegensatz zu vielen anderen Sowjetbürgern, daß in Amerika der Wohnungsmarkt frei ist, während in der Sowjetunion die Wohnungen zugeteilt werden und nur mit amtlicher Genehmigung bezogen werden dürfen. Aus Filmen im finnischen Fernsehen wußten sie, daß junge Leute in den USA Schwierigkeiten haben, die Miete zu zahlen, die in der Sowjetunion nur nominell ist. Sie kritisierten auch, daß es in den USA vom Geld abhing, wer sich eine bessere Ausbildung erlauben konnte. Als ich ihnen jedoch erklärte, daß Studenten ein Stipendium oder ein Darlehen erhalten können, waren sie überrascht. Die Ausbildung in der Sowjetunion ist kostenlos, und jeder Student erhält ein Stipendium von mindestens 40 Rubel, das sich entsprechend seiner Zensuren auch noch erhöhen kann, jedoch nicht vom Einkommen der Eltern abhängt. Ohne einen Teilzeitjob oder die finanzielle Unterstützung von zu Hause läßt sich nur schwer von dem Stipendium allein leben. (Sowjetische Experten haben als monatliches Existenzminimum etwa 75 Rubel je Familienmitglied veranschlagt.)

Tina erwartete ein Kind, und sie und ihr Mann machten sich bereits Gedanken, wie sie in ein paar Jahren einen Platz in einem Kinderhort finden könnten. Die Mütter in Tallinn lösten dieses nationale Problem in Eigeninitiative. Sie bildeten Gruppen und vereinbarten, sich gegenseitig an ihrem freien Tag die Kinder abzunehmen. Eine Mutter berichtete mir, sie habe ihre frühere Tätigkeit ganz aufgegeben, um eine Stelle im Kindergarten anzunehmen. Das sicherte ihrer Tochter dort einen Platz. Als Tina und Peter etwas über die Kosten für Kindergarten, Arzt und Entbindung in den Vereinigten Staaten hörten, waren sie dankbar für die freie medizinische Versorgung in ihrem Land.

Junge Menschen in beiden Ländern waren ihrer Ansicht nach modebewußt, obwohl ich darauf hinwies, daß modische Kleidung in der Sowjetunion Luxus, in den Vereinigten Staaten dagegen erschwinglich sei. Während Jeans seit meiner Studentenzeit in den USA beliebt waren und dort immer noch getragen werden, erklärte mir Tina, sie seien nicht mehr »in«. Da ich wußte, daß die sowjetische Jugend sich bei modischen Trends am Westen orientiert, hatte ich bemerkt, daß die Jeans zwar langsam wiederkommen, daß zur Zeit in der Sowjetunion jedoch der »Schlabber-Look« gefragt ist.

KAPITEL 15

»WARUM KÖNNEN UNSERE ELTERN, UNSERE LEHRER ODER DIE BEHÖRDEN UNS NICHT TRAUEN?«

Ich kehrte nach Moskau zurück, um die Gespräche über die Jugend und ihre Probleme mit der Schwiegertochter einer guten Freundin fortzusetzen. Die erste Gelegenheit schien sich zu bieten, als ich ihre Schwiegereltern besuchte. Aber die sonst temperamentvolle und gesprächige Gulja war verdächtig still. Erst als ich aufbrechen wollte, verriet sie mir den Grund. Sie hatte zu große Hemmungen, vor ihren Schwiegereltern, deren Englisch nahezu makellos war, zu sprechen. Doch in der kommenden Woche wären sie nicht mehr in der Stadt. Vielleicht könnte ich sie dann besuchen? Ich wußte, daß sie liebend gern Englisch üben und dabei die Bühne frei haben wollte, und stimmte zu.

Als sie einige Tage später die Tür öffnete, strahlte sie. Ihr tatarischer Gesichtsschnitt hatte sie immer aus der Menge junger Mädchen, die ich kannte, herausgehoben, doch heute abend war ihre Schönheit geradezu umwerfend. Die sorgfältig gelegten Locken ihres kurzen, dichten Haares glänzten. Ihre leicht geröteten Wangen betonten ihre hohen Backenknochen und die schräggestellten dunklen Augen. Ihr liebenswürdiges Lächeln zeigte perfekte Zähne. Sie war gerade von der Arbeit nach Hause gekommen und entschuldigte sich für die Unordnung. Doch das war unnötig; die vertraute Atmosphäre gehörte zu dieser Dreizimmerwohnung und ihren herrlich chaotischen Bewohnern.

Guljas Mann war durch einen unerwarteten dienstlichen Termin verhindert, aber ihr Freund Andrej, der vorbeigekommen war, wollte gern bleiben, wenn ich keine Einwände hätte. Er trug Jeans und einen gestreiften Shetlandpullover, und man hätte ihn mit seinem jungenhaften Gesicht auf jedem amerikanischen Campus für einen amerikanischen Studenten gehalten. Doch bald erfuhr ich, daß er schon 24 Jahre alt war und gerade seine 18monatige Dienstzeit bei der Armee beendet hatte. Es wunderte mich, daß seine Dienstzeit nur so kurz war, da die Wehrpflicht für jeden gesunden jungen Mann zwei Jahre beträgt. Doch wegen seiner militärischen Ausbildungszeit während des Studiums hatte sich für ihn der übliche Militärdienst verkürzt.

Andrej konnte vor dem Eintritt ins Berufsleben drei Monate Urlaub machen, aber er mußte zuerst eine passende Arbeitsstelle finden. Er hatte 15 Jahre lang in der Schule und auf der Universität Französisch gelernt und wollte Dolmetscher werden; doch zur Zeit gab es keine entsprechende Stelle. Nur durch gute Beziehungen konnte er einen solchen Posten finden. Gulja versuchte, ihn mit der Bemerkung zu trösten, seine Freunde versuchten ja, ihm zu helfen. Sie selbst hatte Glück gehabt, denn tagsüber konnte sie an einem wirtschaftswissenschaftlichen Institut, an dem auch ein Verwandter arbeitete, Forschungsarbeit machen. Abends studierte sie Wirtschaftswissenschaften an der Universität. Vor ihr lagen noch zwei Semester, bis sie ihr fünfeinhalbjähriges Studium beendet hatte.

Gulja, jetzt 21, hatte mit 18 Jahren während ihres zweiten Jahres am Institut geheiratet. Ich erinnerte mich, wie damals ihr 21jähriger Mann gesagt hatte, daß er fürchte, sie an einen anderen zu verlieren, wenn er sie nicht heiratete. Gulja gab zu, daß sie früher als die meisten ihrer Kommilitoninnen geheiratet hatte, aber für Mädchen, die nicht schon beim Examen einen festen Heiratsantrag hatten, verringerten sich später die Chancen, einen passenden Partner zu finden.

Da in der Sowjetunion gewöhnlich früh – schon mit 18 oder 19 Jahren – geheiratet wird, fragte ich Andrej, der keinen Ehering trug, ob er verheiratet oder etwa schon geschieden sei. Doch er hatte es im Gegensatz zu anderen jungen Russinnen oder Russen, die ich kannte, mit dem Heiraten nicht eilig. Erst wenn er einen festen Arbeitsplatz gefunden hätte und Geld verdiente, wollte er darüber nachdenken. Zur Zeit unterhielten ihn noch seine Eltern. Sie hatten sich scheiden lassen, als er fünf war; sein Vater, ein Ingenieur, hatte wieder geheiratet und in seiner neuen Ehe zwei Töchter. Andrejs Mutter, Redakteurin in einem Verlag, bezog ein Gehalt, von dem sie zwar allein, aber nicht zu zweit gut leben konnten.

»Man muß unbedingt unabhängig sein«, sagte Andrej. Gulja lächelte und meinte darauf: »Wir sind ein klassisches Beispiel für Unabhängigkeit.« Sie lebte mit ihrem Mann in der Wohnung ihrer Schwiegereltern, die sie ernährten und kleideten. Dank der Großzügigkeit der Schwiegereltern konnten sie ihre monatlichen Gehälter von 90 Rubel für sie und 150 Rubel für ihn mehr oder weniger als Taschengeld betrachten.

Gulja und Andrej fragten mich nach meinen Problemen und meinem Leben in ihrem Alter. Sie nahmen an, daß amerikanische Eltern nicht so aufopfernd waren wie russische. Dabei fiel mir eine Umfrage der *New York Times* ein, nach der 46 Prozent der Befragten der Meinung waren, die Amerikaner kümmerten sich mehr um ihre Kinder als die Russen. Als ich meine großartigen Eltern beschrieb und Gulja und Andrej von meiner Erziehung erzählte, mußten sie zugeben, daß ihr Wissen über mein Land auf stereotypen Vorurteilen beruhe wie: »Ihr seid ein energiegeladenes, hart arbeitendes und vom Konkurrenzgedanken besessenes Volk, dessen Hauptziel es ist, reich und erfolgreich zu werden.« Sogar F. Scott Fitzgerald habe geschrieben, daß wirtschaftlicher Erfolg der wichtigste Lebenszweck sei, sagte Gulja. Ich selbst hatte einmal die fassungslose Reaktion einer Russin erlebt, als ihr ein amerikanischer Junge auf die Frage, was er einmal werden wollte, antwortete: »Ich möchte reich sein.«

Nach Andrejs Meinung war an sich nichts Schlechtes an dem Wunsch nach materiellem Erfolg und gutem Leben, aber er konnte darin nicht das Hauptziel sehen. Was war also für ihn wichtig? Am meisten lag ihm an einem glücklichen Privatleben und an guten Beziehungen zu seinen Eltern. Auch seine Arbeit müsse ihn befriedigen. »Jeder Mensch muß anderen helfen, und das heißt nicht, erfolgreich zu sein. Die Probleme des Nachbarn sind deine Probleme.« Er glaubte nicht, daß dieser Satz in den Vereinigten Staaten gelte. Er hatte von Fällen gehört, in denen Menschen dort um Hilfe riefen und keiner ihnen beigestanden hatte. »Ich weiß, daß meine Freunde oder sogar ein Fremder mir helfen würden, wenn mir etwas Schlimmes zustößt«, meinte er.

Die Antworten auf eine sowjetische Meinungsumfrage in Georgien, in der danach gefragt worden war, was sich die Leute unter einem guten Leben vorstellen, lauteten ähnlich. Da wurden finanzielle Sicherheit genannt, gute Beziehungen in der Familie und zu den Kindern, eine interessante Arbeit, Frieden und soziale Gerechtigkeit, gesunde Freunde und Verwandte, eine schöne Wohnung und Freizeiteinrichtungen.

Gulja war der Meinung, daß das amerikanische Kommerzdenken die Werte der Menschen zerstöre. Wenn Schriftsteller erfolgreich sein wollten, sagte sie, versuchten sie oft, den Geschmack der Massen zu treffen, und das Ergebnis sei dann schlechte Literatur. Andererseits bewunderte sie die Fähigkeit der Amerikaner, sich locker zu geben und offen und frei zu sprechen. »Bis vor kurzem waren die Russen reservierter und verschlossener«, sagte sie. Jetzt aber sei ein neuer Ton in den Berichten der Zeitungen festzustellen, und es würden sogar unterschiedliche Standpunkte zu umstrittenen Themen veröffentlicht.

Vor einiger Zeit hatte Gulja eine junge Amerikanerin in ihrem Alter kennengelernt und dabei festgestellt, daß sie beide mit ähnlichen Schwierigkeiten fertig werden mußten. Beide machten sich Gedanken um ihre berufliche Zukunft nach dem Universitätsabschluß. Während die Amerikanerin sich jedoch selbst einen Arbeitsplatz suchen mußte, konnte Gulja sicher sein, daß der Staat ihr einen zuweisen würde. Aber ob sie damit glücklich werden würde?

Andrej war angeboten worden, in einer Schule zu arbeiten, aber diese Stelle hatte ihm nicht gefallen, und er hatte sie abgelehnt. Nun stand er vor der Wahl, auf ein weiteres Angebot zu warten, das wahrscheinlich noch weniger attraktiv sein würde, oder sich wie ein Amerikaner selbst nach einer Stelle als Französischlehrer oder -dolmetscher umzusehen. Wenn er keinen Erfolg hatte, verboten ihm die Gesetze, in einem anderen Bereich zu arbeiten, etwa als Verkäufer, Kellner oder Ingenieur. Die Regierung, die seine Ausbildung bezahlt hatte, erwartete von ihm, daß er seine akademische Qualifikation entsprechend einsetzte.

Gulja und ihre amerikanische Freundin hatten auch darüber gesprochen, wie sie ihre Freizeit verbrachten. Sie interessierten sich beide für Popmusik. Früher hatten die jungen Russen am liebsten westliche Musik gehört, die aus allen Bars, Diskotheken, Restaurants und Wohnungen von Moskau bis Sibirien dröhnte. Heute ist der Trend anders. Seit die sowjetischen Gruppen mehr Freiheit bei ihren Auftritten haben, sind sie beliebter als die westlichen. In Moskau gibt es sogar ein Konservatorium für vielversprechende junge Rockmusiker. Durch staatlich geförderte Konzerte sind Gruppen wie »Caraval«, »Dynamic« und »Magnetic Band« populär geworden, vor allem aber auch, wie Gulja meinte, weil sie von dem Leben und den Problemen im Lande singen.

Auch bei der Kleidung haben Gulja und ihre amerikanische Freundin einen ähnlichen Geschmack feststellen können. Bis zu diesem Abend hatte ich geglaubt, daß Guljas modische und jugendliche Kleidung westlicher Herkunft sei. Ein Anruf ihrer Schneiderin belehrte mich eines Besseren. Daraufhin begannen wir, uns auch über sowjetische Konsumgüter zu unterhalten. Vor kurzem noch hatte ich meinen sowjetischen Freunden vorgeworfen, daß sie immer automatisch die westlichen Produkte den einheimischen vorzögen. »Exportieren Sie denn nicht die beste Qualität und verkaufen nur das Zweitbeste im Inland?« fragte mich eine Frau in Irkutsk. Diese Einstellung machte mir manches verständlicher.

Junge Leute beschwerten sich, daß sowjetische Fabriken nur langweilige, schlechtsitzende und altmodische Sachen produzierten. Wenn in Geschäften Kleidung aus dem Ausland angeboten wurde, war die Auswahl klein, und man konnte überall auf den Straßen dem eigenen Kleid begegnen. Weil aber keiner wie alle anderen aussehen wollte, schneiderten sich viele sowjetische Mädchen und Frauen ihre eigene Kleidung nach Schnittmustern aus alten westlichen Modezeitschriften. Einige Mädchen aus Irkutsk erzählten mir, daß sie mit einem Zeichenblock nach Moskau gefahren seien und sich dann zu Hause die Sachen nachgeschneidert hätten, die in der Hauptstadt getragen wurden.

Hätte sie nicht so eine geschickte Schneiderin gefunden, meinte Gulja, würde sie auch westliche Kleidung kaufen. »Wenn unsere Industrie dieselbe Auswahl und Qualität herstellen würde wie im Westen, würden wir unsere Sachen hier kaufen.« Pierre Cardin erzielte einen Durchbruch, als ihm gestattet wurde, zweimal im Jahr eine Kollektion mit hundert Modellen in der Sowjetunion zu zeigen. Die Kleider sollen in 32 sowjetischen Fabriken genäht werden. Doch die Sowjetbürger sind skeptisch. Sie mißtrauen dem inländischen Material und der Verarbeitung.

Im März 1987 fand in der Sowjetunion das Modeereignis des Jahres statt. Eine russische Ausgabe der populären deutschen Modezeitschrift *Burda Moden* einschließlich Schnittmustern wurde mit einer Anfangsauflage von 100 000 Exemplaren gestartet. Zum erstenmal erscheint eine westliche Modezeitschrift auf russisch, und bis 1988 sollen zwölf Ausgaben jährlich mit einer Gesamtauflage von 1,5 bis 2 Millionen Exemplaren erscheinen. Das bedeutet, daß russische Frauen nicht mehr hinter der Mode herhinken müssen und alles selbst machen können. Wenn dann die Verarbeitung zu wünschen läßt, ist es ihre eigene Schuld.

Eine der häufigsten Klagen junger Leute galt dem Mangel an Freizeit- und Erholungseinrichtungen. In Baku versuchten Studenten, das Problem auf eigene Weise zu lösen. Sie hatten ein leeres Kellergeschoß entdeckt, in dem nur streunende Katzen und Hunde lebten. Sie wollten es säubern und einen Treffpunkt für Jugendliche daraus machen. Als sie aber bei den Behörden die Erlaubnis einholen wollten, wurden sie abgewiesen. »Unsere jungen Leute sind Komsomolzen und Vorbilder für andere«, sagte ein Student enttäuscht. »Warum können unsere Eltern, unsere Lehrer oder die Behörden uns nicht trauen?« Bei Gesprächen mit Teenagern im ganzen Land hatte ich die Frustration wohl gespürt, mir jedoch nicht klargemacht, wie tiefverwurzelt sie ist – bis zu meiner Rückkehr nach Moskau ein Jahr darauf.

Die westliche Welt hat inzwischen erfahren, daß die sowjetische Jugend ähnliche Probleme wie die Jugend bei uns hat. Während meiner Reisen hörte ich viel Tadel wegen der Unmoral im Westen, wegen Verbrechen, Drogen, Prostitution und Aids. Nie wäre den Russen damals in den Sinn gekommen, daß es diese Probleme auch bei ihnen gab – zwar nicht im selben Ausmaß, doch besorgniserregend genug, um in Fernsehprogrammen, in Zeitungen und in einem Dokumentarfilm mit dem Titel »Ist es leicht, jung zu sein?« aufgegriffen zu werden.

Dieser Film wurde in Ausschnitten im staatlichen sowjetischen Fernsehen gezeigt und in einem Kino in Moskau, wo ich unter den Zuschauern saß. Er schockierte Eltern und Großeltern, die die in der Jugend brodelnde Unruhe nicht erkannt hatten oder nicht wahrhaben wollten. Sie glaubten zu wissen, was gut für ihre Kinder war, und sie versuchten, ihnen ihre eigenen Werte nahezubringen, wie die meisten Eltern der Welt.

Dieser Film beginnt mit einem Rockkonzert in Lettland. Auf dem Heimweg werfen Jugendliche die Fenster eines Nahverkehrszuges ein. Sieben von ihnen werden festgenommen und verurteilt. Bei dem Prozeß brachten die Geständnisse der Jugendlichen an den Tag, daß die materielle Zerstörung im Zug nichts war, verglichen mit den moralischen Schäden der jungen Menschen, wie *Moskowskije Nowosti* Anfang Februar 1987 berichtete.

Die jungen Leute, die in dem Film interviewt wurden, waren zwischen 16 und 20 Jahren alt: Punks mit verrückten Haartrachten, Rocker mit Ledernietenjacken, Ketten und Lederarmbändern, Hippies, die den amerikanischen Hippies der sechziger Jahre glichen, und Drogenabhängige. Diese Typen hatte ich nie auf den Straßen in Moskau gesehen, und wären sie nicht als sowjetische Jugendliche vorgestellt worden, hätte ich sie der Londoner Szene zugerechnet.

Einer von ihnen sagt in dem Film: »Keiner scheint zu begreifen, daß wir diese Lederjacken angezogen haben und uns Namen wie ›Punks‹ und ›Heavy Metals‹ zugelegt haben, um euch klarzumachen: Schaut her, wir sind schmutzig, wild und abstoßend – aber wir sind eure Kinder, und ihr habt uns durch eure Lügen, eure Heuchelei, eure hochtrabenden Worte und Ideale, zu denen ihr euch bekennt, zu dem gemacht, was wir sind.« Diese Kinder sind einsam. Sie sind Einsiedler in ihren eigenen Familien und Schulen, wo sie nicht als Individuen, sondern nur als statistische Werte behandelt werden. Ihnen bleibt nur übrig, zwei verschiedene Gesichter zu zeigen – eines in der Schule, das andere bei den Freunden.

Zu Hause und in der Schule lernen sie normalerweise nicht, unabhängig zu denken und zu handeln. In der Schule erzählt man ihnen, daß der Kampf gegen den Atomkrieg mit guten Noten geführt wird. Ein Teenager betrachtete das als Unsinn: »Ob nun meine Noten gut sind oder nicht, wird die Situation in der Welt nicht verbessern. Vielleicht drückt ein Verrückter auf den falschen Knopf. Wir sind hilflos. Deswegen sind wir gleichgültig geworden.«

Eine junge Mutter spricht in dem Film von Tschernobyl. Sie wünscht sich, daß ihre Tochter Äpfel vom Baum pflücken kann. Sie möchte nach dem Regen barfuß laufen können. Seit dem Reaktorunglück hat sie Angst.

Während ihre Eltern sich für die gesellschaftlichen Probleme nicht engagieren, wachsen die Kinder mit der Philosophie auf: »Ich kümmere mich um gar nichts.« Sie bitten: »Zeigt uns, wie wir unsere Freizeit verbringen sollen. Lehrt uns, wie wir zu uns selbst gelangen können.« Sie sehnen sich danach, etwas Konstruktives zu tun. Aber es muß ihrem Sinn für Gerechtigkeit und ihrem Abscheu vor Lügen entsprechen. Erwachsene verstehen nicht, daß die Begeisterung der jungen Leute für die Rockmusik eine Zuflucht ist. Sie gibt ihnen das Gefühl der Zusammengehörigkeit. Obwohl die Eltern ihre Kinder mit allen materiellen Gütern überschütten, die sie sich leisten können, ist das kein Ersatz für Liebe und Verständnis.

In dem Film werden auch Soldaten befragt, die aus Afghanistan zurückkehren. Ihre Erfahrungen sind bitter. Medaillen sind kein Trost. Die jungen Leute werden erwachsen in dem Krieg, werden alt im Krieg. Nach seiner Rückkehr fühlte sich ein Soldat nach eigenen Worten verloren. Er muß nun so tun, als sei nichts geschehen. »Ich habe das Gefühl, daß wir zu gut leben. Warum sollen wir noch mehr an uns reißen. Natürlich muß man nicht darauf verzichten. Aber wir haben vergessen, in Frieden mit uns selbst zu leben«, sagte er. (Der Regisseur will noch einen weiteren Dokumentarfilm über die Lage der Soldaten drehen, die aus Afghanistan heimkehren.)

Während meiner Reisen wurde Afghanistan kaum erwähnt. Eine Mutter meinte: »Das ist die große Sorge aller Mütter mit Söhnen, die bald ihren Militärdienst ableisten müssen.« Eine andere sprach von den Särgen, die zurückkämen ohne offizielle Erklärung woher, aber: »Jeder weiß es.« Ein Freund bezeichnete das Afghanistan-Engagement als einen großen Fehler. Ein Jahr später sagte ein sowjetischer Diplomat bei den Vereinten Nationen dasselbe, betonte aber, das sei seine persönliche Meinung.

Was lehrt dieser Film? Er stellt die Frage nach dem Sinn des Lebens. Erwachsene müßten aufhören, ihren Kindern ihre Meinung aufzuwingen, ihnen vorzuschreiben, welche Kleider sie tragen, welche Musik sie hören, wie sie sich benehmen, was sie denken sollen usw. Sie sollten aufrichtig zu ihren Kindern sein. Der Dichter, Sänger und Liedermacher Bulat Okudjawa sagte: »Wir müssen die Epidemie des Zynismus und des fehlenden Glaubens bekämpfen, die die Seelen der jungen Menschen zerstört.« Ein Teenager faßt das Problem auf dieselbe Weise zusammen wie die Fünfzehnjährige in Baku: »Das schlimmste ist, daß ihr uns nicht ernst nehmen wollt. Ihr behandelt uns wie Kinder und traut uns nicht.«

Als die Probleme der Jugend offen zur Sprache kamen, begann eine Anekdote die Runde zu machen – die normale Reaktion, wenn etwas die Öffentlichkeit zu beunruhigen beginnt: Ein Mann kommt in eine Klinik und verlangt, den Ohren-Augen-Arzt zu sehen. Die Schwester sagt, daß es einen solchen Arzt nicht gibt. Er könne entweder zu einem Hals-Nasen-Ohren-Arzt gehen oder zu einem Augenarzt. Als der Mann auf seinem Wunsch beharrt, fragt sie ihn, wozu er einen solchen Arzt brauche. Seine Antwort: »Ich höre eine Sache und sehe eine andere.« Junge Menschen können nicht mehr mit einer Doppelbödigkeit leben, und viele sind einfach passiv und gleichgültig geworden.

Eine Ausnahme bildeten die »Ljubers«, eine Bande von jungen Leuten aus dem Moskauer Vorort Ljubertski. Sie sind eine Art Wächtergruppe, die für Ruhe und Ordnung sorgen will und es für ihre Pflicht hält, junge Moskauer mit unkonventionellem Äußerem zusammenzuschlagen. Wie Banden in anderen Städten sind sie davon überzeugt, daß sie mit ihrem Vorgehen die sowjetische Gesellschaft von der westlichen Verseuchung säubern müssen.

Nachdem der Film »Ist es einfach, jung zu sein?« gezeigt worden war, veröffentlichte ein Journalist einen Artikel in der *Sowjetskaja Rossija* vom 28. Februar 1987, in dem er kritisch die Beziehungen der Erwachsenen zu den jungen Menschen analysierte. Er fragte die Erwachsenen: »Können Sie sich mit jungen Leuten auf gleicher Ebene unterhalten, ohne fürchten zu müssen, daß Sie Ihre Autorität verlieren?« Er antwortete: »Junge Menschen müssen sich zuerst Respekt verdienen.«

Wird ihnen die Gelegenheit dazu gegeben? Erwachsene sind es nicht gewöhnt, jungen Leuten zu vertrauen, sie glauben, daß sie selbst – die Erwachsenen – Erfahrung haben und alles besser wissen. Das erzeugt in den jungen Leuten Mißtrauen. Sie fragen sich, wie sie Autoritäten respektieren können, die sich vor einem offenen Gespräch fürchten. Vertrauen und der Glaube aneinander müssen den Weg zum Verständnis ebnen. »Wenn wir das nicht erreichen, ist das ein Unglück für unser Land, denn die jungen Menschen sind unsere Zukunft«, schreibt der sowjetische Journalist.

KAPITEL 16

»WARUM KÖNNEN DIE ARBEITER BEIDER LÄNDER EINANDER NICHT BESUCHEN?«

Lwow (Lemberg) ist eine der ältesten Städte der Ukraine, deren Geschichte bis zum Jahr 1250 zurückgeht – und eine der schönsten der Sowjetunion. Jedes Gebäude weist eine andere Fassade auf, der Stil reicht von Gotik über Barock zum Rokoko, und sogar Byzantinisches mit Fliesen und Mosaiken ist anzutreffen. In dieser Stadt könnte ich stundenlang durch die engen Straßen laufen, wo jedes Bauwerk ein historisches Monument der reichen Vergangenheit der Stadt ist. Aber die Arbeit hatte bedauerlicherweise den Vorrang gegenüber Stadtbesichtigungen, und schon kurz nach meiner Ankunft war ein Besuch in einer Schuhfabrik geplant. Diese Fabrik war 1961 national belobigt worden wegen ihrer fortschrittlichen Technologie, Leistungsfähigkeit und der Qualität ihrer Produkte.

Auf meinem Weg in das Werk bemerkte ich, daß die Arbeiter und Arbeiterinnen, die die Fabrik verließen, ihre Taschen öffnen mußten, die dann durchsucht wurden. Früher hatten die Arbeiter angesichts der schlechten Versorgungslage Produktionsmaterial einfach mit nach Hause genommen, um es zu verkaufen oder selbst zu verwenden. Seit Beginn der Anti-Korruptions-Kampagne 1985 wurden Maßnahmen ergriffen, um diese Diebereien einzudämmen.

Mit dem Geräusch hämmernder Maschinen im Hintergrund setzte ich mich mit Arbeiterinnen, die aufs Geratewohl ausgewählt worden waren, zu einem Gespräch zusammen. Nicht zum erstenmal hatte ich Leute mit meinem Anliegen einfach überfallen. In Jakutsk waren wir auf eine Baustelle gegangen, wo ich Arbeiter traf, die zunächst nicht wußten, wer ich war und was ich von ihnen wollte. In Tbilisi hatte ich das Angebot eines Direktors, mit einem vorbildlichen kommunistischen Arbeiter zu sprechen, abgelehnt und gebeten, Durchschnittsarbeiter kennenzulernen.

Innerhalb weniger Minuten erschienen zwei Männer in verwaschener Arbeitskleidung mit schwarzen Händen von ihrer Arbeit an Lokomotiven. Mit verwirrtem Gesichtsausdruck fragten sie, warum man sie von der Arbeit geholt habe.

Die Schuharbeiterinnen starrten ängstlich vor sich hin, als Gennady ihnen erklärte, wer ich war und warum ich hier war. Da ich ihre Befangenheit merkte, hielt ich es für besser, meine Fragen zunächst an die selbstsichere Betriebsleiterin zu richten, die sich höchst erfreut über ein Thema ausließ, das für mich während meiner Reise immer interessanter geworden war: die Arbeit der Gewerkschaft.

In Tbilisi war dieses Thema von einem sechzigjährigen Arbeiter aufgeworfen worden. Er wußte, daß in Amerika die Gewerkschaft den Arbeitern Geld gab, wenn sie keine Arbeit hatten. Überrascht waren sie von meinem Hinweis, daß die Regierung auch für Nichtgewerkschaftsmitglieder Arbeitslosenunterstützung vorgesehen habe. Fragen stürmten auf mich ein: »Gibt es nicht ein Gesetz, daß jeder Mensch arbeiten soll?« – »Wie kann ein Mensch Geld bekommen, wenn er nicht arbeitet?« – »Wie kann ein arbeitsloser Mann seiner Familie gegenübertreten, ist das nicht demütigend?« In der Sowjetunion wird Arbeitslosigkeit (auch wenn sie existiert) offiziell nicht zur Kenntnis genommen, da es für jeden gesunden Menschen tatsächlich Arbeit gibt. Diejenigen, die nicht arbeiten, werden beschuldigt, Parasiten der Gesellschaft zu sein, und können bestraft werden. Eine Arbeitslosenunterstützung wird deshalb nicht für nötig gehalten.

Sobald jemand eine Stelle annimmt, wird er Gewerkschaftsmitglied. Der nominelle Gewerkschaftsbeitrag hängt vom Verdienst ab, und jedes Mitglied hat Anrecht auf zahlreiche Beihilfen.

Schwangere Frauen haben viele Vorteile, so zum Beispiel bezahlten Urlaub vor und nach der Geburt des Kindes. Die Gewerkschaft zahlt Krankengeld, das nach der Zahl der Jahre, die ein Berufstätiger gearbeitet hat, bemessen wird. War er acht Jahre lang voll berufstätig, hat er Anrecht auf 100prozentigen Lohnausgleich. Wenn ein Mitglied der Familie stirbt, erhält derjenige, der die Beisetzungskosten zu tragen hat, einen Zuschuß. Zum Teil kostenlose Kuren und Ferien werden ebenfalls von der Gewerkschaft organisiert.

Arbeiterwohnungen, Erholungseinrichtungen und Kinderhorte gehören auch in den Zuständigkeitsbereich der Gewerkschaft und stehen auf der Wunschliste der Arbeiter ganz oben. Der Chefingenieur eines Leningrader Unternehmens meinte, solche Leistungen könnten für junge Menschen ausschlaggebend sein, in welcher Fabrik sie arbeiten möchten. »Die Jungen brauchen mehr als materielle Zuwendungen, um zufrieden zu sein. Das ist der Unterschied zwischen der sowjetischen und der amerikanischen Jugend. Unsere jungen Leute müssen das Gefühl haben, daß sie bis zur Rente nicht auf derselben Stelle sitzen bleiben. Auch brauchen sie die Möglichkeit, kreativ zu sein.« In seinem Werk waren die Führungskräfte alle unter Vierzig, und er selbst war ein Beispiel für junges Management.

»Mit unserer eigenen Jugend und Flexibilität können wir jungen Menschen eine bessere Zukunft versprechen. Wir können eine Menge von den Vereinigten Staaten lernen; technologische Entwicklung zum Beispiel, Produktionshöhe und die Einstellung zur Arbeit. Anders als bei euch bremst hier die Bürokratie alles, aber wir versuchen, dieses Problem zu überwinden, und haben einen guten Start gemacht. Wir brauchen nur Zeit.«

Die Gewerkschaften in den Vereinigten Staaten und der Sowjetunion haben nach Ansicht der Betriebsleiterin der Schuhfabrik eines gemeinsam: die Bemühungen um Sicherheit am Arbeitsplatz. Doch ich wußte, daß sich die Maßstäbe erheblich unterscheiden. In der Schuhfabrik zum Beispiel erhalten die Arbeiter, die Klebstoffdünste einatmen müssen, kostenlos Milch, da diese das Gesundheitsrisiko herabsetze, erläuterte sie.

Sie erwähnte auch Arbeitserleichterungen für schwangere Frauen und die Tatsache, daß 18jährige nicht in Nachtschichten oder länger als acht Stunden am Tag arbeiten dürften.

In Moskau erklärte mir ein junger Gewerkschaftsfunktionär, der wie ein amerikanischer Collegeabsolvent aussah und auch so englisch sprach, daß Streiks in der Verfassung nicht untersagt seien, daß aber alles getan werde, um sie zu verhindern. In den letzten Monate waren Gerüchte über Streiks in Fabriken wegen Versorgungsengpässen und anderen Schwierigkeiten aufgetaucht. Im April 1987 berichteten die *Moskowskije Nowosti* von Arbeitern, die in einer Moskauer Fabrik wegen unzureichender Sicherheitsmaßnahmen streikten. Der Journalist lobte die Arbeiter, die mit Mehrheit beschlossen hatten, den Direktor abzuwählen.

Der Gewerkschaftsfunktionär meinte, daß Streiks nicht nötig seien, daß die Gewerkschaft ein Vetorecht gegenüber der Firmenleitung habe, und er nannte die Zahl von Direktoren, die von ihren Posten gefeuert oder entfernt worden waren, da sie gewerkschaftliches Recht verletzt hatten. Ich stellte diese Behauptung nicht in Frage, hielt sie jedoch für Propaganda, da die Parteifunktionäre und die Bürokratie immer die Oberhand behalten. Überzeugender berichtete der Gewerkschaftsmann von einer Entwicklung in Georgien, die sich über das ganze Land ausbreitete. Dort wählten die Arbeiter nun ihr Management. Bis vor kurzem waren ausgewählte Parteifunktionäre in Führungsstellen berufen worden.

Der Gewerkschaftler war verbittert über die amerikanische Regierungspolitik gegenüber den sowjetischen Gewerkschaften. »Sie behaupten, daß wir ein verlängerter subversiver Arm Moskaus sind, und lehnen es ab, uns anzuerkennen oder mit uns zu arbeiten. Sie haben mir sogar ein Visum für die Vereinigten Staaten verweigert, weil ich Kommunist bin«, sagte er. Das war nicht nur ihm so ergangen. Einem Schriftsteller und früheren Journalisten aus Tallinn war zweimal das Visum nicht erteilt worden, und er war über die amerikanische Intoleranz enttäuscht. Wußten sie, daß preisgekrönte Autoren wie Gabriel

García Márquez, Graham Greene, Carlos Fuentes und sogar Pierre Trudeau, bevor dieser kanadischer Premierminister wurde, sich ebenfalls auf der amerikanischen »schwarzen Liste« befanden und als »unerwünscht wegen Überzeugung, Herkunft und Verbindungen« betrachtet wurden? Mir war bekannt, daß auch die Sowjetunion bestimmten Ausländern die Visa zu einem Besuch oder zur Arbeit im Land versagt hat, meinte jedoch, daß dies nicht das amerikanische Vorgehen rechtfertigt, das zurückgeht auf die McCarthy-Zeit und den »McCarren-Walter-Act« von 1952. Verletzten wir nicht die Vereinbarung von Helsinki über die Reisefreiheit für Menschen mit unterschiedlichen ideologischen Überzeugungen?

Traditionell gibt es eine Solidarität der Arbeiterklasse in der Welt, und die Sowjetunion demonstrierte diesen Geist während des britischen Bergarbeiterstreiks. Ein älterer Arbeiter in Tbilisi erzählte mir von den Überstunden, die er und andere im ganzen Land für die seit acht Monaten streikenden britischen Kumpels geleistet hatten. Warum er das getan hat? »Wir waren in Sorge, daß die britischen Bergwerke geschlossen werden könnten, wenn der Streik weitergeht, und daß diese Männer in Zukunft nicht mehr ihren Lebensunterhalt hätten verdienen können. Sie hätten ihre Arbeitsplätze verloren, und wir machten uns Sorgen, wie sie leben, was sie essen und wie sie ihre Familien unterhalten würden. Arbeiter wollen anderen Arbeitern helfen.« Nicht nur die Fabriken halfen, wie die Arbeiter stolz betonten, die sowjetische Regierung hatte sogar die Familien britischer Bergarbeiter zu kostenlosen Urlauben ans Schwarze Meer eingeladen.

Nachdem die Leiterin der Schuhfabrik die Funktion der Gewerkschaft erläutert hatte, wandte ich mich an die Arbeiterinnen selbst, die jetzt viel zugänglicher wirkten. Drei von ihnen wußten nur, was die Massenmedien über Amerika berichteten, während die vierte, eine Bilderbuchkommunistin, das Schweigen der anderen nutzte. »Wir leben frei und Sie nicht«, sagte sie. Natürlich verlangte ich eine Erklärung, die sie mit Nachdruck gab: »Die Regierenden in den USA unterdrücken die Arbeiter.«

Als Beispiel nannte sie eine Arbeiterdemonstration, die sie im Fernsehen gesehen hatte und bei der die Demonstranten von der Polizei zusammengeschlagen und über die Straße gezerrt worden seien. Sie sprach auch von obdachlosen Menschen, die auf der Straße neben leeren Häusern lebten. »Wie ist es möglich, daß ihr diesen Menschen nicht gestattet, in die leeren Häuser einzuziehen? Warum setzt ihr die Miete nicht herunter, damit diese Leute es sich leisten können, dort zu wohnen?« Ich fragte sie, ob sie gern einen Besuch in Amerika machen würde. Ihre umgehende Antwort: »Ja.« Sie wollte mit eigenen Augen sehen, was auch alle anderen mir gesagt hatten: wie die Arbeiter leben, wo sie leben, wie die Arbeitsbedingungen sind usw.

Der ältere Arbeiter in Tbilisi beschrieb die Lage der Arbeiter in weniger propagandistischen Wendungen als die kommunistische Aktivistin in Lwow. »Wir atmen hier freier, weil der Arbeiter hier mehr geachtet wird. In den kapitalistischen Ländern, wo die Arbeiter keine angesehene Stellung haben, ist das nicht so.«

Wie stellte er sich das Leben eines Arbeiters in Amerika vor? »Ich bin sicher, daß Menschen mit höherer Qualifikation besser leben als Leute mit niedriger Qualifikation. Das ist hier nicht so«, fuhr er fort. »Es wäre interessant, das Leben der Arbeiter hier und in den Vereinigten Staaten zu vergleichen. Die Führung kann sich kennenlernen. Warum können Arbeiter aus beiden Ländern einander nicht besuchen?«

KAPITEL 17

»WENN WIR ALS ERSTE DIE WAHRHEIT SAGEN, KANN NIEMAND MEHR SPEKULATIONEN ANSTELLEN«

Als wir am 26. April kurz nach 20 Uhr in Lwow den Zug bestiegen, hatten wir keine Ahnung, daß uns der aufregendste Teil unserer 26tägigen Reise noch bevorstand. Wir sollten am nächsten Morgen zwischen 6 und 7 Uhr auf dem Weg nach Moskau in Kiew anhalten. Da ich diese wegen ihrer Schönheit bekannte unkrainische Stadt noch niemals gesehen hatte, wollte ich rechtzeitig aufstehen und wenigstens einen schnellen Blick auf die Umgebung werfen. Doch erst nachdem wir den Bahnhof von Kiew verlassen hatten, wachte ich auf, starrte erschöpft, wie ich war, aus dem Fenster und dachte über meine Reise in den bevorstehenden Stunden nach. Es war Sonntag, über dreißig Stunden nach der Katastrophe von Tschernobyl – von der ich allerdings zu dem Zeitpunkt noch nichts wußte –, und es gab keine Anzeichen für irgendwelche ungewöhnliche Aktivität in den kleinen Städten und Dörfern auf dem Land, die nicht weiter als 150 Kilometer von der Unglücksstelle entfernt lagen.

Gegen 11 Uhr schlug Gennady vor, bei einem 20minütigen Aufenthalt in einer Stadt, an deren Name ich mich nicht mehr erinnere, etwas frische Luft zu schnappen. Ich erinnere mich allerdings noch an die staubige, stickige und feuchte Luft. Wir gingen über den Bahnsteig und stellten uns in einer langen, sich langsam vorwärts bewegenden Schlange an, um Apfelsinen zu kaufen. Sekunden, bevor der Zug abfuhr, erreichten wir ihn – atemlos, mit einem Kilo Orangen in der Hand. Kurz nach

18 Uhr waren wir in Moskau und ruhten uns zum erstenmal nach Wochen von unserer Arbeit aus.

Am nächsten Morgen erwartete mich Valentin Falin, der Nowosti-Chef, um mit mir über meine Reiseeindrücke zu sprechen. Ich hörte allerdings lieber ihm zu, wenn er über die Menschheit philosophierte, Dante, Goethe und Marx zitierte und sich über die Theorie vom Menschen als Computer verbreitete. Der brillante und belesene Historiker, Journalist und frühere Botschafter in der Bundesrepublik sprach über die komplizierten Beziehungen, die zwischen den Vereinigten Staaten und der Sowjetunion bestanden und noch bestehen. Er tadelte mein Land wegen seines »unmoralischen Verhaltens«, weil es das Moratorium zurückgewiesen hatte. Er beschuldigte die Vereinigten Staaten auch, Probleme aus der Tagessicht lösen zu wollen, anstatt in die Zukunft zu blicken und die Auswirkungen ihres Handelns zu bedenken – eine Sorge, die ich mit ihm teilte. An diesem Abend – dem 28. April – kehrte ich nach Deutschland zurück und hörte zum erstenmal etwas über den Atomunfall in dem Gebiet, aus dem ich gerade kam. Da ich nicht genau wußte, wo Tschernobyl lag, nahm ich meinen Weltatlas hervor und sah, daß uns die Eisenbahnfahrt von Lwow nach Moskau knapp 150 Kilometer und sogar weniger an diesem Gebiet vorbeigeführt hatte.

Ein Anruf meiner Mutter aus Amerika veranlaßte mich, mit meinem Arzt zu telefonieren. Nachdem er mich gefragt hatte, wie ich mich fühlte, und ich ihm »Ausgezeichnet« geantwortet hatte, meinte er, er könne nur wenig für mich tun. Er hatte die Berichte über den Atomunfall verfolgt und wußte, daß der Wind nicht in die Richtung Moskaus oder meiner Reiseroute geweht hatte. Noch in derselben Woche suchte Gennady, der einen neuen Auftrag im Ausland erhalten hatte, ein Moskauer Krankenhaus zu einer Routineuntersuchung auf und wurde dabei auch auf Radioaktivität untersucht. Man bescheinigte ihm beste Gesundheit.

Ich blieb nur einen Tag in Deutschland, da ich an einer Konferenz mit dem Thema »Zwischen den Gipfeln« in New York teilnehmen wollte. Sponsor dieser Veranstaltung war die Alerdinck Foundation, die im November 1984 in den Niederlanden von dem großzügigen und idealistischen holländischen Geschäftsmann Frans Lurvink gegründet worden war. Sein Ziel war es, mit Hilfe der Massenmedien das Verständnis und die Beziehungen zwischen Ost und West zu verbessern. Nach einer früheren Alerdinck-Veranstaltung in Moskau sollte die New Yorker Konferenz sich damit beschäftigen, wie das amerikanische und das sowjetische Fernsehen über die Gipfelkonferenz in Genf berichtet hatten und wie die amerikanische Presse so komplexe Themen wie Nuklearfragen, Abrüstung und die Militarisierung des Weltraums behandelte.

Mit der Atomkatastrophe verlagerte sich jedoch der Schwerpunkt, und die interessantesten Teilnehmer wurden V. Lomeiko, damals Pressesprecher des sowjetischen Außenministeriums (jetzt Botschafter zur besonderen Verwendung), L. Krawtschenko, erster stellvertretender Vorsitzender von Gosteleradio (dem Sowjetischen Staatsrundfunk und -fernsehen), A. Bowin, ein bekannter und beliebter Kommentator der *Iswestija* und bei Gosteleradio, V. Moltschanow, damals Sonderkorrespondent von Nowosti (heute Kommentator bei Gosteleradio), und M. Bruk, ein weiterer Sonderkorrespondent von Nowosti. Ich kannte Lomeiko und Bowin aus meiner Moskauer Zeit, und als ich am Abend des 30. April in New York eintraf, wurde ich von der sowjetischen Delegation umringt, die darauf brannte zu hören, was ich in der Ukraine erlebt hatte. Sie hatten Moskau am Morgen des 28. April verlassen (der Unfall hatte sich am 26. April um 1.23 Uhr ereignet) und erst nach ihrem Eintreffen in New York von der Katastrophe gehört.

Während der folgenden Tage bombardierte die amerikanische Presse den sowjetischen Pressesprecher mit Fragen über den Unfall, und Lomeiko gab einige an mich weiter. Als die Journalisten merkten, daß ich nichts Sensationelles zu berichten hatte, wurde ich für sie uninteressant, und ein Interview erschien ihnen wenig ergiebig.

Das Schweigen auf sowjetischer Seite rief alle möglichen Spekulationen, Gerüchte und Fehlinformationen in der westlichen Presse hervor, was vorauszusehen war. »Ein Informationsvakuum wird blitzschnell mit Sensationsberichten gefüllt«, erkannte einer der sowjetischen Teilnehmer der Alerdinck-Konferenz am 2. Mai. Doch zu diesem Zeitpunkt war noch kein Russe bereit, öffentlich die Folgen der Nachrichtensperre aus Moskau einzuschätzen.

Lomeiko vertrat die Auffassung, die Amerikaner seien im Gegensatz zu den Russen mehr daran interessiert, über die tragischen Umstände des Unfalls zu berichten. »Wir haben bei Trauerfällen eine andere Tradition«, meinte er. »Wenn jemand gestorben ist, laufen wir nicht an die Tür und fragen, was geschehen ist. Es gibt so etwas wie Takt.« Die Art der amerikanischen Berichterstattung, fügte er hinzu, diene weniger der Freiheit der Information, als daß sie das Verlangen nach Sensationen befriedige. Während der Konferenz beschuldigten viele amerikanische Reporter direkt oder indirekt die sowjetischen Journalisten, mehr oder weniger die offiziellen Ansichten der sowjetischen Regierung wiederzugeben. Der beliebte und wahrscheinlich aufgeschlossenste sowjetische Journalist Alexander Bowin antwortete auf diese Kritik: »Wir hören, daß wir immer die Ansichten unserer Regierung wiedergeben. Aber ich sage Ihnen, das ist falsch. Wie Sie wissen, hat meine Regierung immer recht. Ich jedoch irre mich häufig, deswegen kann ich unmöglich immer die Meinung meiner Regierung vertreten.«

»Als Journalist«, fuhr er fort, »bin ich für das, was ich schreibe oder sage, nicht der Regierung verantwortlich, sondern meinem Gewissen. Aus diesem Gefühl heraus versuche ich, so zu arbeiten, daß ich alles sorgfältig untersuche und schreibe. So muß auch die Information, die ich weitergebe, richtig sein. Dieses Gefühl der Verantwortung muß uns zwingen zu versuchen, unsere Berichte mit äußerster Sorgfalt abzufassen und nicht nur der erste sein zu wollen, der über etwas berichtet und eine Sensation daraus macht. Es ist interessant zu verfolgen, wie über diese Tragödie in der Ukraine berichtet worden ist. In mir überwog das Gefühl, alles sei aus einer negativen Einstellung gegenüber der Sowjetunion entstanden. Das habe ich aus dem Ton der Rundfunksendungen herausgehört, aus dem Hochputschen der Gerüchte. Ich war sehr verzweifelt, denn in unserem Land spielt sich wirklich eine Tragödie ab.« Bowins Kollege von Nowosti fügte hinzu: »Ich habe den Eindruck gewonnen, je schlechter die Nachrichten aus der Sowjetunion sind, desto besser für die Vereinigten Staaten. Und das macht mich sehr traurig.«

Elizabeth Pond, die Bonner Korrespondentin des *Christian Science Monitor* und Leiterin des Moskauer Büros von 1974 bis 1976, pflichtete ihren sowjetischen Kollegen bei, daß einiges an der amerikanischen Berichterstattung aus einem Gefühl der Schadenfreude heraus geschrieben worden sei. Doch sie fügte hinzu: »Ich denke, da gibt es noch ein weiteres Element, das ich nicht außer acht zu lassen bitte. Wenn es zu einem solchen Unfall in den Vereinigten Staaten gekommen wäre, hätte es genau dieselben Fragen gegeben, genau dieselbe harte Berichterstattung und genau dieselbe Kritik an der amerikanischen Regierung ...«

Der sowjetische Fernsehjournalist Krawtschenko gab zu, daß sich über die Situation in Tschernobyl nur sehr schwer Genaues sagen lasse. »Es gibt schwierige wissenschaftliche und technologische Fragen und schnell wechselnde Beurteilungen, selbst vom wissenschaftlichen Standpunkt kann man nichts Exaktes sagen. Der Zugang zu verläßlichen Informationen ist schwierig.« Er ging dann auf Dan Rather, einen führenden amerikanischen Fernsehreporter, ein, der darauf wartete, sofort nach Tschernobyl fahren zu können, und sagte: »Es wäre bedauerlich, einen so beliebten Fernsehmoderator zu verlieren. Ich bin sicher, daß zur Zeit kein Journalist, nicht einmal ein sowjetischer, dorthin fahren kann.«

Warum die Informationen, die die Menschen in der Sowjetunion erhielten, so karg seien? »Weil es bestimmte Traditionen bei uns gibt, über Tragödien zu berichten. Wir müssen uns jetzt entscheiden, was besser ist: alles über dieses Unglück zu berichten und so schnell wie möglich sogar Details mitzuteilen. Was wäre besser für Kiew und die umliegenden und weiter entfernten Gebiete: alles zu sagen oder besser nicht? Schnell zu berichten oder ein wenig zu warten, dann aber sicherzustellen, daß die Informationen zuverlässig und wahrheitsgetreu sind; denn wenn man schnell über etwas berichtet, kann es nicht zuverlässig sein. Dann gibt es eine Panik.«

Am 15. Mai, fast drei Wochen nach der Katastrophe von Tschernobyl, gab Michail Gorbatschow seine erste offizielle Fernseherklärung ab und sagte, was ich auch auf der Alerdinck-Konferenz gehört hatte. Er beschuldigte die westlichen Massenmedien, einen »Berg von Lügen« verbreitet zu haben. Er sagte ferner: »Die herrschenden Kreise in den Vereinigten Staaten und ihre eifrigsten Verbündeten – besonders die Bundesrepublik – betrachteten den Vorfall nur als eine weitere Möglichkeit, der Entwicklung und Vertiefung eines Ost-West-Dialogs – so langsam dieser auch vorangeht – zusätzliche Hindernisse in den Weg zu legen und das Atomwettrüsten zu rechtfertigen. Es ist sogar ein Versuch unternommen worden, der Welt zu beweisen, daß Gespräche und darüber hinaus Vereinbarungen mit der UdSSR unmöglich sind, und so grünes Licht für weitere militärische Vorbereitungen zu geben.«

Er führte dann aus, daß auch Amerikas Ruf nicht fleckenlos sei. Die amerikanischen Behörden hätten zehn Tage verstreichen lassen, ehe sie die Welt über das Unglück unterrichteten, das sich 1979 in dem Atomkraftwerk von Three Mile Island ereignete. Bei dieser Katastrophe hatte allerdings auch die Sowjetunion die Gelegenheit nicht ungenutzt verstreichen lassen, mit dem Finger auf die Vereinigten Staaten zu zeigen und zu erklären, so etwas könne nur in einem kapitalistischen System passieren, wo Profit alles und Sicherheit nichts gelte – so wie die westliche Presse nach Tschernobyl reagierte, als sie behauptete, so etwas könne es nur unter dem Kommunismus geben.

Welche Lehre kann man aus Tschernobyl ziehen? Die verzögerten und unzulänglichen Berichte, die nach dem Unfall veröffentlicht wurden, überschatteten das neue Image, um das die Sowjetunion sich gezielt im In- und Ausland bemühte. Seit dem

27. Parteitag im Frühjahr 1985 hatte sich Michail Gorbatschow für größere Offenheit in der Presse und für eine freimütige Kritik an den Fehlern des Landes eingesetzt und das Recht und das Bedürfnis der Öffentlichkeit nach Information betont. Als aber die große Krise kam, kehrte die alte Mentalität zurück.

Der sowjetischen Delegation, die aus einflußreichen Vertretern der Massenmedien bestand, wurde auf der Alerdinck-Konferenz in New York eine harte Lektion erteilt. Wenn die Massenmedien in der Sowjetunion die Wahrheit verschweigen, können die ausländischen Medien ungehemmt Spekulationen anstellen. So entstanden westliche Schlagzeilen wie »Tausende von Todesopfern«, »Massengräber für die Toten«, »Kiew verödet« etc. Die sowjetischen Journalisten standen in New York an vorderster Front und erlebten am eigenen Leib, wohin ein Mangel an Informationen führt. Nach ihrer Heimkehr haben sie ohne Zweifel die Botschaft verbreitet: »Wenn wir als erste die Wahrheit sagen, kann niemand mehr Spekulationen anstellen.«

KAPITEL 18

»KEIN ERFOLG OHNE EINE ›EINSCHNEIDENDE‹ ÄNDERUNG DER MENTALITÄT«

Fast ein Jahr nach meiner atemberaubenden Reise zu dreizehn Städten in sieben Republiken kehrte ich nach Moskau zurück. Bisher hatte ich die Hauptstadt hauptsächlich für Hintergrundinformationen aufgesucht. Jetzt stand sie im Mittelpunkt meines Interesses.

Nach den Berichten der westlichen Presse änderten sich die Dinge in der Sowjetunion, doch einige Journalisten waren zunächst skeptisch. Da sie die Sensibilität der Sowjets gegenüber der Meinung im Ausland kannten, hielten sie die Änderungen nur für kosmetisch. Die über hundert wegen ihrer Überzeugung Inhaftierten seien nur freigelassen worden, hieß es, um das Image des Landes draußen in der Welt aufzupolieren. Dieser Schritt solle die Vereinigten Staaten veranlassen, bei den Abrüstungsgesprächen flexibler zu sein, so daß ein Fortschritt erzielt werden könnte. Die Sowjetunion brauche außerdem eine Verringerung der Militärausgaben, um ihrer dahinsiechenden Wirtschaft auf die Beine zu helfen.

Da er diese Reaktion vorausgesehen hatte, erklärte Gorbatschow auf dem 18. Gewerkschaftskongreß am 25. Februar 1987: »Eine Ausweitung der Demokratie ist keine leichte Aufgabe. Und es ist nicht nötig, beunruhigt zu sein, wenn die Dinge nicht sofort glatt vorangehen, wenn es hier und da Schlaglöcher, sogar tiefe Gräben gibt ... Wir brauchen Demokratie nicht, um damit anzugeben und um Demokratie zu spielen. Wir brauchen Demokratie, um viele Dinge in unserem Leben neu zu organisieren, um den kreativen Fähigkeiten der Menschen, neuen Ideen und Initiativen einen Spielraum zu geben.«

Als die Menschenrechte nicht mehr wie bislang das heiße Thema waren – wenn auch immer noch viele eine Generalamnestie forderten –, begann die Presse, ihre Aufmerksamkeit auf andere Entwicklungen zu richten, die ich sehr aufregend fand.

Das Bild des Eisernen Vorhanges verschwand langsam, und der Westen konnte plötzlich wie durch ein Fenster auf die Sowjetunion blicken. *Glasnost* hieß die neue Politik, und die Massenmedien waren ihr Diener.

Während meiner Reisen ein Jahr zuvor hatte fast jeder, den ich kennenlernte, Zweifel an der Glaubwürdigkeit von Berichten in Zeitungen, Rundfunk und Fernsehen geäußert. Junge Menschen glaubten auch ihren Eltern, Vorgesetzten und Lehrern nicht. Beides hatte denselben Grund. Die Massenmedien und die ältere Generation verkörperten die korrekte politische Linie und die Erfolge eines Systems, das oft nicht mit den Realitäten des Lebens übereinstimmte.

Als Gorbatschow im Frühjahr 1985 Generalsekretär wurde, nahm er sich vor, die wirtschaftliche Stagnation des Landes zu beenden, deren Ursache er in der Passivität, Indifferenz und Korruptheit der Menschen sah. Um keine Zeit zu verlieren, leitete er umgehend Maßnahmen gegen Korruption, Schlendrian und Alkoholismus ein. Dieses Vorgehen gewann ihm keine Freunde unter den Arbeitern und Bürokraten, während andere aber mit ihm der Auffassung waren, daß es notwendig sei. Doch jeder wußte, daß diese Maßnahmen allein nicht zu den grundlegenden Änderungen führen würden, die notwendig waren.

Wie konnte Gorbatschow die Menschen in ihrer apathischen Stumpfheit aufrütteln und sie davon überzeugen, daß sie eine aktive Rolle bei der *perestroika* spielen konnten? Dieses Wort bedeutet Umbau oder Neuorganisation aller Aspekte des Lebens – von der Wirtschaft bis zur Mentalität, um das Dasein gesellschaftlich und wirtschaftlich zu verbessern. *Perestroika* ist die Hoffnung auf eine bessere Zukunft. Gorbatschow entschloß sich, es mit der Weisheit Lenins zu halten, nach dessen Worten die »beste Propaganda die Wahrheit« ist. Dazu sollte *glasnost* dienen – der erste Schritt auf dem Weg zur *perestroika*. Und wie konnte diese Offenheit erreicht werden? »Die Presse . . . muß die Klischees aufgeben, die die Wahrheit nach der Propagandamethode ›Rosa Brille‹ bisher geschönt haben, und . . . indem sie schmerzliche Erscheinungen aufspürt und enthüllt, hilft sie der Gesellschaft, sich von diesen zu befreien. Für die Medien gibt es keine verbotenen Themen. Das einzige Gebot heißt, sorgfältig und taktvoll die Wahrheit über alles zu sagen. Offenheit ist die beste Schule für politische Aufklärung und Selbsterziehung.« So schrieb Georgia Schachnasarowa in *Moskowskije Nowosti* am 11. Januar 1987.

Gorbatschow erklärte in einer Rede auf der Vollversammlung des Zentralkomitees der KPdSU am 27./28. Januar 1987: »Die Presse muß die Offenheit in unserem Land stärken und unser Volk informieren. Doch sie sollte das mit Verantwortungsgefühl tun . . . Sie darf sich nicht zur Sensationsjagd hinreißen lassen.«

Das neue und bessere Ansehen, das die staatliche Presse in Moskau genießt, läßt sich an den Schlangen ablesen, die sich morgens kurz vor 7 Uhr an den Zeitungsständen bilden. Früher waren Schlangen nur ein Hinweis darauf, daß irgendwo eine »Defizit«-Ware verkauft wurde, und meistens war dies ein ausländisches Erzeugnis. Nun gibt es ein Zeitungs-»Defizit«.

Eine der beliebtesten Zeitungen sind die wöchentlich erscheinenden *Moskowskije Nowosti,* die in einer russischen Ausgabe herausgeben werden, aber für die Leser im Ausland auch in Französisch, Arabisch, Spanisch, Englisch und bald sogar in Deutsch. Früher mußte ich gähnen, wenn ich das Blatt auf inländischen Flughäfen las, wo es neben anderem Informationsmaterial für Ausländer auslag. Es wurde auch an der besonderen englischen Schule, die viele Kinder meiner Bekannten besuchten, als Unterrichtsstoff verwendet. Die jungen Leute hatten sich immer über den langweiligen Inhalt beschwert. Doch während meines letzten Besuches entstanden angeregte Diskussionen über Artikel in den *Moskowskije*

Nowosti über die Jugend und deren Probleme. Nun sind die Kinder froh darüber, diesen »Bestseller« im Lehrplan zu haben.

Heute beklagen sich die Leute darüber, daß die russische Ausgabe nur in einer Auflage von 250 000 Exemplaren erscheint, die früher kostenlos verteilt wurden. Um wenigstens einen Teil des Bedarfs decken zu können, will Chefredakteur Jegor Jakowlew, ein mutiger und überzeugender Mann, die Auflage in den kommenden Monaten auf eine Million oder sogar mehr für die wachsende Leserschaft steigern. Wenn ich die Beliebtheit der Zeitung nach meinen eigenen Erfahrungen beurteile, wird nicht einmal diese Auflage genügen. Wann immer ich mit dem Blatt in der Hand die Gorkistraße hinunterging, hielten mich mehrere Leute an, um mich zu fragen, wo man sie kaufen könne.

»Früher haben wir behauptet, daß unser Standpunkt richtig war und alle anderen unrecht hatten«, sagte ein Freund. »Nun sind die Berichte in den Zeitungen anders. Weil zwei verschiedene Standpunkte gezeigt werden, hat der sowjetische Leser Gelegenheit, ein Problem zu analysieren und seine eigenen Schlüsse zu ziehen.« Er wies darauf hin, daß sogar ungekürzte Artikel und Interviews von Amerikanern wie Richard Pipes oder Zbigniew Brzezinski, denen man nicht gerade Wohlwollen gegenüber der Sowjetunion nachsagen kann, in den *Moskowskije Nowosti* und anderen Zeitungen veröffentlicht worden seien.

Die abschließenden Bemerkungen Brzezinkis in einem Interview am 8. Februar 1987 beeindruckten mich und viele andere, die ihm zustimmten: »Auf lange Sicht müssen die USA und die Sowjetunion lernen, in einer in wachsendem Maße voneinander abhängigen Welt zu leben. Und das erfordert mehr Offenheit, mehr Freiheit zu reisen ohne Einschränkungen, die Freiheit, lesen zu können, was man will, und die Freiheit, seine eigenen Regeln zu wählen. Ich wünsche dem sowjetischen Volk, daß es Teil einer solchen offenen Welt wird.«

Viele meiner Freunde waren so ausgiebig damit beschäftigt, sich mit den inländischen Zeitungen und Zeitschriften auf dem laufenden zu halten, daß sie wenig Zeit hatten – wie es früher der Fall war –, die ausländischen Rundfunksendungen in russischer Sprache zu hören. Außerdem waren sie nicht so sehr an Ereignissen im Ausland interessiert. »›Die Stimmen‹ (ausländische Sender) sind kaum noch nötig, da unsere Zeitungen genauso gewissenhaft berichten und weniger Propaganda verbreiten als die ausländischen Quellen«, meinte einer. Es gibt sogar Bemerkungen wie: »Ich kann mich nicht erinnern, ob ich es in den *Moskowskije Nowosti* gelesen oder in den ›Stimmen‹ gehört habe.«

Sowjetische Unglücksfälle wie Erdbeben, Schiffsunfälle, Entführungen, Flugzeugabstürze und Verkehrsunfälle werden nicht mehr verschwiegen. Die Nachrichtensperre um Tschernobyl hat den Sowjets gezeigt, daß die ideologischen Schäden, die durch verzögerte oder halbwahre Berichte entstehen, nicht nur im Ausland, sondern auch zu Hause sehr groß sind. Auch andere Themen, die früher tabu waren, erscheinen jetzt in Zeitungen wie *Prawda* und *Iswestija,* die heute weniger wegen ihrer politisch-ideologischen Linientreue als wegen ihrer Nachrichten und unterschiedlichen politischen Meinungen aus dem Ausland gelesen werden. Einige fanden Geschichten über Prostituierte faszinierend, während ich mit Fragen über Aids überschüttet wurde, ein Thema, das endlich öffentlich 1987 diskutiert wurde. Journalisten schrieben über die Drogenprobleme bei jungen Leuten und jugendlichen Banden, die manche Eltern, nicht jedoch die Kinder, wie ein Schock trafen. Diese Probleme waren nicht neu – neu war, daß sie offen erörtert wurden.

Eine der kühnsten Taten der *glasnost* war der ungekürzte Nachdruck eines Artikels aus der französischen Zeitung *Le Figaro* in *Moskowskije Nowosti* am 29. März 1987; eine gekürzte Fassung erschien am 22. März in der *New York Times.* Der Beitrag war von sowjetischen Emigranten geschrieben, die im Westen lebten, zum Beispiel W. Aksjonow, W. Bukowski, E. Kusnetzow, J. Ljubimow, W. Maximow, E. Neiswestni, A. und O. Sinowjew, J. Orlow und L. Pljuschtsch. Die Schreiber forderten eine Generalamnestie für alle politischen Häftlinge, eine Beendigung des Krieges in Afghanistan und eine Verurteilung des »verbrecherischen Einsatzes der Psychiatrie«. Sie fragten, ob die von Gorbatschow eingeleiteten Veränderungen eine »Beendigung der Unterdrückung und des Elends in der Sowjetunion« bedeuteten oder nur ein »kurzes Tauwetter« seien. Sie schrieben ferner, daß der heruntergewirtschaftete Zustand des Landes auf eine falsche Doktrin zurückzuführen sei, und schlugen vor, das Land solle das System abschütteln. »War es nicht Lenin, der gesagt hatte, daß schließlich nur die Praxis ein Urteil über die Theorie fällen könne?« fragten sie.

Jegor Jakowlew, Chefredakteur der *Moskowskije Nowosti,* stellte diesem Artikel eine ganzseitige aufrichtige und einfühlsame Antwort gegenüber. Eine der bewegendsten Fragen war nach meiner Meinung die folgende: »Wir haben schon genug mit der Lage zu tun, wie sie ist, ohne all diese Stimmen: Wir sollten für die *perestroika* kämpfen, die *perestroika* muß verteidigt werden. Und die Menschen tun genau das und denken nicht viel an ihr eigenes Wohlergehen oder einen alten Groll.«

Dagegen war die Antwort der *Prawda* am 25. März 1987 propagandistisch und feindselig: »Welches moralische Recht haben diese Deserteure, die Frage nach Reformen in unserem Land aufzuwerfen, wenn sie es selbst verlassen haben?« Die Zeitung bediente sich weiter des vertrauten, endlos wiederholten Vorwurfs, der Brief sei von »westlichen Geheimdiensten ausgeheckt« worden. Sie schloß: »Diejenigen, die dieses Manifest unterzeichnet haben, begreifen im tiefsten Innern nicht, wie bedauernswert und isoliert sie sind, wie verachtet vom sowjetischen Volk.«

Meine Freunde empfahlen mir, die Zeitschrift *Ogonjok* zu lesen. Der neue Chefredakteur Witali Korotitsch hatte das farblose Magazin – wie vor ihm Jegor Jakowlew mit den *Moskowskije Nowosti* – in eine Publikation verwandelt, die wegen ihrer ausgezeichneten Reportagen und mutigen Geschichten geschätzt wurde. Als er *Ogonjok* übernahm, soll er zu seiner Redaktion gesagt haben: »Ich möchte nicht, daß Sie mir Geschichten über etwas bringen, worüber Sie auch zu Hause nicht reden. Wenn ein Thema Sie nicht interessiert, interessiert es mich auch nicht.« So berichtete die *Herald Tribune* vom 23. März 1987.

Wofür interessierte sich die Redaktion? Ein Journalist veröffentlichte einen grausamen Bericht über einen Verdächtigen, der von der Polizei in Petrosawodsk gefoltert worden war. *Ogonjok* schickte einen seiner Reporter mit Soldaten nach Afghanistan, »damit wir darüber schreiben können, was in der Seele eines 17jährigen vorgeht, wenn er in eine solche Situation gerät«, sagte ein Redakteur. Die Zeitschrift beauftragte auch Moskauer Jugendliche, nach den »Ljubers« zu fahnden, die aus dem Moskauer Vorort Ljubertski kamen. Über diese Bande von Rowdys, die Hippies und Punks zusammenschlugen, hatte die Zeitschrift schon berichtet. Die Geschichte über die »Ljubers« erregte den Zorn der Polizei, die behauptete, sie sei erfunden. Dies führte wiederum zu der Frage, ob die »Offenheit« der Presse Grenzen habe. »Veröffentlichungen über Militärangelegenheiten sind das einzige, bei dem wir Zensur ausüben«, sagte Korotitsch.

Ogonjok druckte auch Auszüge aus »Kinder von Arbat« von Anatoli Rybakow. Dieser Autor hatte das Buch vor zwanzig Jahren geschrieben und es immer abgelehnt, es im Westen veröffentlichen zu lassen. »Ich wollte, daß es in Rußland herauskommt. Ich wollte, daß mein Volk es bekommt.« Es handelt vom Stalin-Terror, und der Autor sagte dazu nach einem Bericht in der *New York Times* vom 14. März 1987: »Dieses Buch wirft die eindringlichsten Fragen für unser ganzes Land auf. In den dreißiger Jahren hat Stalin eine Industrie in diesem Land aufgebaut, aber er tat das mit Zwang. Er beraubte die Menschen der Möglichkeit, unabhängig zu denken, frei zu denken. Er nahm ihnen die Initiative. Wir müssen uns selbst von diesem psychologischen Erbe befreien, damit das Land sich vorwärtsbewegen und zu dem werden kann, was es sein sollte.«

Der gesamte 800 Seiten umfassende Roman ist in der literarischen Monatsschrift *Druschba Narodow* erschienen. Das Buch, das sich ebenso wie der Film »Reue«, wenn auch allegorisch, mit der Stalin-Zeit befaßt, entspricht Gorbatschows Forderung: »Geschichte muß gesehen werden, wie sie ist. Es sollte keine leeren Seiten in der sowjetischen Geschichte geben.« *Ogonjok* hat auch angekündigt, bald Auszüge aus »Doktor Schiwago« von

Boris Pasternak zu veröffentlichen, der ebenso wie Wladimir Nabokow, dessen Werke ebenfalls wieder erscheinen, »rehabilitiert« worden ist. Die Zeitschrift *Nowij Mir* wird den ganzen Roman »Doktor Schiwago« abdrucken.

Auch über andere Themen, die in der Vergangenheit tabu waren, wird geschrieben und im Fernsehen diskutiert, zum Beispiel über Drogenabhängigkeit und Religiosität.

Sowjetische Rockmusik ist angesagt, und die Jugendlichen kommen voll auf ihre Kosten, wenn sie fernsehen oder die Konzerte mit den zahllosen Gruppen besuchen, die nun wieder öffentlich auftreten dürfen. In der bildenden Kunst zeigen junge Maler ihre Kunst, von Pop-art bis zur Abstraktion, ohne sich den Vorschriften des sozialistischen Realismus beugen zu müssen. Aber nackte Menschen in Szenen mit sexueller Bedeutung sind noch nicht erlaubt. Das geht zurück auf eine puritanische Tradition aus vorrevolutionärer Zeit. Auch früher verbotene Filme werden gezeigt, Bestandteil der Politik des »ehrlichen Kinos«. Fernsehprogramme schrecken nicht davor zurück, kontroverse Themen und Meinungsverschiedenheiten aufzugreifen. Doch der maßgebende Journalist Alexander Bowin erwartet vom Fernsehen noch mehr. Es sei notwendig, daß westliche Politiker und Korrespondenten nicht nur in der Presse gelesen werden, sondern auch im Fernsehen auftreten und diskutieren könnten. Wenn Kritik überzeugend sein solle, meint er, müsse sie die Position des Gegners vorstellen.

Während die Massenmedien der Hauptstadt sich zur Avantgarde der *glasnost* formierten, hinkten die regionalen Zeitungen hinterher. Hatten die Enttäuschungen der Vergangenheit sie zur Vorsicht und einer abwartenden Haltung ermutigt? Übten die »hohen Tiere« Druck aus, weil die *glasnost* ihre Positionen gefährdete? Brauchten die Menschen Zeit, sich an die neue Denkweise zu gewöhnen?

Offenheit und Kritik in den Massenmedien und im Kulturleben haben hohe Erwartungen erzeugt, die jedoch – wie schon früher – ohne Taten zusammenfallen können. Bei meinem Moskau-Besuch im Juni 1987 traf ich viele frustrierte und enttäuschte

Freunde. Einige Monate früher waren sie noch voller Hoffnung und Energie gewesen. Nun hörte ich immer häufiger – selbst von Fremden – Bemerkungen wie: »Wir haben zwei Jahre lang Versprechungen gehört, aber mein Chef ignoriert sie. Bei der Arbeit hat sich nichts geändert.« »Wir werden an die *perestroika* glauben, wenn es Anzeichen für eine Besserung unseres materiellen Daseins gibt.« Das heißt eine Besserung der Wohnverhältnisse, der Versorgung mit Lebensmitteln, Konsumgütern und Dienstleistungen, die Gorbatschow im Juni 1987 an die höchste Stelle der Prioritätenliste gesetzt hatte. »Wie lange müssen wir warten, bevor wir Veränderungen feststellen?« fragten viele. »Wir haben keine Alternative. Wir müssen Geduld haben und dürfen die Hoffnung nicht aufgeben.«

Gorbatschow zeigt Verständnis für die Beschwerden der Menschen: »Bedauerlicherweise hört man viel Gerede über die Vorteile der *perestroika*, doch wenig geschieht, um die einfachsten Bedürfnisse der Menschen zu befriedigen«, erklärte er auf der Plenarsitzung im Juni 1987. Dann sprach er über die Möglichkeit, die Lebensmittelversorgung in den kommenden zwei bis drei Jahren »radikal« zu verbessern. Ein Erfolg könne sich nur einstellen, betonte er, wenn die Menschen ihre Einstellung grundlegend änderten. Die kommenden Jahre seien eine schwere Übergangszeit, in der das Alte und das Neue nebeneinander bestünden, bis das Neue das Alte allmählich verdrängen könnte. Während dieser Zeit müßten die Menschen härter für eine Änderung kämpfen. Sie dürften sich nicht zurücklehnen und darauf warten, daß sie sich von selbst einstellt. *Perestroika* hänge davon ab, daß jeder Mensch sein Denken und Verhalten überprüft, selbst wenn das bedeute, Opfer zu bringen.

Doch wer ist bereit, Opfer zu bringen? Die sowjetischen Bürger sind im Bewußtsein ständiger Stabilität großgeworden, und nun soll alles anders werden. Die Leute sind daran gewöhnt, alles für selbstverständlich zu nehmen. Das beginnt schon nach der Geburt, wenn die Eltern den grenzenlosen Wünschen des Kindes in allem nachgeben. Der Nachwuchs bekommt alles, was er will, selbst wenn die Eltern Opfer bringen müssen. Wie die

Eltern ihre Kinder umsorgen, gewährt die Regierung jedem Sicherheiten, und bis heute muß niemand dafür arbeiten. Die Verschwendung hat ungeheure Ausmaße angenommen, etwa von Heizung, Strom, Wasser und sogar Nahrungsmitteln wie Brot, weil sie für den Verbraucher so billig sind. Die Regierung zahlt die Rechnung. Die Leute müssen nicht hart arbeiten, weil ihr Einkommen festgelegt und garantiert ist, und es ist sehr schwierig, einen schlechten Arbeiter zu feuern. Das System und seine großmütigen Garantien haben die Mehrheit korrumpiert. Gorbatschow schlägt nun vor, daß die Menschen für das, was sie verdienen, auch arbeiten; und die Arbeitsplatzsicherheit, die früher existierte, gibt es nicht mehr. Das Personal vieler Betriebe wird reduziert, und die älteren Arbeitnehmer werden aufgefordert, in den Ruhestand zu treten. Die Pensionen sind niedrig, und dies bringt eine wesentliche Verringerung des Einkommens und ein mühsameres Leben mit sich.

Was tut Gorbatschow, um das Denken zu ändern und die Menschen auf solche Reformen vorzubereiten? *Glasnost* hat zu einer »Renaissance der Kultur« (Andrej Wossnesenski, der bekannte russische Dichter, hat diesen Begriff gebraucht) geführt, die starke Unterstützung durch die »Intelligenzia« erfährt, deren Ideen aufgegriffen werden. Vor allem die Arbeiter (mehr als 60 Prozent der Bevölkerung) müssen davon überzeugt werden, sich als »Avantgarde der *perestroika*« für eine Änderung ihrer Rolle einzusetzen. Wie Gorbatschow im Januar 1987 sagte, »kann ein Haus nur von einem Menschen in Ordnung gebracht werden, der das Gefühl hat, daß ihm das Haus gehört«.

Einer der ersten Schritte in diese Richtung bestand darin, die Massen an Entscheidungen zu beteiligen. In immer mehr Fabriken sollen die Arbeiter die Firmenleitung in geheimer Abstimmung wählen. Sie erhalten auch das Recht, die Tätigkeit der Führungskräfte zu kontrollieren, deren Berichte zu hören und diese Menschen öffentlich zu kritisieren. Mit diesen Maßnahmen lernen die Menschen Selbstverwaltung. Das heißt jedoch nicht, daß die Kontrolle »von oben« ihre Bedeutung verliert. Doch es »ist von fundamentaler Bedeutung für die Bedingungen der

Demokratisierung der Gesellschaft, den Umfang und die Wirksamkeit der Kontrolle ›von unten‹ anzuheben, so daß jede Führungskraft und jeder Funktionär ständig seine Verantwortung für und die Abhängigkeit von seiner Wählerschaft spürt ... Das wichtigste ist, alle Formen der Kontrolle, die von den Werktätigen ausgehen kann, zu schaffen und zu stärken«, erklärte Gorbatschow im Januar 1987. Fünf Monate später betonte er, daß »Arbeit und allein Arbeit die Basis der materiellen und moralischen Stellung eines Menschen sein« solle. Dabei trifft er auf Widerstand.

Ein Taxifahrer in Moskau berichtete mir: »Die Arbeiter, die vorher getrunken und schlecht gearbeitet haben, sind unglücklich darüber, nun für ihren Lohn arbeiten zu müssen, außerdem haben sie jetzt am Arbeitsplatz nüchtern zu bleiben.« In einigen Betrieben sind wegen der strengeren Qualitätskontrollen schon die Löhne gekürzt worden. In einer Fernsehsendung erklärten die Arbeiter, man könne ihnen nicht die Schuld zuschieben. Veraltete Maschinen und Nachschubprobleme verlangsamten die Produktion. Nach diesen Beschwerden berichteten die Zeitungen, daß Führungskräfte und Parteivertreter entlassen worden seien.

Einer der ernst zu nehmenden Gegner der Reform ist die tief verwurzelte Bürokratie, die alles tut, um zu bremsen. Ihr Motiv ist Eigeninteresse, und die Bürokraten wollen ihre Macht und ihre Privilegien nicht aufgeben oder sich »von unten« kontrollieren lassen. Außerdem haben viele Parteivertreter konservative Vorstellungen, die nicht mit dem neuen Reformgeist übereinstimmen.

Schwer wird auch die ältere Generation zu gewinnen sein. Viele wollen nicht mit unterschiedlichen Ansichten konfrontiert werden. Sie richten sich mit dem Gedanken ein, die »richtige Meinung« zu haben. Diese »Eiserne-Vorhang-Mentalität« gibt es bei vielen. Der in den *Moskowskije Nowosti* veröffentlichte Brief eines Lesers, der es vorzog, anonym zu bleiben, belegte diese Denkweise. Er begann: »Ich schreibe Ihnen aus tiefer Sorge über ernsthafte Fehler oder sogar politische Irrtümer in der ideologischen Linie der Zeitung *Moskowskije Nowosti.*« Nachdem er Beispiele solcher vermeintlichen Irrtümer angeführt hatte, zitierte der Leserbriefschreiber einen Artikel des beliebten Satirikers Raikin, der geschrieben hatte, daß es »in unserem Land anstatt ›großartiger Erfolge‹ ›schlechtes Management‹ gibt, anstatt ›großer Errungenschaften‹ ein ›großes Chaos‹ und anstatt ›heroischer Anstrengungen‹ – ›Trunksucht‹.«

Der Briefschreiber fährt fort: »Ich denke, daß selbst ein eingeschworener Feind der UdSSR zweimal nachdenken würde, bevor er so etwas über unser Heimatland sagen würde ... Wem dient diese ideologische Linie einer Zeitung, die weltweit verbreitet wird? Zur Offenheit gehört Weisheit.«

Chefredakteur Jegor Jakowlew, der mich zu seinen Bewunderern rechnen kann, beantwortete diesen Brief am 8. Februar 1987. Nur zögernd habe ich diese brillante Entgegnung, die über mehrere Spalten in der Zeitung ging, auf einige Absätze zusammengekürzt. »Dieser Brief – und nicht nur er allein, natürlich – läßt erkennen, das es für uns eine absolute Notwendigkeit ist, Demokratie zu lernen. Zu lernen, unter den Bedingungen einer sich entfaltenden Demokratie zu arbeiten. Zu lernen, daß Demokratie ermöglicht, Menschen mit entgegengesetzten Standpunkten als wertvolle Gegner zu betrachten und sie nicht sofort als Feinde zu brandmarken. ›Man muß diejenigen, die eine unterschiedliche Blickrichtung in bestimmten Dingen oder unterschiedliche Ansichten haben, nicht als Intriganten oder Gegenspieler sehen, sondern sie als Menschen mit unabhängigem Geist schätzen‹ – das hat Lenin geschrieben. Ich kann nur der letzten Zeile ihres Briefes zustimmen: Zur Offenheit gehört Weisheit. Doch zunächst und vor allem müssen wir uns darauf verständigen, was unter Offenheit verstanden werden sollte. Einige Menschen glauben, derjenige sei der Weise, der mahnt, bremst und warnt. Dagegen sind andere davon überzeugt, daß die wahre Weisheit unter keinen Umständen bei denen liegt, die zur Untätigkeit mahnen. Was wäre zum Beispiel weiser: nach Empfang dieses Briefes still zu bleiben oder ihn zu veröffentlichen, ohne ein Wort zu streichen?«

Dieser Brief zeigt, daß viele der Rentner nicht nur den Gleichschritt mit der Zeit verloren haben, sondern daß sie auch große Schwierigkeiten haben, die jüngere Generation zu verstehen. Ein Beispiel: Es gibt in Moskau einen Park, in dem sich Hippies versammelten. Auch ältere Menschen suchten häufig diese Grünflächen auf, und der Miliz gingen Beschwerden zu. Die in der Nachbarschaft lebenden Leuten lehnten die Anwesenheit der »Hippies« ab. Obwohl diese sich friedlich verhalten hatten, störte ihre Kleidung und äußere Erscheinung die Älteren. Eines Abends kam die Miliz, um die Hippies zu entfernen, und prügelte sie in die Polizeifahrzeuge. Nach diesem Zwischenfall erschien ein Artikel in der Zeitung *Komsomolskaja Prawda,* der das Vorgehen der Miliz verurteilte. Die Miliz sei dafür zuständig, die öffentliche Ordnung aufrechtzuerhalten und nicht die Ideologie. Außerdem hätten die Hippies kein Gesetz übertreten.

Wohin ich auch fuhr, bemerkte ich den Konflikt der Jungen mit den Alten, die sie für die Fehler der Vergangenheit verantwortlich machten. Einige Jugendliche, wie die Hippies oder Punks, fanden für sich eine Lösung, indem sie der Gesellschaft den Rücken kehrten mit der Einstellung: Das geht mich alles nichts an. Sie konnten nicht länger den Konflikt der doppelten Maßstäbe ertragen, das eine zu hören und etwas anderes zu sehen. Da die Zukunft des Landes von seiner Jugend abhängt, die über den Erfolg oder Fehlschlag der Reformen entscheidet, sollte ihren Bedürfnissen die höchste Priorität eingeräumt werden, und ich habe in den letzten Monaten Bemühungen in dieser Richtung festgestellt.

Veränderungen finden statt, aber nur schrittweise – oft stehen ihnen bürokratische Hindernisse entgegen oder Führungskräfte, die sich dem Wandel widersetzen. Die Menschen fürchten sich auch davor, ihre Rechte zu erproben, oder kennen diese nicht einmal. Eine konkrete Reform, die nun durchgeführt wird, ist die Schaffung von Kooperativen, von Geschäften, die privat und nicht staatlich betrieben werden.

In Moskau gibt es bereits private Cafés und andere derartige Unternehmen. Wesentliche Reformen, die für das Rechts- und

Wirtschaftssystem angeregt worden sind, haben weithin Zustimmung gefunden; solange sie jedoch noch nicht durchgesetzt worden sind, werden viele Leute skeptisch gegenüber der *perestroika* bleiben. Trotz der Opposition sind *glasnost* und der Prozeß der Demokratisierung so weit fortgeschritten, daß sie nach meiner Überzeugung Bestand haben werden, und die *perestroika* kann nicht mehr rückgängig gemacht werden.

Ein Thema, das in den von Gorbatschow vorgeschlagenen Änderungen nicht erwähnt wurde, ist das Recht, ins Ausland zu reisen. Während meiner Reise äußerte jeder Sowjetbürger, vom Studenten bis zum Arbeiter, diesen Wunsch, und erst in jüngster Zeit haben die Zeitungen begonnen, diese Frage aufzugreifen. Es ist jetzt für die Sowjetbürger einfacher geworden, sozialistische Länder zu besuchen, aber es ist immer noch äußerst schwer, in westliche Länder zu reisen.

Wie oft habe ich die Frage gehört: »Warum können Sie und andere Ausländer uns besuchen, und warum können wir nicht zu Ihnen reisen?« Regierungsvertreter in Moskau gaben auf diese Frage eine Antwort, die mich nicht befriedigt hat. Das sei eine politische Angelegenheit und auch ein Problem der begrenzten Devisen. Ich wandte ein, daß Auslandsreisen zum Prozeß der sozialistischen Demokratisierung gehörten. Außerdem wäre die beste Politik, das Ansehen der Sowjetunion im Ausland zu heben, wenn die Menschen frei und ohne Hindernisse in westliche Länder reisen könnten, wo sie die besten Botschafter des guten Willens wären.

Ein Freund, der soziologische Forschungen betreibt, meinte: »Reisen im Ausland würden unsere Identität oder patriotischen Gefühle nicht zerstören. Es würde die Kreativität der Menschen bereichern. Man kann keine Probleme lösen, wenn man von der Welt isoliert ist. Wenn man sieht, was die anderen erreicht haben, wird man motiviert, es ihnen gleichzutun.«

Ein 60jähriger Fabrikarbeiter aus Tbilisi erzählte mir, er würde gern einen amerikanischen Arbeiter in seiner Wohnung besuchen. Warum? »Bei einem solchen Besuch kann ich etwas von seinen Arbeitsmethoden lernen und voller Ideen, was ich für mein Land besser machen kann, nach Hause zurückkehren«, meinte er.

Das uneingeschränkte Reiserecht wäre ein bedeutender und überzeugender Beitrag zur Demokratisierung der Gesellschaft und würde zugleich den Menschen einen Anlaß geben, an eine bessere Zukunft zu glauben und dafür zu arbeiten. Das würde der *perestroika* einen festen Halt in der sowjetischen Gesellschaft geben.

KAPITEL 19

»VERSTÄNDNIS FÜREINANDER – DIE HOFFNUNG FÜR UNSERE ZUKUNFT«

Die Telemost-Sendungen (»Fernsehbrücke«) waren das Gesprächsthema im ganzen Land. Es handelte sich dabei um eine Fernsehsendung mit mehreren Folgen, die einen Dialog zwischen Bürgern der Sowjetunion und Bewohnern anderer Länder ermöglichen wollten. Für die Sowjetbürger stehen die USA im Mittelpunkt des Interesses an der westlichen Welt, und so sind an den meisten Programmen Amerikaner beteiligt.

Der »Brückenschlag« zwischen Seattle und Leningrad (in den USA hieß die Sendung »Gipfeltreffen zwischen Bürgern«) verursachte viel Aufregung. Es war das erstemal, daß eine freie Diskussion zwischen Bürgern beider Länder auf dem Fernsehschirm gezeigt wurde. Etwa 150 Millionen Sowjetbürger, aber nur knapp 30 Millionen Amerikaner hatten die Gelegenheit, aus erster Hand Erfahrungen darüber zu sammeln, worin sich beide Seiten unterscheiden und was sie über einander denken.

Die Stars der Sendungen waren die Moderatoren. Phil Donahue, ein bekannter amerikanischer Fernsehjournalist, und Wladimir Posner, ein sowjetischer Radio- und Fernsehkommentator, der fließend Englisch mit einem Brooklyn-Akzent spricht. Er ist 1934 in Paris geboren worden und hatte bis zu seinem 15. Lebensjahr in New York gelebt. Danach war er mit seinen Eltern, seinem russischen Vater und seiner französischen Mutter, in die Sowjetunion gezogen.

Von Anfang an waren die Amerikaner skeptisch gewesen. Sie wollten auf keinen Fall, daß das Programm in Moskau aufgenommen wurde, weil es dann einen offiziellen Anstrich erhalten hätte. Sie wollten auch selbst Einfluß auf die Auswahl der sowjetischen Teilnehmer haben. Der Grund war offenkundig. Sie fürchteten, daß der KGB die Auswahl der Diskussionsteilnehmer bestimmen würde, ein Verdacht, den auch meine Leser in bezug auf meine Gesprächspartner haben könnten.

Aber in meinem Fall wäre das schwierig gewesen. Denn ich wußte oft selbst nicht im voraus, welche Fragen ich während meiner Unterhaltungen stellen würde – auch wenn ich immer Amerika und die Amerikaner im Hinterkopf hatte. Oft genug überraschte ich meine Gesprächspartner damit, daß ich sie aufforderte, zuerst selbst einige Fragen zu stellen. Sie fragten mich zum Beispiel: »Was wissen Sie über uns, außer dem, was Sie aus ›Rambo‹, ›Rocky‹ und ›Red Dawn‹ erfahren haben?« – »Glaubt der durchschnittliche amerikanische Fernsehzuschauer, daß solche Filmdarstellungen der Wahrheit entsprechen?« – »Warum beschäftigt man sich in den Vereinigten Staaten nicht mit russischen Autoren?« – »Wurde Präsident Reagan wegen seiner Innenpolitik oder wegen seiner Außenpolitik gewählt?«.

Sie überraschten mich auch mit ihren Bemerkungen. Ein Veteran aus dem Afghanistankrieg versuchte gar nicht erst, mich von der Berechtigung des sowjetischen Einmarsches in Afghanistan zu überzeugen. Er hatte sich freiwillig für einen Einsatz in diesem Land gemeldet, als er eingezogen worden war. Als ich ihn fragte, warum, gab er mir zu Antwort, er sei zwar schon mehrere Male innerhalb der Sowjetunion gereist, aber noch nie im Ausland gewesen. Er wollte einmal in ein anderes Land kommen, um zu sehen, wie die Menschen dort leben. Er fuhr mit einer romantischen Vorstellung von der Welt draußen los, wie viele seiner Freunde aus der Armee, aber er wurde enttäuscht. Wie waren seine Eindrücke? Die Leute seien sehr religiös und lebten in großer Armut, entgegnete er. Er wäre gerne mit der Bevölkerung in Kontakt gekommen, aber das sei nicht möglich gewesen. Er habe etwas Farsi gelernt und manchmal mit afghanischen Soldaten gesprochen. Auf meine Frage, was er aus dieser Erfahrung gelernt habe, antwortete er: Die Armee habe ihm

Disziplin, männliche Haltung und Selbstvertrauen beigebracht. Im Ausland habe er gesehen, daß es sehr viel größere Probleme im Leben gebe als die, mit denen er zu Hause zu tun habe. Nun studiere er Kriminologie.

Bei einer Diskussion mit Studenten in Irkutsk hatte ein junger Mann die amerikanische Politik gegenüber Nicaragua und Grenada kritisiert, aber die anderen hatten ihn aufgefordert, den Mund zu halten: »Wir sind hier, um Gemeinsamkeiten zu finden«, rügten sie ihn. Solche Menschen waren typisch für die große Mehrheit meiner Gesprächspartner, sie waren eben keine Propagandisten.

Die Sowjets waren bereit, auf die amerikanischen Bedingungen für die Telemost-Sendung einzugehen. Auf die Auswahl der Gesprächsteilnehmer in Seattle wollten sie keinen Einfluß nehmen. Sie vertrauten den Amerikanern und überließen es ihnen, geeignete Leute zu finden.

Zu Beginn der ersten Sendung war die Stimmung sehr gespannt und beinahe feindselig. Viele Sowjetbürger fanden die amerikanischen Fragen »überraschend«, »ärgerlich«, »naiv« und »primitiv«. Einer stellte fest: »Es sind oft gar nicht die Fragen, sondern mehr die Art, wie sie von den Amerikanern gestellt werden. Wir haben gelernt, taktvoll und gut erzogen aufzutreten.«

Auch Phil Donahues provozierende Art, Fragen zu stellen, das Geheimnis seines Erfolges in Amerika, verärgerte die sowjetischen Zuschauer. So galten seine ersten Fragen Afghanistan und Andrej Sacharow, Themen, die damals in der Sowjetunion nicht öffentlicht diskutiert wurden. Dieser Einstieg und die darauffolgende Frage »Können Sie ohne Furcht vor Repressalien sprechen?« ließ die Leningrader Gesprächsteilnehmer in die Defensive gehen. Einer gab zur Antwort: »Was wir sagen, kommt aus dem Herzen.« Und ein anderer erklärte: »Wir unterstützen unsere Regierung, weil sie recht hat. Wir haben keine Angst, offen zu sprechen.« Wieder andere: »Wie können wir beweisen, daß wir keine Geheimagenten sind?« – »Ich bin Lehrer, und viele meiner Schüler sind der Ansicht, daß im Unterschied zu uns

Sie es sind, die nicht frei sprechen können.« Ein Amerikaner kam dann auf die vergleichsweise geringen Möglichkeiten zur freien Meinungsäußerung in der Sowjetunion zu sprechen. Ein Sowjetrusse aber antwortete ihm mit dem Hinweis auf die USA: »Freie Meinungsäußerung klingt gut, aber wenn niemand zuhört, was ist sie dann noch wert?«

Andere Themen, die die Amerikaner ansprachen, waren der Abschuß des koreanischen Passagierflugzeugs, Religionsfreiheit, Auswandererprobleme usw., Themen, über die damals, im Herbst 1985, kein Sowjetbürger wagte, mit einem Fremden, geschweige denn einem Ausländer zu sprechen – und schon gar nicht in einer Fernsehsendung. Die Amerikaner ihrerseits waren darauf vorbereitet, ebenso kritisch gefragt zu werden, aber die Sowjets machten keine Anstalten.

Ein russischer Arzt, der sich die Sendung angesehen hatte, erklärte mir: »Wenn ein Russe sagt, er unterstütze bereitwillig seine Regierung, wollen die Amerikaner etwas ganz anderes hören. Doch bei uns gelten ganz andere Traditionen als bei Ihnen. Warum können Sie sie nicht gelten lassen? Sie wollen ja gar nichts Neues hören. Sie wollen uns nur so sehen, wie es Ihnen Ihre Massenmedien täglich vorbeten. Wir würden Ihnen gerne unsere Einstellung erläutern, aber Sie geben uns ja keine Gelegenheit dazu. So kann doch kein offenes Gespräch geführt werden.« Ein Seemann aus Tallinn faßte die Meinung der Sowjetbürger in einem Satz zusammen: »Wir haben den Eindruck, daß Sie uns nichts glauben.«

Phil Donahue, der sich durch seinen angriffsfreudigen Stil keine Freunde geschaffen hatte, bestätigte später selbst, was viele Sowjetbürger gesagt hatten. Er gab zu, daß es naiv gewesen sei, zu erwarten, daß die Russen ihre eigene Regierung ebenso kritisieren würden, wie Amerikaner es tun. »Sie sind wirklich überzeugt, daß sie ihrer Regierung vertrauen können, daß sie für das Staatswohl arbeiten und daß die Jungens in Moskau schon wissen, was das Beste für sie ist.«

Roy Medwedew, ein Moskauer und ein überzeugter Marxist, der Ende der sechziger Jahre aus der Kommunistischen Partei ausgeschlossen wurde, weil ihm Häresie vorgeworfen worden war, bestätigte Phil Donahues Worte. In einem Interview mit *US News and World Report* vom 29. Juli 1985 erklärte er: »Die Ansicht, daß alle unzufrieden sind und das System sich nur mit Hilfe von Druck und Terror an der Macht hält, beruht auf falschen Eindrücken. Die Mehrheit der Menschen in der Sowjetunion steht voll auf der Seite des Systems . . . Dem Durchschnittsbürger bietet es beträchtliche Vorteile.«

Nachdem das »Gipfeltreffen zwischen Bürgern« auf einigen ausgewählten amerikanischen Fernsehkanälen gezeigt worden war, schrieben amerikanische Zuschauer an Zeitungen, und ihre Reaktionen ähnelten denen in der Sowjetunion:

»Beim Zuschauen fiel mir nicht nur der unterschiedliche Grad an Freimütigkeit auf, mit der sich die Leute aus beiden Ländern äußerten, sondern vielmehr, wie wenig wir offenbar voneinander wissen, was dann zur Furcht voreinander führt.«

»Ganz wichtig war, daß die Sendung deutlich machte, daß es gar nicht immer einen richtigen und einen falschen Standpunkt geben muß, einen guten und einen schlechten, sondern daß wir vielmehr unterschiedliche Menschen sind und daß wir eine Lösung finden müssen, auf dieser Erde gemeinsam zu leben. Wie aber können wir solche Lösungen finden, wenn wir nicht miteinander reden?«

»Die Unterschiede zwischen unseren Ländern existieren wirklich, und sie kamen auch ganz klar zum Ausdruck. Jetzt ist es Zeit, neue Schwerpunkte zu setzen und nach einer gemeinsamen Grundlage und gemeinsamen Interessen zu suchen, und unser wichtigstes gemeinsames Interesse sollte sein, die Gefahr des Ausbruchs eines Atomkrieges durch einen Zufall oder falsche Berechnungen zu vermindern.«

Was hielten die Moderatoren von der Sendung? Posner erklärte, daß er gemischte Gefühle habe: »Es wurde klar, wie schwierig es ist, miteinander zu sprechen.« Den deutlichen Wunsch beider Seiten, ein Land dem anderen anzupassen, verglich er mit der Liedzeile aus »My Fair Lady«: »Warum kann eine Frau nicht sein wie ein Mann?« Donahue meinte, daß keine Seite ohne Vorurteile gewesen sei, hoffte aber, daß die Sendung dennoch »ein zaghafter Anfang war und weitere Schritte folgen würden.«

Der Telemost-Sendung zwischen Leningrad und Seattle folgten weitere, so Gespräche zwischen Kindern aus beiden Ländern, zwischen Frauen und schließlich auch die berüchtigte Lockshin-Sendung. Arnold Lockshin, ein Biochemiker aus Houston, wanderte im Oktober 1986 mit seiner Frau und seinen drei Kindern im Alter von sechs bis fünfzehn Jahren in die Sowjetunion ein. Er behauptete, FBI und CIA hätten ihn verfolgt und er habe seine Stelle wegen seiner politischen Überzeugungen verloren, obwohl ihm ein anderer Kündigungsgrund genannt worden war. Er gab an, kein Kommunist zu sein, aber er sympathisiere mit dem Sozialismus, weil er Vorteile gegenüber dem Kapitalismus habe. Bei seiner Ankunft in der Sowjetunion hatte er eine öffentliche Erklärung abgegeben: »Wir haben die Freiheit gewählt und sind überzeugt, daß es hier für unsere Familie gute Zukunftsaussichten gibt. Meine Frau und ich wollen in Freiheit arbeiten, und unsere Kinder sollen in Freiheit lernen und leben.« Sechs Monate später berichtete TASS, daß Arnold Lockshin ein neues Labor im sowjetischen Krebsforschungszentrum leiten werde.

Die amerikanischen Teilnehmer an der Sendung betrachteten Lockshin als Verräter, und ihre Fragen spiegelten ihre Einstellung wider: »Glauben Sie nicht, daß der KGB mit Ihnen dasselbe machen wird, was angeblich der CIA gemacht hat?« – »Warum wandern denn Russen in die USA ein, wenn das Leben in der UdSSR so herrlich ist?« – »Warum sind Sie nicht nach Kanada ausgewandert?« – »Glauben Sie, daß Sie in Moskau eine schönere Wohnung bekommen werden?« Und schließlich: »Wir werden ja sehen, wie Sie das Schlangestehen in Moskau überstehen werden.« – »Sie sind Juden, und in der Sowjetunion gibt es einen vehementen Antisemitismus.« Eine Frau erklärte sogar, sie sei sehr froh, daß Lockshin die USA verlassen habe. Nur ein einziger Gesprächsteilnehmer wünschte ihm und seiner Familie alles Gute für ihr weiteres Leben.

Viele meiner Freunde hatten sich die Lockshin-Sendung angesehen und wollten wissen, ob die amerikanischen Teilnehmer vom CIA angehalten worden seien, so aggressiv zu sein. Ich versuchte, ihnen zu erklären, daß wir anders als sie aufwachsen und auch anders erzogen werden. Uns bringt man bei, eine eigene, individuelle Meinung zu entwickeln. Unsere Freiheit der Meinungsäußerung erlaubt uns, alles zu sagen und zu fragen, was wir wollen, auch wenn es auf andere taktlos wirkt. Diese Verhaltensweise praktizieren wir zu Hause und im Ausland, aber wir wollen damit niemanden demütigen oder beleidigen. Wir wollen die Wahrheit wissen. Wir handeln so, weil wir ein Recht auf Wahrheit haben. Darauf antwortete mir ein Freund: »Dieses Recht kennen wir nicht. Wir hören zu und stellen keine Fragen.«

Posner war der Ansicht, daß die Lockshin-Sendung deutlich gemacht habe, was die Amerikaner unter Freiheit verstehen. Sie weigerten sich einfach zu glauben, daß der FBI oder der CIA Lockshin verfolgte. »Sie behaupten immer, tolerant zu sein . . . aber sehen Sie sich nur einmal die amerikanische Bevölkerung an.« Würden die Sowjets ähnlich reagieren, wenn eine sowjetische Familie in die USA floh? Die Antwort war: »Die sowjetische Reaktion wäre feindselig. Aber die amerikanische Reaktion war nicht nur den Lockshins gegenüber feindselig, sondern dem ganzen System gegenüber. Sowjetbürger würden ihren Zorn an den Leuten auslassen, aber nicht an den Vereinigten Staaten. Die Menschen, die aus der UdSSR fliehen, gelten als Verräter, auch wenn sie es tun, weil sie glauben, sich für das bessere Land entschieden zu haben.«

Noch mehr betroffen war Posner allerdings darüber, daß diese Sendung – vielleicht zum erstenmal in einem Massenmedium – gezeigt hatte, daß es in den USA tief verwurzelte antisowjetische Gefühle gibt. Und die russische Bevölkerung war darüber aufgebracht und empört.

Ein 62jähriger Kriegsveteran aus Leningrad schrieb an Posner und beschuldigte alle sowjetischen Fernsehkommentatoren und Zeitungskorrespondenten der Lüge, weil sie der Öffentlichkeit vorgegaukelt hätten, die Bevölkerung Amerikas sei nett und freundlich und man müsse nur das Establishment fürchten. »Die

Amerikaner sind ungehobelt und dumm. Ich sah sie in der Donahue-Sendung und kann sie nicht ausstehen.«

Einige Monate später, am 13. März 1987, erschienen in der *Iswestija* zwei Artikel, die – zum erstenmal in einem Massenmedium – unterschiedliche Einstellungen zu Amerika widergaben. Der erste Artikel trug die Überschrift »Sollen wir Haß lehren?«, und die Antwort gab der zweite Artikel mit der Überschrift »Nein, gegenseitiges Verständnis!« Ein Leser hatte mit dem Hinweis an *Iswestija* geschrieben, daß er Kopien des Briefes an Gostelradio und an den KGB gesandt habe. Der KGB ist zuständig für antisowjetische Aktivitäten und die Staatssicherheit. Gostelradio ist der Arbeitgeber von Wladimir Posner.

Dieser Leserbrief war eine Entgegnung auf einen früheren Artikel in der *Iswestija* vom 6. Februar 1987, der ein Gespräch zwischen Posner und Donahue wiedergegeben hatte. Darin hatten sie den Zweck der Telemost-Programme erläutert und auf die Notwendigkeit hingewiesen, in beiden Ländern Klischees und Vorurteile abzubauen. Der Artikel hatte auch die große Zahl der Leserbriefe erwähnt, die nach der Lockshin-Sendung in der Redaktion eingegangen waren, und wie schwierig es war, sie zu beantworten.

Posner war auf einige dieser Leserbriefe eingegangen und hatte gesagt: »Ich war sehr erschrocken, denn zum erstenmal in meinem Leben wurde ich mit einem solchen Antiamerikanismus konfrontiert, wie er in diesen Briefen zum Ausdruck kam. Ich habe Feindseligkeit der amerikanischen Regierung gegenüber erlebt, aber noch nie wirklichen Antiamerikanismus. Und hier war er nun, in diesen Briefen . . . Ich war erschrocken und keineswegs zufrieden.«

In seinem Brief als Antwort auf diesen *Iswestija*-Artikel schrieb Leser Botschewarow aus Leningrad, daß Redaktion und Posner »empört und fassungslos über die patriotischen antiamerikanischen Empfindungen der Sowjetbürger« gewesen seien. Weiter meinte er: »Wann fingen Sie damit an, die ersten Gefühlsaufwallungen – und nicht einmal verheimlichte – für ein imperialistisches Land zu empfinden, das von Mächten der Finsternis beherrscht wird, erzogen im Geist eines schamlosen Antisowjetismus und der Unmenschlichkeit, einem Land voll tierischem Haß gegen alles Russische? ›Bringt die Russen um!‹ Es ist nicht lange her, daß wir diese Worte hören und lesen mußten, es war kurz vor den Olympischen Spielen. Diese Worte zeigen das wahre Gesicht jenes Landes, seine Haltung uns gegenüber, Rußland gegenüber; und kein Abbau der Spannungen, all unsere Bemühungen, die beweisen sollen, daß wir kein Volk von Monstern sind und kein Reich des Bösen, werden ihre Einstellung zu uns je ändern. Müssen wir wirklich die Amerikaner wegen ihrer Einstellung zu uns lieben?«

Anschließend griff Botschewarow noch Posner direkt an und fragte, wer ihn zum Kommentator von Gostelradio gemacht habe. »Gerade jetzt finden in unserem Land Wahlen für verantwortungsvolle Positionen statt, und diese Praxis wird sich durchsetzen. Auch wir Fernsehzuschauer müssen das Recht haben, Kommentatoren und Beobachter zu wählen, die unsere Standpunkte vertreten.«

Alexander Bowin, der angesehene Journalist, antwortete auf Botschewarows Brief. Auch wenn das Schreiben sehr emotional sei, begann er, wolle er es ganz sachlich behandeln, um vernünftig diskutieren zu können und um nicht ausfallend zu werden. Es gebe eine Notwendigkeit für Brückenschläge, »denn Sowjets und Amerikaner müßten einander besser kennenlernen und Verständnis füreinander, Toleranz und die Fähigkeit, Argumente und nicht nur Schimpfworte auszutauschen, entwickeln. Jede Telemost-Sendung bildet nur ein winziges Teilchen, eines der Elementarteilchen unseres gemeinsamen Kurses zur Verbesserung der internationalen psychologischen Atmosphäre, die gleichzeitig auch die politische Atmosphäre ist. Jede Sendung kann die öffentliche Meinung positiv im Hinblick auf den Abbau der internationalen Spannungen und auf die Abrüstung beeinflussen. Durch Brückenschläge können wir die Chancen der Koexistenz erhöhen und das Risiko unseres gemeinsamen Untergangs verringern. Was muß also getan werden? Nach Botschewarows Ansicht sollte die Herde junger Kälber mit feuchten

Nasen (die Sowjets) umerzogen werden, verwandelt in eine Bande von Antiamerikanisten; sie müßten den Antiamerikanismus pflegen und hochhalten . . . Mit derartigen Vorstellungen kann ich auf keinen Fall übereinstimmen.«

Alexander Bowin schrieb weiter, daß die Sowjetbürger mehr über die positiven und die negativen Eigenschaften der Amerikaner wissen sollten. Aber er war strikt dagegen, daß sie mit Schlachtrufen wie »Bringt die Amerikaner um« aufmarschierten. »Damit würden wir uns mit den extremsten Chauvinisten auf eine Stufe stellen, mit Leuten, deren ›Patriotismus‹ und Eigenliebe untrennbar mit Haß gegen alle ›anderen‹ verknüpft sind . . .«

Bowin war sich bewußt, daß es noch andere gab, die Botschewarows Ansichten teilten, und »das ist ein Beweis mehr für die dringende Notwendigkeit zum Umdenken [perestroika], für einen Kampf gegen Stagnation und Engstirnigkeit und für die Erziehung der Menschen im Geist des wahren Internationalismus«.

Posner und Donahue verfolgten dasselbe Ziel mit ihren Telemost-Sendungen. »Es ist nötig, von dem Feindbild, das westliche Ideologen aufgebaut haben, wegzukommen. Für die Amerikaner sind wir gar keine menschlichen Wesen. Es gibt den abstrakten russischen Feind. Es ist ganz einfach, ein Feindbild zu hassen und bereit zu sein, es zu töten. Unser Ziel ist es, darzulegen, daß auch wir Menschen sind«, sagte Posner. Donahue widersprach ihm nicht, ging sogar noch einen Schritt weiter. »Die Medien im Westen stehen unter dem Druck, das Negative zu zeigen, und sie haben Angst, jemand könnte ihnen vorwerfen, daß sie mit dem Kommunismus zu sanft umgehen. Wir sollten aufhören, uns gegenseitig zu beschimpfen, laßt uns sehen, ob wir nicht miteinander reden können«, meinte er. Es klang wie eine Bemerkung von Ronald Reagan: »Wir haben zuviel übereinander geredet. Ist es nicht an der Zeit, endlich anzufangen, miteinander zu reden?«

Posner ist überzeugt, daß die Telemost-Programme Denkanstöße gegeben haben. Jede Seite sei etwas selbstkritischer geworden. »Man sieht sich selbst im Spiegel und denkt: ›Meine Güte, sind wir nicht furchtbar? Warum können wir nicht offener miteinander sein? Warum können wir gewisse Dinge nicht zugeben? Warum haben wir Angst, Probleme anzusprechen? Warum sind wir so aggressiv? Warum greifen wir diese Leute ständig an?‹ Diese Sendungen bringen uns dazu, uns selbst anzusehen, und vielleicht ändern wir unsere Haltung, wenn wir einiges an uns nicht leiden können.« Seine Sätze erinnerten mich an das russische Sprichwort: Wenn du in den Spiegel schaust und etwas Häßliches siehst, wirf es nicht dem Spiegel vor.

Während des »Forums für eine atomwaffenfreie Welt und das Überleben der Menschheit« vom 14. bis zum 16. Februar 1987 in Moskau, an dem zahlreiche prominente Persönlichkeiten aus vielen Nationen, Berufen und Wissensgebieten teilnahmen, sprach auch der amerikanische Schriftsteller Norman Mailer. Er sagte unter anderem: »Die Zeit ist gekommen, daß gegenseitiges Verstehen Wirklichkeit wird.« Er bezog sich auf die neue sowjetische Politik der Offenheit und sah in ihr einen Schlag gegen das amerikanische Pentagon, das seine Macht der Feinbildtheorie verdankt. Die neue Offenheit sollte zur Verbesserung der Beziehungen zwischen den Staaten genutzt werden. Ausgehend von den Realitäten müßten wir in unserem Denken und Handeln flexibler werden.

Mailers Worte unterschieden sich nicht sehr von denen des Staatssekretärs im amerikanischen Außenministerium, Thomas W. Simons jr., der für Europa zuständig ist. Vor einer Versammlung von College-Lehrkräften (*New York Times,* 12. Februar 1987) verlangte er, daß die Politik der Vereinigten Staaten sich an der realistischen Einschätzung dessen, was unter Gorbatschow in Bewegung gekommen sei, orientieren solle und nicht an vorgefaßten Meinungen darüber, wie man mit Moskau umzugehen habe. Er sah eine große Gefahr in der abfälligen Einstellung, daß »alles, was Gorbatschow tut, nur Täuschung und Heuchelei ist, ein Public-Relations-Trick, den man ablehnen muß: ›Uns kann er nicht umgarnen, wir lassen uns nicht einwikkeln.‹« Und als zweite Gefahr beschrieb er den naiven Glauben:

»Hurra, da ist ein richtiger Liberaler, mit dem wir zusammenarbeiten können.«

Ich persönlich bin der Meinung, daß *glasnost*, Demokratisierung und *perestroika* nicht nur den Sowjetbürgern Grund gegeben haben, ihrer Führung zu vertrauen, sondern auch für uns Anlaß sein sollten, an die Integrität der Zusagen Gorbatschows zu glauben. Es liegt in unserem Interesse, seine Bemühungen zu unterstützen, und nicht, sie zu unterminieren; denn nicht nur die Sowjetunion, sondern die ganze Welt wird davon profitieren. Ich möchte noch einmal die Worte Andrej Sacharows vor dem Moskauer Forum im Februar 1987 wiederholen: »Eine wirtschaftlich starke, offene und demokratische Sowjetunion wird ein wichtiger Garant der internationalen Stabilität und ein verläßlicher Partner bei der gemeinsamen Lösung globaler Probleme sein.«

Und als Amerikanerin möchte ich noch einen Schritt weitergehen. Warum können wir dem sowjetischen Beispiel von *glasnost* nicht folgen und in den USA ganz offen über die Sowjetunion diskutieren – ohne die bekannten negativen Klischees? Warum laden wir zum Beispiel nicht Alexander Bowin (Journalist) sowie Jegor Jakowlew (Herausgeber der *Moskoswkije Nowosti),* Witali Korotitsch (Herausgeber von *Ogonjok*) und noch viele andere tolerante und einflußreiche Sowjetjournalisten ein, in unseren Zeitungen zu schreiben oder im Fernsehen aufzutreten und zu erklären, was in der UdSSR vor sich geht. Im Bewußtsein, daß Ideologie auch das Denken beeinflußt, sollten wir ihnen zuhören und lesen, was sie schreiben. Und wir sollten nicht vergessen, daß auch bei uns in Amerika die Ideologie ein starker Einflußfaktor ist und unser Denken wie auch unsere Einstellung zu der Welt um uns herum prägt.

* * *

Meine Reise ist zu Ende. Lassen Sie uns noch einmal kurz über die Gespräche, die ich führte, nachdenken, zum Beispiel über jenes mit einem 85jährigen Kriegsveteranen in Leningrad:

»Wenn es internationale politische Probleme gibt, hat jedes Land eigene Ideen, nicht nur die Amerikaner, auch die anderen Staaten im Westen. Jedes Land sollte sich nach seinen eigenen Vorstellungen entwickeln können, nach seinen eigenen Regeln und nach seinen eigenen Bedürfnissen. Daß wir unterschiedliche Meinungen haben, heißt doch nicht, daß wir Feinde sind. Diskussion ist besser als Aufrüstung. Wir sollten miteinander streiten und argumentieren, aber ohne Waffen.«

Frau Akopan in Eriwan war ähnlicher Ansicht: »Es ist besser, nicht um jeden Preis den anderen von der Richtigkeit der eigenen Position überzeugen zu wollen und statt dessen nach gemeinsamen Interessen Ausschau zu halten. Wir sollten vergessen, was uns trennt, und da zusammenarbeiten, wo wir etwas Gemeinsames haben.«

Am 8. Februar 1987 schrieb Wsewolod Owtschinnikow, der mehrere Bücher über Japaner und Engländer veröffentlicht hat, in den *Moskowskije Nowosti:* »Ob es uns paßt oder nicht, wir können nur zusammen leben oder zusammen sterben. Es ist nötig, das Recht jeder Nation anzuerkennen, nicht wie die anderen zu sein, und die Angewohnheit aufzugeben, andere mit dem Maßstab des eigenen Lebensstils zu messen. Es gibt viele Kritiker, die meinem Land vorwerfen, bei uns gebe es keinen ›Pluralismus‹. Aber wirklicher Pluralismus heißt doch, daß es jedem freisteht, so zu leben und sich so zu verhalten, wie er es für richtig hält. Diejenigen, die mit vorwurfsvollem Zeigefinger auf uns deuten, wirken auf mich wie jener Engländer, der sagte: ›Wenn du ins Ausland gehst, denk daran, alle Ausländer fahren auf der falschen Seite der Straße . . .‹«

Nun muß ich mich von Ihnen trennen. Es liegt bei Ihnen, sich für ein besseres Verständnis füreinander einzusetzen; denn darin liegt die Hoffnung für unsere Zukunft.

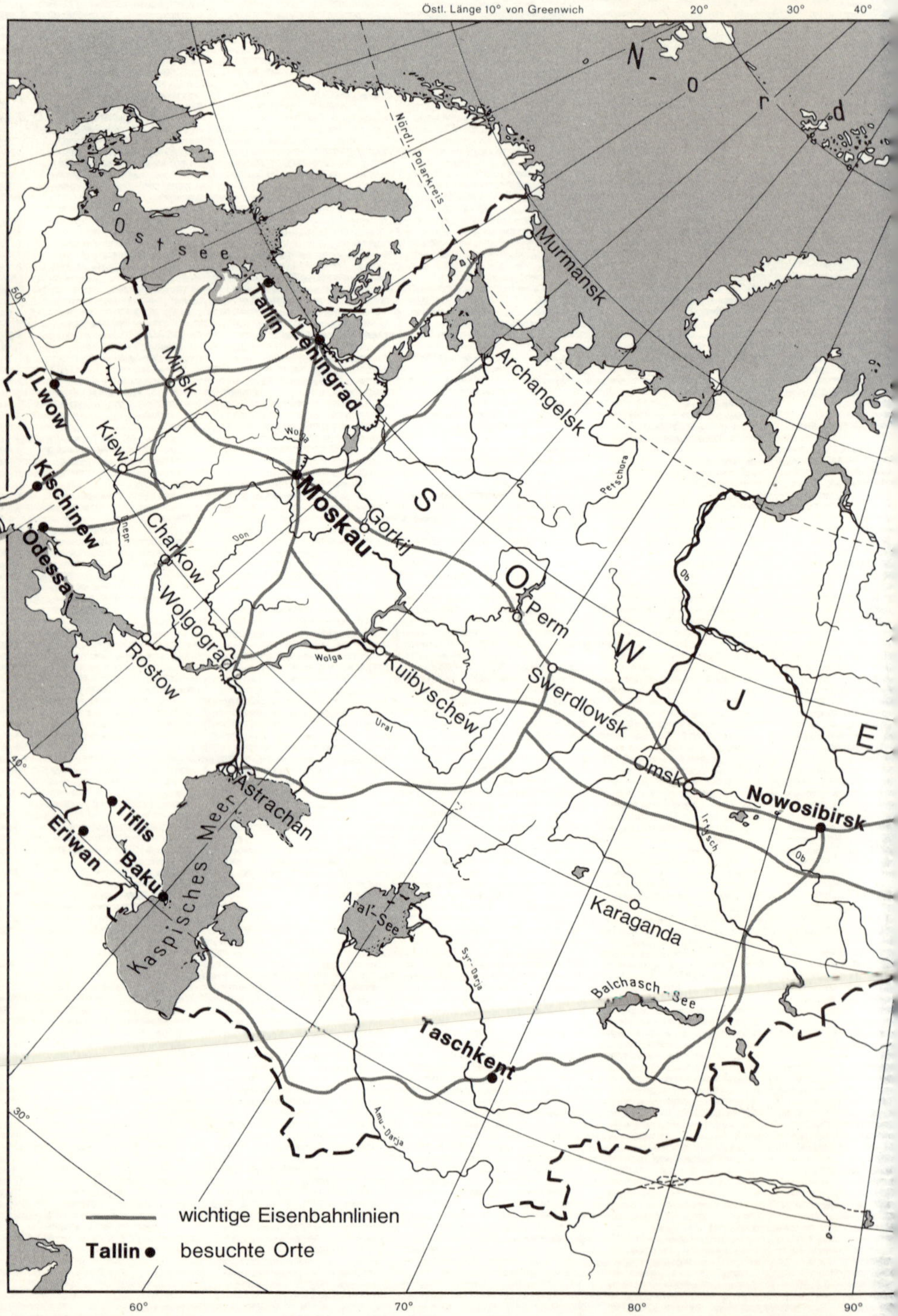
Östl. Länge 10° von Greenwich
20°
30°
40°
N o r d
Nördl. Polarkreis
Ostsee
Murmansk
Tallin
Leningrad
Archangelsk
Minsk
Lwow
Kiew
Wolga
Kischinew
Moskau
Petschora
Odessa
Dnepr
Charkow
Don
Gorkij
S O W J E
Perm
Wolgograd
Rostow
Wolga
Kuibyschew
Swerdlowsk
Ob
Ural
Omsk
Nowosibirsk
Irtysch
Ob
Astrachan
Tiflis
Eriwan
Baku
Kaspisches Meer
Aral-See
Syr-Darja
Karaganda
Balchasch-See
Taschkent
Amu-Darja
50°
40°
30°
wichtige Eisenbahnlinien
Tallin • besuchte Orte
60°
70°
80°
90°